Plea Bargaining no Brasil

Marllon Sousa

Plea Bargaining no Brasil

O Processo Penal por meio do equilíbrio entre o utilitarismo processual e os direitos fundamentais do réu

Prefácio
Márcio André
Lopes Cavalcante

3a edição revista atualizada ampliada

2021

EDITORA *Jus*PODIVM
www.editorajuspodivm.com.br

EDITORA *Jus*PODIVM
www.editorajuspodivm.com.br

Rua Canuto Saraiva, 131 – Mooca – CEP: 03113-010 – São Paulo – São Paulo
Tel: (11) 3582.5757
• Contato: https://www.editorajuspodivm.com.br/sac

Copyright: Edições *Jus*PODIVM

Diagramação: Equipe *Jus*PODIVM

Capa: Ana Caquetti

S724p Sousa, Marllon.
Plea Bargaining no Brasil/ Marllon Sousa – 3. ed. rev., atual. e ampl. – São Paulo: Editora JusPodivm, 2021.
320 p.

Bibliografia.
ISBN: 978-65-5680-475-0

1. Direito Processual Penal. 2. Negociação. I. Sousa, Marllon. II. Título.

CDD 341.43

AGRADECIMENTOS

Agradeço aos meus pais, que são o sentido da minha vida. À Sabrina, por todo seu apoio, paciência e amor nos momentos mais difíceis. À Professora Jenny Roberts, que com seus conselhos sábios foi minha grande guia pelo árduo caminho como doutorando em Ciências Jurídicas em terras norte-americanas. Ao Professor Felipe Martins Pinto, por abrir minha mente para enxergar o Direito Processual Penal brasileiro com uma nova visão sobre os direitos fundamentais dos réus. Ao grande amigo Ciro Arapiraca, pela sua amizade e conselhos sempre importantes.

APRESENTAÇÃO

Esta obra tem como objetivo provar que a introdução do modelo norte-americano de barganha processual (*plea bargaining*) como um tipo de procedimento criminal no Brasil seria bem-sucedida, alcançando o equilíbrio esperado entre a necessidade de justiça (utilitarismo processual) e os direitos fundamentais dos réus. De início, apontam-se as principais críticas identificadas contra o sistema de justiça criminal brasileiro, ressaltando que a carga processual (a que são submetidos juízes e promotores) aliada à legislação antiquada lideram as causas que dão o contorno da ineficácia e falta de legitimidade dos processos criminais no Brasil. Em sequência, é apresentada uma visão geral do processo penal no Brasil, detectando diferenças relevantes entre as práticas processuais no Brasil e nos Estados Unidos. O *plea bargaining* norte-americano é usado como modelo de comparação para mostrar que o modelo de processo penal dos Estados Unidos é fundado em raízes filosóficas utilitaristas. Sob um aspecto particularmente inovador, são identificadas no decorrer da obra as principais características do *plea bargaining*, depois de extrair seus traços basilares dos modelos estaduais e federais de regras processuais norte-americanas. Para identificar a compatibilidade do *plea bargaining* com os direitos humanos dos réus, há também uma abordagem comparativa com a Convenção Americana sobre Direitos Humanos e a Declaração Universal dos Direitos Humanos. A obra também avalia o modelo de barganha delineado no Projeto do Código de Processo Penal, em tramitação no Congresso, no que tange à tentativa de introdução do *plea bargaining* no Brasil, descrevendo e confrontando críticas sobre sua provável adoção no processo penal pátrio. Além disso, este trabalho apresenta e debate os resultados de uma pesquisa com juízes, promotores, defensores públicos e advogados brasileiros sobre a familiaridade daqueles profissionais com a barganha no processo penal. Adiante, são analisados os modelos de justiça consensual em processos criminais brasileiros, avaliando-se a chamada composição civil de danos, transações penais, suspensão condicional do processo e a delação premiada, explicando-se por que essas práticas diferem do *plea bargaining* norte-americano. Em seu capítulo final, considerando a avaliação realizada, esta declaração aponta as características que um modelo efetivo de barganha processual deve possuir, provando que é possível alcançar um equilíbrio entre os direitos fundamentais dos réus e a necessidade de justiça (eficácia do sistema de justiça criminal) no Brasil.

O Autor

NOTA À TERCEIRA EDIÇÃO

Tendo em vista o aprimoramento constante da obra, a terceira edição foi inteiramente revisada, levando-se em conta apontamentos e incorreções identificados por nossos leitores, os quais agradecemos imensamente.

No entanto, os elementos centrais que nortearam a elaboração deste livro foram preservados e acrescentadas ideias amadurecidas a partir das discussões deste trabalho em palestras e seminários.

Nesta 3ª edição, considerações sobre o ANPP também foram realizadas.

Boa leitura todos!

NOTA À SEGUNDA EDIÇÃO

O Direito é uma ciência dinâmica e não permite que os seus operadores se deitem em "berço esplêndido". Poucos meses após o lançamento da primeira edição, cuja repercussão tem sido muito positiva, prestando-se os sinceros agradecimentos aos leitores, foi aprovada e entrou em vigor a Lei n. 13.964/2019, que alterou diversas partes do Código de Processo Penal, inclusive, com a introdução do chamado Acordo de Não Persecução Penal em nosso ordenamento jurídico.

Assim, mostrou-se necessária a atualização da obra, a fim de que seu conteúdo esteja consentâneo com a legislação vigente no Brasil. Aproveitando a oportunidade de atualização legislativa, foram também incorporadas ponderações recebidas ao longo dos meses sobre o modelo ideal ou desejável de barganha para o processo penal brasileiro, com uma alteração substancial do modelo proposto originariamente no final do livro.

Ainda, contando com ajuda dos leitores, alguns equívocos cometidos na tradução do estudo, escrito e apresentado em língua inglesa, foram sanados, excluindo-se alguns pontos que somente faziam sentido para o leitor norte-americano que não possui conhecimento do sistema jurídico brasileiro. Espera-se que, com as alterações e atualizações introduzidas, a leitura do presente trabalho fique mais agradável e instigante.

Boa leitura a todos!

NOTA À PRIMEIRA EDIÇÃO

O presente livro é fruto de trabalho de doutoramento em direito do autor junto à American University Washington College of Law, localizada em Washington, Distrito de Colúmbia, nos EUA. Cuida-se de tradução adaptada da tese apresentada, originariamente em língua inglesa, cujo título é *Plea Bargaining in Brazil: [Im] Proving Criminal Trials Through the Balance between the Utilitarian Justice and the Defendant's Fundamental Rights*. Este livro retrata a pesquisa de três anos, realizada entre os anos de 2016 e 2019, na qual buscou-se, *in loco*, entender as origens, o fundamento filosófico e as justificativas que consagraram o *Plea Bargaining* como a principal forma de solução de processos criminais nos EUA desde o começo do Século XX.

Usar o modelo dos EUA como parâmetro de comparação na pesquisa se deu em função de o projeto de Novo CPP, em tramitação da Câmara dos Deputados, prever a introdução do modelo de barganha processual como modelo de novo rito sumário do processo penal brasileiro. Assim, nada melhor do que compreender adequadamente na origem o instituto que se busca transplantar do Brasil.

Em relação às citações, optou-se por deixar o padrão seguido no texto original para que não se quebrasse a fluidez com a qual o leitor possa consultar as fontes que embasam as ideias propostas.

Por fim, espera-se que a presente leitura seja uma forma de efetiva contribuição para a construção de um processo penal democrático e efetivo, que não só respeite os direitos fundamentais do acusado e tenha um resultado que atenda aos anseios sociais de luta contra a impunidade.

Boa leitura a todos!

PREFÁCIO

As constantes transformações da sociedade, as novas formas de criminalidade, a sensação crescente de insegurança e a constatação de que o modelo tradicional não está funcionando são combustíveis para que se discuta, como nunca, a reformulação da jurisdição criminal no Brasil.

A polarização política vivenciada no país parece se transpor também para o debate a respeito do sistema ideal de combate à criminalidade, de sorte que vivenciamos uma época de extremos também neste campo.

Nesse cenário, surgem inúmeras propostas de reforma da legislação criminal, passando pela criação, a todo instante, de novos crimes e agora, mais fortemente, ganha relevo a discussão quanto à alteração do sistema processual penal brasileiro.

Tais proposições, em regra, buscam inspiração em modelos existentes em outros países. Assim, não raras vezes, os projetos apresentados representam mera importação de um instituto ou legislação que vem apresentando resultados promissores em algum Estado estrangeiro, em geral com índices de qualidade de vida melhores que os nossos.

É nesse ponto que surge o primeiro problema. É truísmo dizer que existem diferenças sociais, econômicas, culturais e jurídicas entre esses países e o Brasil. Assim, permitam-me a obviedade do que irei dizer: nem sempre um instituto ou lei que funciona lá será adequado ao que vivenciamos aqui.

Além disso, o exame superficial de um instituto jurídico estrangeiro, ao mesmo tempo que revela seus aparentes benefícios, pode ocultar seus inconvenientes, dificuldades e, principalmente, as necessidades de adaptação às nossas realidades.

Digo isso porque se discute atualmente sobre a implementação, no Brasil, do modelo norte-americano de barganha processual (*plea bargaining*). Sou favorável à sua adoção. No entanto, é fundamental que o debate a respeito do tema seja criterioso, técnico e profundo. É justamente aí que entra a enorme contribuição do livro e o seu primeiro diferencial.

Marllon Sousa, após Mestrado no excelente Programa de Pós-Graduação da UFMG, sentiu necessidade de fazer uma imersão no tema no país onde este modelo é mais aplicado e, para isso, desenvolveu seus estudos de Doutorado na American University, Washington College of Law, localizada em Washington, D.C., EUA.

Como fruto de suas pesquisas, ele entrega à comunidade jurídica brasileira esta brilhante obra que, mais do que um excelente livro, representa a contribuição para estabelecermos as bases de um debate qualificado sobre a implementação do modelo de barganha processual a partir de critérios científicos, mas nunca desassociados de uma visão prática e factível.

Esse, aliás, é o segundo ponto sobre o qual gostaria de me debruçar, ainda que brevemente.

Não faz sentido que o debate sobre a mudança da legislação processual penal seja feito com vozes apenas oriundas dos meios acadêmicos ou, então, em outro extremo, a partir de uma leitura meramente pragmática. É fundamental, portanto, que a discussão seja plural e equilibrada e, nesse aspecto, mais uma vez, a obra contribui decisivamente.

Marllon, professor universitário com uma sólida trajetória de pesquisa acadêmica em grandes instituições, é também Juiz Federal titular de uma vara especializada no julgamento de crimes cometidos por organizações criminosas, lavagem de dinheiro e contra o sistema financeiro nacional. Em sua trajetória profissional atuou em casos extremamente complexos que lhe permitiram angariar uma relevante experiência prática que transparece em seu texto, argumentação e conclusões.

Penso, portanto, que a conjunção dessas duas formações construiu uma visão amadurecida e qualificada sobre o *plea bargaining*. Com sua obra, ganhamos todos nós, operadores do Direito, e também o país, que pode ter mais subsídios para discutir este tema tão interessante, atual e polêmico.

Márcio André Lopes Cavalcante

Juiz Federal. Professor. Editor do site Dizer o Direito. Foi Defensor Público, Promotor de Justiça e Procurador do Estado.

SUMÁRIO

Capítulo 5

Capítulo 6

Capítulo 7

Capítulo 1

INTRODUÇÃO AO PROBLEMA

Nos últimos trinta anos, a justiça criminal do Brasil vem sendo alvo de críticas severas devido a uma variedade de circunstâncias. Encarceramento em massa, tratamento inadequado de réus presos, superpopulação nas prisões, seletividade penal do público-alvo das ações policiais (majoritariamente em regiões periféricas e em face de pessoas pobres e negras), processos criminais lentos e falta de confiança na justiça penal[1] são algumas reivindicações comumente levantadas por acadêmicos, imprensa e profissionais da área jurídica no Brasil. Possíveis soluções têm sido propostas e algumas outras adotadas na tentativa de se resgatar o sistema de justiça criminal e de garantir o respeito aos direitos fundamentais dos réus em processos penais.

O atual Código de Processo Penal (CPP) foi promulgado há mais de 70 anos (1941), passando por muitas reformas legislativas ao longo dos anos, em um esforço para adequar o processo penal à realidade da sociedade brasileira. A mais recente delas foi operada pela Lei n. 13.964/2019, que introduziu importantes inovações no campo da justiça criminal, dentre as quais podem ser arroladas: 1) mudança de contagem nos prazos de prescrição e dos critérios para livramento condicional; 2) necessidade de reexame periódico, de ofício, da prisão preventiva; 3) introdução do acordo de não persecução penal; 4) alteração de regras para inserção e manutenção de presos no sistema penitenciário federal; 5) alterações na sistemática da delação premiada, prevista na Lei n. 12.850/2013. Considerando que a

1. Arthur Trindade M. Costa, *A (In)Efetividade da Justiça Criminal Brasileira: Uma Análise do Fluxo de Justiça dos Homicídios no Distrito Federal*,15,Civitas Revista Ciências Sociais [Civ. Rev. Cienc. Soc.] 11, 24–25 (2015).

Constituição Federal de 1988 entrou em vigor quase meio século após o CPP, mostra-se essencial a aprovação de um novo Código de Processo Penal, condizente com as disposições democráticas trazidas pelo novo corpo de normas constitucionais. De fato, há um projeto de Código de Processo Penal (CPP)[2] no Congresso aguardando a ação do Senado e da Câmara dos Deputados, cujas futuras normas têm por objetivo resolver pelo menos parte dos problemas relacionados à justiça penal no Brasil. No projeto, pretende-se adotar a barganha processual (*plea bargaining*)[3] como o novo procedimento sumário no Brasil.[4] Os artigos 283 e 284 do Projeto do Novo CPP5 descrevem

---

2. Doravante nominado Projeto de Novo CPP.

3. No capítulo 3, quando é abordado o modelo de barganha processual norte-americano, discorre-se a respeito da definição legal de tal prática. Em geral, a barganha processual é um procedimento em que o suposto autor de qualquer crime confessa o delito, ou não contesta as acusações (*nolo contendere), em troca de um benefício – como a retirada das acusações ou o oferecimento de uma sentença com punição abrandada.*

4. A introdução da barganha processual no Brasil é apenas uma das várias medidas necessárias para a melhoria da eficácia do processo criminal. No entanto, para manter o foco e a finalidade desta obra, apenas a barganha processual é abordada nos capítulos seguintes. Outras medidas incluem a chamada audiência de custódia, introduzida no Brasil depois que o Supremo Tribunal Federal (STF) determinou que o preso em flagrante deve ser apresentado a um juiz competente após cada prisão. Segundo o STF, o juiz é a autoridade competente responsável por verificar se a ação policial foi legal e determinar se a pessoa detida sofreu algum tipo de tortura, maus tratos ou foi vítima de alguma ação abusiva. O objetivo de tal medida não é apenas verificar a abordagem da polícia, mas também permitir que o juiz analise se a manutenção segregação cautelar do sujeito é necessária. O juiz decretará a prisão preventiva apenas após verificar a presença de uma das hipóteses pré-definidas pelo CPP (art. 312). Embora a intenção de introduzir a audiência de custódia tenha sido diminuir o número de pessoas presas no Brasil, devido ao seu pequeno impacto inicial, não se verificou ainda uma melhoria considerável da atual situação caótica do sistema de justiça criminal brasileiro.

5. Propostas de Emendas ao Projeto de Novo Código de Processo Penal, arts. 283-284 (2011), <http://www.camara.leg.br/internet/comissoes/comissoes-especiais/cpp.pdf>:

   Arte. 283. Até o início da audiência referida no art. 276, em conformidade com as disposições do processo ordinário, o Ministério Público e o acusado, por meio do seu defensor, podem requerer a imediata prolação de sentença em crimes cujas penas máximas não excedam oito (8) anos.

   § 1º Os seguintes requisitos devem ser cumpridos para constituir um acordo válido:

   I – confissão, total ou parcial, em relação aos fatos imputados na denúncia;

   II – a solicitação de que a pena privativa de liberdade seja aplicada no mínimo legal, independentemente da eventual incidência de circunstâncias agravantes ou causas de aumento da pena, e sem prejuízo do disposto nos §§ 2º e 3º do presente artigo;

   III – manifestação expressa das partes de renunciar à produção de provas.

a futura estrutura da barganha processual brasileira, pretendendo melhorar a eficiência[6] dos processos criminais.

Apesar das intensas críticas à suposta inconstitucionalidade da barganha no processo penal (*plea bargaining*),[7] principalmente por parte de alguns doutrinadores,[8] esta obra pretende comprovar que é possível adotar uma versão da barganha processual no Brasil, constitucionalmente sólida e adaptada às particularidades de nosso sistema legal. Sugere-se, portanto, ser factível o alcance do equilíbrio desejado entre o utilitarismo processual e os direitos constitucionais do acusado, caso se opte por adotar o modelo de barganha processual penal proposto ao final deste estudo.

A presente obra está dividida em seis partes principais, de forma a facilitar a avaliação de como o *plea bargaining* poderia aumentar

---

§ 2º A substituição da sentença de custódia será aplicada, conforme previsto no art. 44 do Código Penal, bem como a suspensão condicional prevista no art. 77 desse estatuto.

§ 3º Mediante solicitação das partes, a pena imposta de acordo com o procedimento sumário também poderá ser reduzida em até 1/3 (um terço) do mínimo prescrito na anistia legal, se as circunstâncias pessoais do agente e as consequências menos graves do crime indicam.

§ 4º As disposições do parágrafo 3º deste artigo não se aplicam se, no caso específico, exceto pela hipótese de tentativa de crime, outra causa de redução de pena for expressamente indicada no acordo.

§ 5º Se houver uma penalidade de multa cumulativa, ela também deve ser aplicada no mínimo legal e o valor deve ser incluído no contrato.

§ 6º O acusado deve estar isento de despesas e custos processuais.

§ 7º Na homologação do acordo e para fins de aplicação da sentença na forma do procedimento sumário, o juiz deverá observar o cumprimento formal dos requisitos estabelecidos neste Artigo.

§ 8º Para todos os efeitos, a homologação do contrato é considerada sentença condenatória.

§ 9º Se, por qualquer razão, o acordo não for homologado, será desconsiderado dos registos, sendo proibido às partes fazer quaisquer referências aos termos e condições então acordados, nem ao juiz em qualquer ato decisório.

Arte. 284. Na ausência de um acordo entre acusação e defesa, o processo continuará na forma do rito comum.

6. Eficiência e eficácia têm diferentes significados tanto no sistema legal brasileiro quanto no dos EUA. Por um lado, a eficácia é o ato de alcançar um resultado desejado ou proposto. Por outro lado, a eficiência é a busca pelos melhores resultados, gastando menos recursos e tempo. De fato, a eficiência aumentou seu sucesso quando comparada à eficácia.

7. Este estudo avaliou a mesma crítica à barganha processual norte-americana na Seção 4.5.

8. Vinícius Gomes de Vasconcellos e Mayara Cristina Navarro Lippel, Críticas à Barganha no Processo Penal: Inconsistências do Modelo Proposto no Processo de Código de Processo Penal (PLS 156/09), 9 REV. QUAESTIO IURIS 1737 (2016).

a eficiência dos processos criminais no Brasil, mantendo o devido respeito aos direitos fundamentais dos réus.

De início, identificam-se as três principais críticas (encarceramento em massa, ausência de legitimidade e morosidade da justiça penal) ao atual sistema de justiça criminal brasileiro, validando a eficácia do processo criminal como o principal assunto a ser enfrentado. Avaliam-se as estatísticas do encarceramento no Brasil e exploram-se como o número de prisões está ligado à ineficácia do atual sistema de justiça criminal. Em seguida, mostra-se que tanto a ineficácia quanto o ritmo lento dos processos criminais no Brasil estão relacionados à complexidade da legislação processual penal e ao elevado número de casos por juiz, utilizando-se as estatísticas do Conselho Nacional de Justiça (CNJ) e do Tribunal Regional Federal da 1ª Região (TRF1) para fundamentar tal conclusão. Nenhum outro estudo sobre o sistema de justiça criminal brasileiro adotou tal tipo de abordagem, situando a análise da necessidade ou não de introdução do *plea bargaining* no contexto do fluxo processual judiciário, fato que o torna único.

A segunda parte da obra oferece uma visão geral do sistema jurídico brasileiro, com foco no processo penal e introduz ao leitor os principais procedimentos utilizados e os direitos do réu durante a ação penal. O papel da acusação durante a ação penal no Brasil é outro abordado, observando-se que a discrição do promotor durante os processos criminais é mais limitada no Brasil do que a verificada no sistema de justiça criminal dos EUA.[9] Além disso, esta obra avalia os principais componentes – produção probatória, o procedimento de sentença e a sistemática recursal – dos processos criminais brasileiros para que se melhor compreenda posteriormente o instituto da barganha processual. Essencialmente, esta seção tangencia o processo penal brasileiro como preparação para a discussão comparativa subsequente entre os sistemas legais do Brasil e dos EUA.

Utilizando-se de uma abordagem descritiva e prescritiva, a terceira parte deste livro avalia o *plea bargaining* norte-americano, identificando suas principais características, a partir de um estudo

9. Bordenkircher v. Hayes, 434 U.S. 357, 365 (1978), afirma que os procuradores têm uma discrição quase total sobre se processam ou não no sistema legal americano.

das normas estaduais e federais que regulam tal instituto nos Estados Unidos.[10] Considerando a estrutura do federalismo norte-americano, com múltiplos parâmetros de barganha (cinquenta estados, D.C. e o modelo federal),[11] um exame efetivo *do plea bargaining* naquele país deve analisar todos os modelos dos entes federados, antes de se extrair regras gerais e tecer qualquer crítica. Infelizmente, em publicações no Brasil não se verifica qualquer análise comparativa profunda, de modo que esta obra dedica um capítulo integral ao *plea bargaining* norte-americano.[12] De fato, nenhum dos dois trabalhos brasileiros mais destacados no âmbito da justiça consensual, escritos por Vinícius Gomes de Vasconcellos[13] e Rosimeire Ventura Leite,[14] referenciaram a legislação federal ou estadual sobre a barganha processual norte-americana, além da Regra 11 do Regulamento Federal de Processo Penal,[15] doravante chamado de F. R. C. P.

Com base na mencionada lacuna de estudos aprofundados sobre o *plea bargaining*, esta obra é produto de um estudo que examina características da barganha processual norte-americana de acordo com a legislação estadual e federal, passando pela abordagem do tema pela Suprema Corte dos EUA, novamente, distinguindo esta publicação de todas as anteriores que abordam a introdução da barganha processual no sistema legal brasileiro. Ainda, a presente obra, de forma inédita, identifica as raízes filosóficas do *plea bargaining* norte-americano, apresentando uma justificativa cientifica para o uso generalizado do procedimento nas cortes criminais dos

---

10. Ao contrário de outros estudos sobre *plea bargaining*, apresenta-se as regras procedimentais fornecidas pelos cinquenta estados, o Distrito de Columbia e as Regras Federais de Procedimentos Criminais para identificar um núcleo comum entre os modelos de barganha processual nos Estados Unidos.

11. A pesquisa realizada não examinou separadamente os sistemas de justiça criminal de Porto Rico.

12. Os capítulos 4 e 5 abordam a barganha processual norte-americana e o atual modelo de justiça consensual no Brasil.

13. Vinícius Gomes de Vasconcellos, Barganha e Justiça Criminal Negocial: Análise das Tendências de Expansão dos Espaços de Consenso no Processo Penal Brasileiro, 2015.

14. Rosimeire Ventura Leite, Justiça Consensual e Efetividade do Processo Penal. (2013).

15. No original, *Federal Rules of Criminal Procedure*.

EUA.[16] Enquanto alguns poucos autores, como Mary Elizabeth Vogel[17] e George Fisher,[18] trabalharam para identificar as raízes da barganha processual nos EUA no Século XIX, os mencionados estudos não exploram os conceitos filosóficos que embasariam tal prática. Fisher,[19] por exemplo, destacou algumas teorias políticas e sociais que poderiam justificar o papel da barganha nos processos criminais norte-americanos; no entanto, o autor não fez nenhuma referência a possíveis fundamentos filosóficos. Noutro giro, apesar de Jennifer L. Mnookin[20] fornecer uma revisão fascinante do trabalho de Fisher,[21] a referida autora também não apresentou nenhuma abordagem sobre os pilares filosóficos da barganha processual nos EUA. Observações idênticas podem ser extraídas do trabalho de Vogel,[22] que não explorou nenhuma abordagem filosófica relacionada às origens de tal procedimento nos EUA.

De fato, apenas uma justificativa utilitarista para o uso da força na sociedade de Boston no século XIX foi encontrada no texto de Vogel,[23] e seus trabalhos posteriores tampouco exploraram as origens filosóficas da barganha processual, embora tenham oferecido uma pesquisa mais profunda do que estudos anteriores.[24] No entanto, mesmo em seu trabalho mais completo sobre a barganha processual, Vogel se concentrou apenas nas justificativas sociais para

---

16. Esta obra tem como objetivo provar que o modelo da barganha processual norte-americana se baseia em fundamentos do utilitarismo.

17. Mary E. Vogel, *The Social Origins of Plea Bargaining: Conflict and the Law in the Process of State Formation, 1830-1860*, 33 L. & Soc'y Rev. 161, 161 (1999).

18. George Fisher, Plea Bargaining's Triumph: A History of Plea Bargaining in America 137–153 (2003).

19. Id.

20. Pesquisadora da Barron F. Black, University of Virginia School of Law.

21. Jennifer L. Mnookin, *Uncertain Bargains: The Rise of Plea-Bargaining in America*, 57 Stan. L. Rev. 1722, 1721 (2005) (revisando a obra de George Fisher, Plea Bargaining's Triumph: A History of Plea Bargaining in America (2004)).

22. Vogel, *nota supra* 18.

23. *Id., p.* 216, n.77.

24. Mary E. Vogel, *The Social Origins of Plea Bargaining: An Approach to the Empirical Study of Discretionary Leniency?*, 35 J.L. & Soc'y 201 (2008).

o surgimento de tal prática processual,[25] mostrando como é difícil encontrar estudos nos Estados Unidos que explorem os fundamentos filosóficos subjacentes ao *plea bargaining*. Além disso, embora Joseph W. Vanover tenha analisado alguns objetivos utilitaristas na prática da barganha processual nos EUA, o autor não mencionou a influência de tal pensamento filosófico sobre suas origens.[26]

Depois de avaliar as raízes da barganha processual norte-americana, esta obra apresenta as principais críticas ao *plea bargaining* feitas nos EUA, confrontando-as com os direitos fundamentais dos acusados, delineados na Declaração Universal dos Direitos Humanos (DUDH)[27] e na Convenção Americana sobre Direitos Humanos (Pacto de San José de Costa Rica).[28] Fornece-se uma visão geral dos direitos dos réus identificados na DUDH e no Pacto de San José de Costa Rica, seguida por uma avaliação de como os Estados Unidos e o Brasil incorporaram esses tratados[29] em seus sistemas jurídicos internos. Analisar como os ordenamentos jurídicos norte-americano e brasileiro lidam com os direitos fundamentais dos réus, de fato, mostra-se como um pré-requisito indispensável para propor um modelo eficiente e justo de barganha processual no Brasil.

O Capítulo 5 avalia introdução do modelo de barganha delineada no projeto de novo CPP.[30] Comprova-se que o *plea bargaining* como mero instrumento para aumentar a eficácia dos processos criminais, visando apenas ao desafogamento das prateleiras de varas criminais e tribunais, aplicando-se a punição mais rapidamente, não se ajustará às necessidades do sistema legal brasileiro, sem se respeitar os direitos do acusado. A seção mostra como o anteprojeto do CPP pretende introduzir a barganha no Brasil como um procedimento

---

25. Mary E. Vogel, Coercion to Compromise – Plea Bargaining, Courts and the Making of Political Authority 325–327 (2007).

26. Joseph W. Vanover, *Utilitarian Analysis of the Objectives of Criminal Plea Negotiation and Negotiation Strategy Choice*, 1998 J. Disp. Resol. 183, 183 (1998).

27. G.A. Res. 217 (III) A, Universal Declaration of Human Rights, Dec. 10, 1948.

28. Organization of American States, American Convention on Human Rights, Nov. 22, 1969, O.A.S.T.S. No. 36, 1144 U.N.T.S. 123.

29. Durante esta obra, os termos "tratado" e "convenção" serão usados de forma intercambiável.

30. Propostas de Emendas ao Projeto de Novo Código de Processo Penal, *nota supra* 6.

sumário em processos criminais, e avalia cada uma das provisões contidas no projeto de novo CPP sobre o procedimento, ao mesmo tempo em que avalia as críticas feitas no Brasil à possível adoção deste procedimento em um vindouro Código de Processo Penal.

Discutem-se também os resultados de uma pesquisa aplicada a juízes, promotores e defensores públicos brasileiros, para entender a compreensão desses atores do sistema jurídico sobre o modelo de barganha proposto pelo novo CPP em processos criminais. Ao mesmo tempo, fornece-se uma visão geral da justiça consensual no Brasil, explicando-se por que algumas práticas descritas na Lei Federal nº 9.099/1995 (Lei dos Juizados Especiais Cíveis e Criminais) não podem ser classificadas como *plea bargaining*. Também explica-se o motivo pelo qual alguns autores afirmam que a delação premiada[31] é um parâmetro inicial ou potencial de barganha processual e finaliza-se com uma avaliação do modelo do acordo de não-persecução penal, criado de modo açodado pela Resolução 181/2017 do CNMP e devidamente incorporado no CPP pela recente publicação da Lei n. 13.964/2019.

A parte final da publicação propõe um modelo alternativo, mais preciso, e constitucional de *plea bargaining* ou de barganha processual, a ser adotado em processos criminais no Brasil, cujo escopo é alcançar o equilíbrio entre a necessidade de uma justiça penal eficiente, eficaz e que respeite os direitos fundamentais dos réus. De fato, o modelo proposto ao final deste estudo incorpora todas as avaliações e críticas de barganha processual norte-americana. Além disso, a seção final relata algumas mudanças colaterais necessárias na legislação, com o objetivo de contribuir efetivamente para melhorar a eficiência dos processos criminais no Brasil.

Apesar das críticas de alguns setores da doutrina nacional, conclui-se que a introdução da barganha processual (*plea bargaining*) nos processos criminais brasileiros tem potencial para ser bem-sucedida, se adaptada às particularidades do sistema jurídico tupiniquim, alcançando o equilíbrio esperado entre a necessidade de justiça (utilitarismo processual) e os direitos constitucionais dos réus.

---

31. A delação premiada é um instrumento previsto na Lei n. 12850/2013, tido como eficaz ferramenta para reunir elementos de prova contra os acusados em troca de certos benefícios. Veja infra Seção 5.3 (C).

Capítulo 2

QUAL É O PROBLEMA DOS PROCESSOS CRIMINAIS NO BRASIL?

O Brasil está entre os países com as maiores taxas de encarceramento do mundo, cujo sistema de justiça criminal enfrenta uma crise sem precedentes. Sendo o maior país da América do Sul, o Brasil é dividido em vinte e seis estados e o Distrito Federal. Com mais de 8.500.000 km2[32] e uma população superior a 200 milhões de habitantes,[33] é uma das economias mais importantes do mundo. Infelizmente, os problemas da sociedade brasileira são tão grandes quanto os números anteriores. A má distribuição de renda, o árduo acesso à saúde pública, a falta de investimento no ensino primário[34] e os altos níveis de corrupção[35] são os principais problemas com repercussão direta no sistema de justiça criminal.[36] Tendo em

32. INSTITUTO BRASILEIRO DE GEOGRAFIA E ESTATISTICA, SINOPSE DO CENSO DEMOGRÁFICO: 2010 / IBGE. [SÍNTESE DO CENSO DEMOGRÁFICO: 2010 / IBGE] 11 (2011), http://biblioteca.ibge.gov.br/visualizacao/livros/liv49230.pdf.

33. PRICEWATERHOUSE COOPERS, THE LONG VIEW: HOW WILL THE GLOBAL ECONOMIC ORDER CHANGE BY 2050? 4 (2017), http://www.pwc.com/gx/en/world-2050/assets/pwc-the-world-in-2050-full-report-feb-2017.pdf.

34. De acordo com o Programa das Nações Unidas para o Desenvolvimento, o Brasil é o 75º no Ranking Global de Desenvolvimento Humano, com quase 10% de analfabetos e uma renda mensal per capita em torno de US $ 330. Para informações adicionais, ver Brasil, U.N. DEV. PROGRAM, http://www.br.undp.org/content/brazil/pt/home/ (última visita em out.12, 2017).

35. Segundo a Transparency International, o Brasil ocupa o 79º lugar no ranking mundial de corrupção. Considerando que o Brasil tem uma das dez maiores economias do mundo, essa é uma posição catastrófica e vergonhosa. Para obter informações adicionais, consulte Índice de percepções de corrupção 2016, TRANSPARENCY INT'L, http://www.transparency.org/news/feature/corruption_perceptions_index_2016#table (última visita em 12 de outubro de 2017).

36. NIKLAS LUHMANN, LAW AS A SOCIAL SYSTEM (Klaus A. Ziegert trans., 2004) (cria uma teoria que considera a sociedade como um sistema primário, dividido em subsistemas interativos como economia, segurança pública, lei, educação, etc.).

mente os inúmeros problemas da sociedade brasileira e sua reflexão no sistema de justiça criminal, este capítulo aborda três[37] questões fundamentais – encarceramento em massa, falta de legitimidade do processo penal e lentidão da justiça penal – acerca da crise da justiça penal para fornecer uma visão geral do que está acontecendo no Brasil, justificando-se, ao final, opção da presente obra em focar as atenções nos processos criminais.

2.1. Encarceramento em massa, disparidades raciais e percepções de ilegitimidade

Em tese, pode-se afirmar que o nível de desenvolvimento em uma sociedade pode ser identificado pela igualdade social entre seus membros, refletindo-se diretamente em menores taxas de violência social e de encarceramento de pessoas.[38] Considerando que o Brasil possui uma das piores distribuições de renda do mundo,[39] níveis elevados de criminalidade como consequência direta da desigualdade social não são surpreendentes.[40] Talvez, devido à distribuição injusta de renda e ao consequente temor de se ver vítima de ações violentas para se obter "igualdade", os membros da sociedade brasileira sintam o medo permanente de ser o próximo alvo potencial de qualquer delito.

Embora haja uma percepção comum de que as prisões no país são superlotadas, até 2014, não havia informações precisas, confiáveis ou atualizadas sobre o número de indivíduos presos no país, cuja análise poderia ajudar a entender melhor o problema. Em 2014, o Conselho Nacional de Justiça (CNJ) publicou um estudo: o Diagnós-

---

37. Embora a disparidade racial seja outro problema do sistema de justiça criminal no Brasil, este estudo tratou-a como parte da análise de encarceramento em massa.

38. João Paulo de Resende & Mônica Viegas Andrade, *Crime Social, Castigo Social: Desigualdade de Renda e Taxas de Criminalidade nos Grandes Municípios Brasileiros*, 41, Estudos Econômicos 173, 190 (2011).

39. Rudi Rocha & André Urani, *Distribuição de Renda no Brasil: Um Ensaio Sobre a Desigualdade Desconhecida* 4-8 (Inst. Estud. Trab. E. Soc., Paper, 2005).

40. *Sobre o tema, confira-se:* Karlo Marques Jr., *A Renda, Desigualdade e Criminalidade no Brasil: Uma Análise Empírica*, 45 Rev. Econ. NE 34 (2014) (analisando como a melhoria da renda em regiões pobres foi identificada como um fator para explicar a diminuição de homicídios nas áreas examinadas).

tico de Pessoas Encarceradas no Brasil.[41] Em tal estudo a impressão social comum sobre a desigualdade de encarceramento no Brasil se confirmou. Os resultados do CNJ impactaram consideravelmente a sociedade brasileira, aumentando as discussões sobre a eficácia e a finalidade do sistema de justiça criminal. Segundo o relatório, o Brasil tinha a quarta maior população presa do mundo, atrás apenas dos Estados Unidos, China e Rússia.[42] Em 2014, o Brasil contava com mais de 563.000 indivíduos encarcerados; notadamente, esse número não incluiu indivíduos sob prisão domiciliar,[43] sugerindo que o Brasil teria a terceira maior população aprisionada no mundo.[44] Em dezembro de 2014, o Departamento Penitenciário Nacional (DEPEN) publicou outro relatório mostrando que a população encarcerada já havia aumentado para mais de 622.000.[45] O relatório mais recente do DEPEN, de dezembro de 2017, mostrou que o número de presos no Brasil continuou a crescer, registrando mais de 720.000 indivíduos encarcerados.[46]

Dissecando o número de encarcerados no Brasil, é possível verificar alguns resultados interessantes. Em primeiro lugar, indivíduos presos sem condenação final (provisórios)[47] correspondia a cerca de um terço de todas as pessoas presas em 2014, o que permaneceu constante no relatório de 2017.[48] A consistência no elevado número de prisioneiros sem condenação final implica em concluir que há

41. CNJ, Diagnostico de Pessoas Presas no Brasil, 1 (2014), http://www.cnj.jus.br/images/imprensa/diagnostico_de_pessoas_presas_correcao.pdf.

42. *Idem, p. 15.*

43. O encarceramento domiciliar é, essencialmente, a prisão em casa.

44. CNJ, *nota supra* 42, p. 6.

45. DEPEN, LEVANTAMENTO NACIONAL DE INFORMAÇÕES PENINTENCIÁRIAS 25 (2014), https://www.justica.gov.br/noticias/mj-divulgara-novo-relatorio-do-infopen-nesta--terca-feira /relatorio-depen-versao-web.pdf.

46. DEPEN, LEVANTAMENTO NACIONAL DE INFORMAÇÕES PENITENCIÁRIAS ATUALIZAÇÃO – JUNHO DE 2016 [RELATÓRIO NACIONAL DE DADOS PENINTENCIÁRIOS – ATUALIZADO JUNHO DE 2016] 65 (2017), http://www.justica.gov.br/noticias/ha-726-712-pessoas-presas-no-brasil / relatorio_2016_junho.pdf.

47. Como este estudo explica no Capítulo 3, uma condenação final no Brasil só ocorre quando não há mais oportunidades para apelar da condenação.

48. CNJ, *nota supra* 42, p. 14. Conferir também DEPEN, *nota supra* 48, p. 13.

algo errado com a velocidade dos processos criminais ou com o uso da prisão cautelar no Brasil.[49]

Em segundo lugar, dados sobre o nível de escolaridade da população aprisionada mostram que o encarceramento de indivíduos jovens e analfabetos é um traço atual do sistema de justiça criminal no Brasil.[50] As acusações mais comuns para os encarcerados são tráfico de drogas e crimes contra o patrimônio (aproximadamente 66% de todos os crimes).[51] Esta constatação indica como a desigualdade na sociedade brasileira pode ter contribuído para o aumento de crimes relacionados ao ataque à propriedade, em um esforço para adquirir bens desejáveis ditados por uma sociedade capitalista de larga escala, voltada para o consumo de massa. Endossando tal conclusão, Karlo Marques Junior explicou que o aumento da renda da parcela mais rica da população brasileira e a estagnação do salário para a parcela mais pobre é um fator que incentiva a criminalidade devido à diferença entre rendas e padrões de consumo impostos pela sociedade.[52]

Os relatórios do CNJ e do DEPEN sugerem outra característica importante dos prisioneiros no Brasil. O componente racial da população encarcerada indica que apenas 36% são brancos, enquanto mais de 63% são negros.[53] Esses números destacam uma sociedade segregada com replicações consideráveis no sistema de justiça criminal. Por exemplo, no Distrito Federal, onde está localizada a capital do país (Brasília), mais de 81% das pessoas presas são negras.[54] No entanto, como a população total de negros na região Centro-Oeste do Brasil – os estados de Goiás, Mato Grosso, Mato Grosso do Sul

---

49. As regras sobre prisões cautelares são abordadas no Capítulo 3 deste estudo. Por ora, observe que o atual CPP, nos Artigos 311 a 313, estabelece os principais regulamentos sobre prisões antes da execução da pena, que podem ser divididos em prisão temporária e preventiva, dependendo de quando a pessoa é presa. Sob essa classificação, a taxa de prisão provisória nos Estados Unidos seria significativamente maior do que o valor atual.

50. DEPEN, *nota supra* 47, p. 46. Ver DEPEN, *nota supra* 48, p. 34.

51. DEPEN, *nota supra* 48, pp. 34, 43, 65.

52. Marques Jr., *nota supra* 44, pag. 44.

53. *Id., p.* 36. *Cf.* DEPEN, *nota supra* 48, p. 61.

54. *Id., p.* 37.

e Distrito Federal – representa apenas 6% de todos os negros no Brasil,[55] o número de negros presos no Distrito Federal é espantoso.

Após a análise dos dados de encarceramento no Brasil, a conclusão óbvia é que algo está errado com o sistema penal e uma possível causa pode estar diretamente ligada ao processo criminal brasileiro. O alto número de presos negros, pobres, analfabetos e com baixa escolaridade, indica que a desigualdade de distribuição de renda no Brasil tem graves consequências ao sistema de justiça criminal.[56] De fato, Karlo Marques Junior ensina que o Brasil é muito sensível às questões sociais ligadas à renda e à desigualdade. Contudo, segundo ao autor, o foco nas políticas que aliviam a pobreza e a distribuição de renda, ou a reformulação das políticas de segurança pública, parece ser o caminho necessário para o Estado brasileiro resolver o grave problema da criminalidade.[57]

Além disso, o baixo número de presos[58] condenados por crimes de colarinho branco,[59] associado ao elevado número de encarceramentos sem condenação final (presos provisórios), são indícios claros de que o Brasil tem sérios problemas relacionados ao seu processo penal.[60] Afinal, o que mais explicaria o número esmagador de pessoas presas sem condenação no Brasil?

---

55. Diretoria de Pesquisas – DPE – Coordenação de População e Indicadores Socias – COPIS., Estimativas da População Residente no Brasil e Unidades da Federação com Data de Referência Em 1º de Julho de 2014, 1 (2014), ftp://ftp.ibge.gov.br/Estimativas_de_Populacao/Estimativas_2014/estimativa_dou_2014.pdf.

56. Considerando que o único propósito desta obra é o procedimento criminal, eu não exploro as razões criminológicas para o 4º lugar do Brasil no ranking de pessoas presas no mundo.

57. Marques Jr., *nota supra* 41, p. 44–45.

58. De acordo com o relatório DEPEN, em 2014, menos de 1% dos presos condenados no Brasil estavam relacionados a crimes do colarinho branco. Veja DEPEN, *nota supra* 45, pp. 80, 32.

59. Esse termo foi cunhado por Edwin Sutherland em 1940. Sobre: Edwin H. Sutherland, *White-Collar Criminality*, 5 Am. Soc. Rev. 1 (1940) (fornece informações adicionais sobre crimes de colarinho branco).

60. Por exemplo, em junho de 2016, havia mais de 726.000 presos no Brasil, incluindo aqueles que foram condenados e aqueles que aguardavam julgamento. Entre eles, apenas 669 presos estavam envolvidos em casos de corrupção. Veja DEPEN, *nota supra* 47, pp. 42, 65.

Depois de examinar o número atual de prisioneiros e a disparidade social das pessoas encarceradas no Brasil, é necessário dedicar algum tempo à legitimidade do sistema de justiça criminal no Brasil. O vocábulo "legitimidade" pode ter diferentes significados, de acordo com o contexto em que é aplicado. A definição lexical do termo significa a qualidade ou o estado de ser legítimo,[61] o fato de que algo é justo e razoável, ou o fato de que algo é legal.[62] Ian Hurd afirmou que a legitimidade é comumente definida na ciência política e na sociologia como a crença de que uma regra atribui a uma instituição ou a líder o direito de governar.[63] Seria um julgamento de um indivíduo sobre a legitimidade de uma hierarquia entre regra ou governante e o sujeito, bem como as obrigações do subordinado em relação à regra ou ao governante.[64]

Cynthia Alkon afirmou que os psicólogos sociais usam o termo "legitimidade" tanto quando analisam o motivo das pessoas seguirem a lei, bem como ao estudarem atitudes em relação aos tribunais, à aplicação da lei e ao governo em geral.[65] Cynthia Alkon continua pontuando que a legitimidade examina se a lei, em si, é percebida como legítima e se as autoridades ou instituições jurídicas são consideradas legítimas.[66] Segue afirmando que a legitimidade é um precursor-chave do consentimento e aceitação voluntária da lei e das autoridades legais,[67] concluindo que sociedades onde há uma percepção geral sobre a obediência à lei tendem a mostrar uma crença mais forte nos benefícios da lei, enquanto sociedades

61. *Legitimacy*, Merriam-Webster Dictionary (2017), https://www.merriam-webster.com/dictionary/legitimacy (Última visita em 03 de maio de 2017).

62. *Legitimacy*, Cambridge Dictionary (2017), http://dictionary.cambridge.org/us/dictionary/english/legitimacy (Última visita em 03 de maio de 2017).

63. Ian Hurd, *Legitimacy, em* Encyclopedia Princetoniensis: The Princeton Encyclopedia of Self-Determination, https://pesd.princeton.edu/?q=node/255 (Última visita em 14 de outubro de 2017).

64. *Id.*

65. Cynthia Alkon, *Plea Bargaining as a Legal Transplant: A Good Idea for Troubled Criminal Justice Systems?*, 19 Transnat'l Contemp. Probs. 355, 377 (2010).

66. *Id.*

67. *Id.*

com uma percepção negativa de conformidade com a lei tendem a mostrar atitudes que não respeitam a lei.[68]

Com essas considerações em mente, potencialmente, a legitimidade dos processos criminais[69] está diretamente relacionada ao nível de correspondência das expectativas dos cidadãos em relação ao resultado e à velocidade dos julgamentos das ações penais. Notadamente, as taxas de condenação em casos relacionados aos delitos lavagem de dinheiro, crimes de colarinho branco, corrupção e outras infrações importantes são baixas no Brasil, levando a uma avaliação abaixo da média do poder judiciário.[70]

A definição de legitimidade sugere que o sistema de justiça criminal brasileiro não tem respaldo entre a população, particularmente no que tange ao processo penal. Verifica-se que a sociedade brasileira perdeu a fé em seu sistema de justiça criminal,[71] devido às baixas taxas de condenações por crimes de colarinho branco, bem como graças à corrupção e outras infrações sem punição se relacionadas a réus ricos, sem falar na descrença pelo o alto número de indivíduos pobres e negros aprisionados.[72] Se ninguém deveria

---

68. *Id., p.* 383.

69. Ver *infra* Seções 3.4 e 3.5 para mais informações sobre a reflexão da presunção de inocência no Brasil.

70. De acordo com o Relatório da CIJ de 2017, 81% da população acha que o Judiciário está muito lento em dar resultados; 81% consideram isso muito caro; 78% acham que não é honesto; 73% consideram difícil acessar o ramo judiciário; 73% disseram que o judiciário é incompetente para resolver problemas; e 66% não consideram seus membros imparciais. Ver Luciana de Oliveira Ramos e outros, Relatório ICJBrasil – 1° SEM 2017, FGV DIREITO 32, 16 (2017).

71. Como uma nota secundária, nos Estados Unidos, o nível de confiança no sistema de justiça criminal permanece estável em níveis elevados. *Sobre:* American Bar Assoc., Perceptions of the U.S. Justice System 32 (1999), https://www.americanbar.org/content/dam/aba/publishing/abanews/1269460858_20_1_1_7_upload_file.authcheckdam.pdf. *Veja também: State of the State Courts: A 2017 NCSC Public Opinion Survey*, Nat'l Center for State Courts (2018), https://www.ncsc.org/~/media/Files/PDF/Topics/Public%20Trust%20and%20Confidence/State-of-the-State-Courts-2017-slides.ashx (Última visita em 13 de setembro de 2018).

72. De acordo com um relatório anual divulgado pela Fundação Getúlio Vargas – o Índice de Confiança na Justiça Brasileira que mede o nível de confiança no judiciário brasileiro – 81% dos cidadãos entrevistados responderam que os julgamentos no Brasil são muito lentos; 74% não confiam no Supremo Tribunal Federal (STF) e apenas 24% da população confia no Poder Judiciário. Cf. Oliveira Ramos e outros, *nota supra* 69, 13-17.

receber tratamento privilegiado em uma sociedade organizada sob o regime de um estado de democrático de direito, com *status* de igualdade de todos perante a lei, por que uma pessoa acusada de cometer crime de colarinho branco ou corrupção raramente enfrenta prisão? Por que os condenados abastados demoram tanto para começar a cumprir sua sentença?

Desde 2014, no entanto, o Brasil tem mostrado uma leve mudança nas percepções sociais da legitimidade em razão de uma abordagem um pouco mais ativa da justiça penal em casos importantes, levando a julgamentos mais rápidos e condenações finais com ritmo que não é o comum no poder judiciário criminal brasileiro. No caso Mensalão,[73] por exemplo, o Supremo Tribunal Federal (STF) condenou réus importantes, incluindo o ex-ministro José Dirceu, no que foi considerada uma decisão notável, considerando o histórico de impunidade para casos dessa natureza.[74] Além disso, investigações levadas a cabo pela Operação Lava-Jato[75] revelaram o

73. A acusação era de que figuras importantes do governo brasileiro, entre 2003 e 2007, usaram suas funções públicas e influenciaram para cometer uma variedade de crimes incluindo corrupção, suborno, lavagem de dinheiro, etc. Este foi o primeiro grande caso criminal, a Ação Penal nº 470, em que o STF tinha jurisdição original, resultando na condenação de mais de vinte acusados, incluindo congressistas, ex-ministros de Estado, etc.

74. José Dirceu era o principal ministro do Governo Lula, equivalente à Secretaria de Estado dos EUA.

75. Segundo o site da Procuradoria Geral da República, o nome do caso, Lava Jato, deriva do uso de uma rede de postos de gasolina e lavagem de carros para movimentar recursos ilícitos pertencentes a uma das organizações criminosas inicialmente investigadas. Embora a investigação tenha avançado para outras organizações criminosas, o nome inicial foi consagrado. A operação Lava Jato foi a maior investigação de corrupção e lavagem de dinheiro de todos os tempos no Brasil. Estima-se que o volume de recursos desviados dos cofres da Petrobras, a maior empresa do estado, esteja na casa dos bilhões de reais. Soma-se a isso a expressão econômica e política dos suspeitos de participar do esquema de corrupção que envolve a empresa. No início da investigação, em março de 2014, na justiça federal de Curitiba, quatro organizações foram investigadas e processadas, lideradas por Doleiros, operadoras do mercado de câmbio paralelo. O Ministério Público Federal posteriormente coletou provas de um imenso esquema criminal de corrupção envolvendo a Petrobras. Nesse esquema, que durou pelo menos dez anos, grandes empreiteiros organizados em cartéis pagavam propinas a altos executivos do Estado e outros agentes públicos. O montante do suborno variou de 1% a 5% do número total de bilhões de contratos superfaturados. Este suborno foi distribuído pelos operadores financeiros do esquema, incluindo os tesoureiros investigados na primeira etapa. Sobre: Caso Lava-Jato, MINISTERIO PÚBLICO FEDERAL (2017), http://lavajato.mpf.mp.br (última visita em 20 de outubro de 2017).

maior esquema de corrupção na história do Brasil, cujas ações penais daí decorrentes acarretaram condenações do ex-presidente Luís Inácio Lula da Silva,[76] ex-ministros, o CEO da maior construtora do Brasil, e diretores executivos da Petrobrás (a maior empresa do Estado brasileiro).

Inobstante os exemplos citados, investigações revelando grandes esquemas de corrupção e outros delitos graves de colarinho branco não terão resultados efetivos se os processos criminais no Brasil continuarem morosos. Isso porque o cenário atual mostra que o processo penal tem sido um instrumento apenas para enviar pobres, pessoas sem educação formal e negras para a cadeia, enquanto permite que réus ricos permaneçam em suas casas confortáveis. A legitimidade do processo penal deve ser resgatada, quebrando-se as barreiras burocráticas atuais para introduzir mecanismos de resolução mais rápida dos casos, de modo que todos os responsáveis por cometimento de crimes respondam por seus atos, não importando o tipo penal, cor da pele e, principalmente, a classe social.

2.2. Processos criminais: lentidão, explosão de casos e burocracia

A. Julgamentos lentos

Embora um dos principais propósitos dos processos criminais seja condenar os culpados e absolver os inocentes, o propósito essencial de uma ação penal deve ser o de estabelecer limites ao poder do Estado de aplicar sanções, proporcionando "paridade de armas" entre a acusação e a defesa.[77] No entanto, atingir tal objetivo não é tão fácil quanto parece, e, no Brasil, esse aspecto soa mais como fantasia do que como realidade. Os processos criminais no Brasil podem levar mais de uma década para chegar a uma determinação

76. Até o fechamento desta edição, não havia condenação definitiva, transitada em julgado, do ex-presidente Luís Inácio Lula da Silva em processos relacionados à Operação Lava-Jato. Já havia sido condenado em primeira e segunda instância, em aos menos um caso.

77. Aury Lopes Jr., Fundamentos do Processo Penal: Introducão Crítica, 31 (3ª ed. 2017).

final,[78] dependendo da complexidade do caso, do tribunal em que se encontra ou da natureza do processo.

No Brasil, a fase de julgamento, ou a instrução processual penal, em regra, é bem mais longa do que se verifica no sistema legal dos EUA.[79] De fato, o Brasil considera o sistema recursal uma continuação do processo criminal porque o réu só pode ser considerado culpado após o julgamento final do último recurso possível.[80] Tal interpretação é um resultado natural da presunção de inocência, pois a Constituição Brasileira declara que nenhuma pessoa pode ser considerada culpada antes de uma condenação definitiva, ou seja, antes do trânsito em julgado da sentença penal condenatória.[81] Por outro lado, um processo criminal nos Estados Unidos é considerado completo após a condenação e imposição de sentença. Naquele país, os réus geralmente começam a cumprir pena por essa sentença, mesmo se apelarem da condenação imposta na sentença.[82]

A Constituição brasileira estabeleceu a presunção de inocência como um direito fundamental, criando uma garantia que permite que os réus permaneçam livres, mesmo após sua condenação, se houver

---

78. O relatório do CNJ afirma que a duração média de um caso nos tribunais estaduais brasileiros é de pouco mais de seis anos e sete anos nos tribunais federais. Infelizmente, os números combinam cortes civis e criminais, o que dificulta a medição da exata lentidão dos processos criminais no Brasil. Sobre: CNJ, JUSTICA EM NUMEROS 2016 [JUSTIÇA EM NÚMEROS 2016] 70 (2016), http://www.cnj.jus.br/files/conteudo/arquivo/2016/10/b8f46be3dbbff344931a933579915488.pdf (última visita em 5 de abril, 2017).

79. Dale A. Sipes & Mary Elsner Oram, On Trial: The Length of Civil and Criminal Trials (1988).

80. *Infra* capítulo 3.

81. Constituição Federal, art. 5 (LVII).

82. *E.g.,* Fed. R. Crim. P. 38 (Os Tribunais Federais devem suspender as sentenças de morte se o réu apelar, o que significa que não há uma regra obrigatória para suspender as sentenças em casos sem sentença de morte. *Sobre:* Shein, Marcia. Presumed innocent? Not during a federal appealFederal Criminal Law Center (2012), https://federalcriminallawcenter.com/2012/03/presumed-innocent-not-during-a-federal-appeal/ (última visita em 7 de março de 2019) (Afirma que a prática diária dos Tribunais Federais mostra que os acusados geralmente permanecem presos mesmo quando estão apelando). *Em sentido contrário,* Harvey, Kathleen A et al. *Disaster on the Horizon: It's Post-'Conviction' Time; Do you know where your alien client is?*, 73 J. Kan. B. Ass'n 16, at 22 (2004) (afirmando que "em geral, a condenação de um estrangeiro legalmente presente nos Estados Unidos que ainda está sob recurso direto não é considerada uma condenação por inadmissibilidade ou propósitos de deportação").

algum tipo de recurso pendente de julgamento.[83] Embora bem-intencionado, o princípio contribui para a sensação de impunidade, já que os réus ricos geralmente podem apresentar muitos recursos, atrasando o julgamento final por anos.[84] Os réus em processos criminais por crimes de colarinho branco, corrupção e crimes correlacionados frequentemente apresentam vários recursos resultando em atrasos de tramitação e condenações tardias.[85] O ritmo lento dos julgamentos frequentemente acarreta a prescrição. Em outros casos, os réus até mesmo morrem antes de terminar o julgamento sem cumprir pena alguma pelo crime cometido.[86] Devido à morosidade do processo penal, muitos brasileiros argumentam que aqueles que cometem um crime só vão para a cadeia se não puderem arcar com os custos do sistema recursal.

Esse pensamento comum indica a seletividade do sistema de justiça criminal dirigido a indivíduos menos privilegiados, que são estereotipados como uma ameaça à estabilidade e à segurança pública em uma sociedade ditada por um sistema capitalista.[87] Por exemplo,

---

83. Veja *infra* Capítulo 3 para uma explicação sobre algumas situações especiais em que os acusados podem permanecer na prisão enquanto aguardam a decisão do seu recurso.

84. Esta obra abordará detenções posteriores prisões preventivas como exceções do encarceramento antes das condenações.

85. O Ministério Público Federal (MPF) divulgou uma campanha chamada 10 Medidas Contra a Corrupção. A Medida #4 busca maior eficiência no processo de apelação no Brasil. Segundo o MPF, é comum que processos envolvendo crimes graves e complexos, como crimes de colarinho branco, levem mais de quinze anos em recurso após a condenação. Isso ocorre, por exemplo, com o "Caso Banestado" (Processo n. 2003.70.00.039531-9, da 13ª Vara Criminal Federal de Curitiba), que condenou os réus por crimes de gestão fraudulenta e apropriação indébita do dinheiro de uma instituição financeira pública, o Banco Banestado. Neste caso, como em casos semelhantes, a defesa utilizou estratégias para retardar o caso – apelos sucessivos de pedido de esclarecimento da sentença – que foram reconhecidos pelo Superior Tribunal de Justiça como comportamento de defesa abusivo. Tal atraso aumenta um ambiente de impunidade, mesmo quando há um mero adiamento da punição, o que incentiva a continuação dos crimes. A fim de contribuir para um processamento eficiente dos recursos sem prejudicar o direito de defesa, a Medida 4 propõe onze alterações específicas, todas ao Código de Processo Penal (CPP). *Cf.*Dez Medidas Contra a Corrupção – Conheça as Medidas, DEZ MEDIDAS, http://www.dezmedidas.mpf.mp.br/apresentacao/conheca-as-medidas (última visita em 13 de agosto de 2018).

86. Infelizmente, esse resultado ainda é comum em casos relacionados a crimes contra ex-prefeitos, governadores e congressistas, que geralmente têm idade avançada quando o julgamento começa e – devido à lentidão do processo – morrem sem uma condenação final, levantando preocupações de impunidade entre cidadãos.

87. Christiano Falk Fragoso, Autoritarismo e Sistema Penal, 289 (2015).

um ex-governador do Estado de Minas Gerais, foi acusado de desvio de US$ 3,5 milhões quando patrocinou inscrições para eventos esportivos do governo durante sua campanha pela reeleição em 1998.[88] O caso levou onze anos para chegar aos tribunais superiores, quase duas décadas após o crime ter sido cometido. O réu somente foi condenado em 2015 por peculato e lavagem de dinheiro. Recorreu, e a sentença foi confirmada em agosto de 2017 pelos juízes da 5ª Câmara Criminal do Tribunal de Justiça do Estado de Minas Gerais. Em abril de 2018, interpôs outro recurso nesta mesma Câmara, e três dos cinco juízes votaram para manter a condenação. Depois disso, o réu recorreu ao STF tentando reverter a condenação, mas o recurso foi negado. Situações como esta são um bom exemplo de como os réus com posses usam a complexidade do processo criminal no Brasil para adiar as condenações, levantando dúvidas sobre a legitimidade da justiça.

B. O volume processual nas cortes criminais

Como o objetivo deste capítulo é apresentar os principais problemas do sistema de justiça criminal no Brasil, este não é o lugar para conduzir uma análise aprofundada da carga de trabalho judicial em cada tribunal do país. Com essa limitação em mente, esta pesquisa amostrou um estudo desenvolvido pelo CNJ sobre o cotidiano de trabalho de juízes no Brasil por meio do Censo Nacional do Poder Judiciário.[89] Além disso, foram usados os números recebidos da Divisão de Estatística do Tribunal Regional Federal da 1ª Região, que refletiram o trabalho de juízes com jurisdição criminal nas principais capitais dos estados do TRF da 1ª Região no Brasil.

Como mostra a Figura 1, em verde escuro, o Tribunal Regional Federal da 1ª Região é a maior Corte Federal no Brasil, cobrindo cerca de 80% do território do Brasil. O Tribunal tem jurisdição

---

88. Gil Alessi, *Eduardo Azeredo, Tucano Mais Graduado já Condenado, se Entrega à Polícia*, El País (23 de maio, 1996), https://brasil.elpais.com/brasil/2018/05/23/politica/1527083752_882627.html (última visita em 13 de agosto de 2018).

89. Censo do Poder Judiciario 2013 – Magistrados – TRF da 1a Região, 19 (2013), http://www.cnj.jus.br/images/pesquisas-judiciarias/Censo/Relatórios_Magistrados/TRFs/Magistrados_-_TRF_da_1ª_Região.pdf.

sobre mais de 13 estados,[90] bem como o Distrito Federal, em questões de interesse federal, de acordo com os artigos 106 a 109 da Constituição do Brasil.

Figura 1: O TRF-1

De acordo com o censo do CNJ, cerca de 55% dos juízes federais responderam às perguntas, o que indica uma amostra significativa. Os resultados indicam que o juiz trabalha, em média, nove horas e dois minutos por dia nas Seções Judiciárias do Tribunal Regional Federal da 1ª Região, números particularmente altos quando comparados aos demais Tribunais Regionais Federais do Brasil.[91] Além disso, os resultados apontam que os Juízes Federais

90. Amazonas (AM), Pará (PA), Amapá (AP), Roraima (RR), Acre (AC), Rondônia (RO), Tocantins (TO), Piauí (PI), Maranhão (MA), Bahia (BA), Goiás (GO), Mato Grosso (MT), Distrito Federal (DF) e Minas Gerais (MG).

91. Atualmente, o Brasil tem cinco Tribunais Regionais Federais, o equivalente aos Circuitos Federais nos Estados Unidos. Juntamente com o citado Tribunal Regional Federal da 1ª Região, há o Tribunal Regional Federal da 2ª Região (Jurisdição do Rio de Janeiro e Espírito Santo), o Tribunal Regional Federal da 3ª Região (Jurisdição de São Paulo e Mato Grosso do Sul), o Tribunal Regional Federal da 4ª Região (Paraná, Santa Catarina

da 1ª Região têm jornada de trabalho mais longa do que indivíduos empregados por empresas privadas, que laboram em média de oito horas e trinta minutos diariamente.[92] Essa informação sugere que a lentidão dos processos criminais não está relacionada à quantidade de tempo que os juízes trabalham diariamente no Brasil.

Assim, poder-se-ia afirmar que o alto número de casos em juízos criminais, como nos do TRF da 1ª Região, é a razão pela qual um processo criminal no Brasil leva anos para se chegar a uma decisão final. Não há dúvida de que o elevado número de processos é uma enorme pressão sobre os tribunais brasileiros. Segundo o CNJ,[93] em 2015, as questões penais foram responsáveis por mais de 1,9 milhão de novos casos no Brasil, resultando em mais de 8,6 milhões de processos criminais nos tribunais estaduais e federais.[94]

Para facilitar a compreensão do problema, a Tabela 1 do Apêndice I apresenta uma visão geral do número de casos nos Juízos Criminais Federais das principais cidades abrangidas pelo TRF-1, de janeiro de 2016 a novembro de 2016. De acordo com esses números, quarenta juízes federais trabalharam nos vinte e três principais juízos ou varas criminais com competência exclusiva em tal área.

Em janeiro de 2016, havia 38.915 casos nesses juízos criminais. Ao longo do ano, foram adicionados 23.686 novos casos, mas em 30 de novembro de 2016 ainda havia 38.395 casos. Embora isso signifique que os juízes decidiram mais de 23.000 casos em apenas onze meses, o volume de casos ainda era extremamente elevado, evidenciando um sistema judicial criminal sobrecarregado.

Para ilustrar a importância do problema brasileiro,[95] compare esses números com os dos tribunais federais nos Estados Unidos.

---

e Rio Grande do Sul) e o Tribunal Regional Federal da 5ª Região (Jurisdição de Sergipe, Alagoas, Pernambuco, Paraíba, Rio Grande do Norte e Ceará).

92. Carga de trabalho diária relatada pelos próprios Juízes.

93. CNJ, Justiça em Números 2016, 74 (2016), <http://www.cnj.jus.br/files/conteudo/arquivo/2016/10/b8f46be3dbbff344931a933579915488.pdf>.

94. *Id.*, *p.* 75.

95. De acordo com o relatório do CNJ 2017, o Tribunal Regional Federal da 1ª Região do Brasil teve cerca de 138 mil processos pendentes em 31 de dezembro de 2016, o maior número entre os cinco Tribunais Federais. Ainda assim, o número é muito baixo em comparação com os Tribunais Estaduais de São Paulo, que tiveram mais de 2,43 milhões de processos

Em 31 de dezembro de 2016, havia 69.118 réus em processos criminais em todas as cortes federais dos EUA.[96] Embora os casos criminais nos Tribunais Federais norte-americanos representem uma pequena fração dos réus, eles podem ser usados como um parâmetro de comparação, porque os Tribunais Federais no Brasil também são responsáveis por apenas uma parcela muito pequena dos casos criminais.[97]

Acrescente-se que as estatísticas no Brasil se baseiam no número de casos, ao invés de no número de acusados, sendo os casos de concurso de crimes e de agentes mais comuns nos tribunais federais brasileiros. Portanto, mediante a amostragem acima examinada, apenas nas varas federais criminais do Tribunal Regional da 1ª Região (que representam menos de 10% de todos os juízos criminais Federais do Brasil)[98] havia mais réus do que em todos os Tribunais Federais dos EUA combinados.[99]

---

penais pendentes no mesmo período. Cf. JUSTIÇA EM NÚMEROS 2017 – ANO-BASE 2016, 189 138–139 (2017), http://www.cnj.jus.br/files/conteudo/arquivo/2017/12/b60a659e-5d5cb79337945c1dd137496c.pdf (última visita em 13 de agosto de 2018).

96. *Federal Court Management Statistics*, 1, U.S. Courts (Dec. 31, 2016), http://www.uscourts.gov/statistics/table/na/federal-court-management-statistics/2016/12/31-1 (Última visita em 30 de maio de 2017).

97. Em 2015, os Juízos Criminais Estaduais receberam mais de 1,8 milhão de novos casos, enquanto as estatísticas mostram que, no mesmo período, os Juízos Criminais Federais receberam menos de 120 mil novos casos. *Cf.* JUSTIÇA EM NÚMEROS 2016, 130, 247 (2016), http://www.cnj.jus.br/files/conteudo/arquivo/2016/10/b8f46be3dbbff344931a933579915488.pdf.

98. Segundo o CJF, o Brasil tem 356 Juízos Federais com jurisdição criminal. Entre eles, cinquenta e quatro têm jurisdição penal exclusiva, vinte e dois lidam apenas com crimes de lavagem de dinheiro e crimes contra o sistema financeiro brasileiro, e os outros 280 Juízos têm um papel cumulativo com jurisdição criminal e civil. Grandes e importantes cidades têm Juízos Criminais Federais privados. Veja a Tabela 2 no Apêndice I.

99. *Veja: Federal Judicial Caseload Statistics: Criminal Defendants Commenced, by Offense and District*, U.S. Courts (Mar. 31, 2016), http://www.uscourts.gov/federal-judicial-caseload-statistics-2016-tables (Última visita em junho de 2017). O documento fornece uma visualização do número de processos em Juízos Criminais Federais nos Estados Unidos. Em março de 2016, ao longo de um período de 12 meses, o número total de réus em todas as Cortes Criminais Federais norte-americanas foi de 79.567. Ao considerar que esse número representa onze circuitos federais, o número médio de réus por circuito nos Estados Unidos é de cerca de 7.234. Como essa contagem também inclui casos com vários réus, o número de casos é, na verdade, consideravelmente menor que sete mil por circuito. Assim, esta simples abordagem preliminar e comparativa fornece uma ideia de como os mais de 38.000 casos criminais no Tribunal Regional Federal da

C. Burocracia e complexidade dos processos penais

Além do elevado número de casos nos Juízos Criminais, outro fator contribui para o indesejável sistema de justiça criminal no Brasil: a legislação desatualizada e complexa. O Código Processual Penal brasileiro (CPP) entrou em vigor em 1941, quando o Brasil era governado por Getúlio Vargas – um presidente influenciado pelas ideias fascistas italianas,[100] que se refletiram no CPP.[101] De fato, como Walter Nunes comentou em seu livro sobre a teoria constitucional do processo penal, o Código de Processo Penal italiano (um estatuto completamente antidemocrático promulgado em 1930 sob um estado fascista) influenciou significativamente a promulgação do CPP em 1941.[102]

Enquanto a Constituição do Brasil foi promulgada em 1988, consagrando muitos dos direitos fundamentais dos réus que devem orientar toda a legislação relevante no país, o CPP continua sendo o principal estatuto em matéria de processo penal, com constante reformulação, mas mantendo sua estrutura original inquisitorial.[103] O exemplo a seguir ilustra como a complicada legislação processual penal brasileira pode ser e como tais idiossincrasias diminuem o ritmo de um processo criminal.

Em um caso hipotético, um funcionário público é acusado de receber dinheiro para aprovar a construção de uma empresa que explora

---

1ª Região mostram os Juízos Criminais evidentemente sobrecarregados no Brasil e a dificuldade para juízes, advogados e promotores garantirem com precisão os direitos fundamentais dos réus.

100. Sobre: EUGENIO PACELLI, CURSO DE PROCESSO PENAL 5 (20ª edição, 2016) (defendendo o CPP e, inspirado na lei processual penal italiana produzida nos anos 1930, seguindo as premissas do regime fascista por motivos notoriamente autoritários).

101. Lembre-se de que o Código de Processo Penal brasileiro foi promulgado antes da Declaração Universal dos Direitos Humanos (UDHR) (1948), indicando a natureza desatualizada do Código.

102. WALTER NUNES DA SILVA JÚNIOR, CURSO DE DIREITO PENAL PROCESSUAL: TEORIA (CONSTITUCIONAL) DO PROCESSO PENAL, 117 3º edição, 2015).

103. Uma das tentativas de adaptar o Código de Processo Penal aos parâmetros constitucionais ocorreu em 2011, sob a Lei Federal nº 12403/2011. O objetivo era estabelecer uma nova estrutura para prisão preventiva e medidas cautelares diversas da prisão durante o processo. Entretanto, tais reformas parciais não obtiveram o resultado esperado, particularmente porque algumas das reformas ainda estão pendentes de aprovação no Congresso. *E.g.*, *Id.*, *p.* 124.

recursos naturais em uma área protegida pela legislação ambiental. A ação, em tese, corresponde ao delito de corrupção passiva descrito no artigo 317 do Código Penal Brasileiro (CP). O promotor apresenta uma acusação formal pedindo a condenação do suspeito. A acusação vai para o juiz que conduz uma análise preliminar sobre a admissibilidade da denúncia, decidindo se o caso pode prosseguir para a próxima etapa. O juiz ordena a citação do réu se a acusação é admissível e cumpre os padrões legais e constitucionais, informando o réu de seu inteiro teor e a necessidade de apresentar uma defesa. O juiz pode também rejeitar a denúncia. Se a acusação for rejeitada, há uma oportunidade para o recurso da promotoria para o tribunal competente, no qual o promotor pode tentar reverter a decisão do juiz de primeira instância.[104]

Uma vez que a acusação é aceita, seja pelo juiz ou pelo tribunal de 2º Grau, a defesa preliminar pode solicitar a rejeição da denúncia por inconstitucionalidade, ilegalidade ou má conduta durante a prisão ou julgamento.[105] Então o juiz analisa novamente a admissibilidade da acusação. Se o juiz mantiver o recebimento da denúncia, entendendo que não há motivos para absolver sumariamente o réu, agendará uma audiência de instrução e julgamento (ocasião na qual as testemunhas são apresentadas e os depoimentos são coletados). Na mesma decisão que designa a audiência de instrução e julgamento, o magistrado deverá definir provas a serem produzidas, de acordo com o requerimento das partes.

Tanto a defesa como a acusação podem recorrer ao tribunal competente para alterar a decisão que negou a rejeição das acusações, agendou a audiência e estabeleceu parâmetros de prova. Por exemplo, o réu pode argumentar que o caso não deve continuar porque a investigação foi baseada em evidências ilegais. A promotoria poderá contestar a decisão sobre parâmetros de prova se a autoridade judicial não justificar as limitações, desobedecendo ao artigo 93, IX da Constituição do Brasil,[106] que exige que toda

104. CÓDIGO DE PROCESSO PENAL, art. 581 (I) [Doravante denominado CPP].

105. Por exemplo, policiais entram na casa do réu durante a noite sem um mandado válido; a polícia forjando provas incrminadoras; juiz não declarando as razões pelas quais recebe a denúncia, etc.

106. CONSTITUIÇÃO FEDERAL, art. 93 (IX).

decisão judicial inclua fundamentação. Além disso, ambas as partes podem recorrer argumentando que o juiz não determinou adequadamente que provas eram permissíveis produzir durante o julgamento, como testemunhos, documentos, perícias etc. Este caso hipotético mostra as complicações da legislação processual penal no Brasil e quanto tempo leva para que os réus sejam condenados após as decisões dos recursos apresentados.[107] Devido a esses procedimentos, os processos criminais costumam gerar uma percepção popular de justiça lenta e inadequada.

Considerando as complexidades do sistema de justiça criminal no Brasil, juntamente com a necessidade de se restringir o objeto desta obra, opta-se, daqui em diante, por analisar somente aspectos relacionados à lentidão dos processos criminais. Isso porque a legitimidade dos processos criminais está diretamente ligada à burocracia. Uma vez que o ritmo lento dos processos criminais brasileiros seja retificado, consequência natural serão sentenças mais rápidas, devolvendo a confiança social ao sistema de justiça criminal e restaurando sua legitimidade, principalmente em julgamentos envolvendo corrupção, lavagem de dinheiro e crimes do colarinho branco.

Notavelmente, a importância do encarceramento em massa e as consequências de uma possível adoção de barganha no Brasil são particularmente relevantes para a discussão. Essa questão específica é destacada no Capítulo 6, quando são apresentadas as críticas sociais da barganha processual no Brasil.

Devido à recente crise econômica no Brasil,[108] ainda mais agravada pela pandemia de COVID-19, e à atual necessidade de cortar custos no serviço público, a contratação de mais juízes, funcionários, auxiliares judiciais, promotores públicos ou defensores públicos e a criação de mais juízos criminais para aumentar a eficiência e eficácia estão impedidas. Assim, a promulgação de uma nova legislação, como o novo CPP, ao menos em teoria, é a maneira mais barata e

107. Conforme exposto nas seções 3.4 e 3.5.

108. Desde 2014, o Brasil está em sua pior crise econômica. Empresas foram à falência, a moeda brasileira perdeu seu poder no mercado externo e investimentos estruturais e sociais foram cortados, culminando em uma emenda constitucional que congelou as despesas públicas durante quinze anos.

eficaz para o governo brasileiro buscar a solução de problemas relacionados à eficácia dos processos criminais. No entanto, é necessário determinar que promulgar nova legislação não é apenas a escolha mais lucrativa, mas também a melhor alternativa disponível para equilibrar equidade[109] e justiça em processos criminais.

109. Equidade aqui é usada no sentido de respeitar os direitos fundamentais do réu.

Capítulo 3

UMA VISÃO GERAL DOS PRINCÍPIOS CONSTITUCIONAIS E PROCEDIMENTO PENAL NO SISTEMA JURÍDICO BRASILEIRO

O objetivo desta obra é propor um modelo de barganha processual (*plea bargaining*) para o processo penal brasileiro, levando em consideração o equilíbrio entre a necessidade de uma justiça criminal célere e eficaz, sem colocar de lado o devido respeito aos direitos fundamentais dos réus. Como passo necessário para se alcançar tal objetivo, este capítulo destaca aspectos importantes do ordenamento jurídico pátrio, principalmente aqueles relacionados com o direito constitucional e processo penal, fornecendo o contexto no qual se pretende incorporar a barganha ao Direito Processual Penal. Tal etapa é uma preparação para a posterior apresentação do modelo de *plea bargaining* norte-americano.

3.1. A supremacia da constituição e o princípio da dignidade humana

Após um longo período de ditadura, a Constituição Federal de 1988 inaugurou uma nova era, estabelecendo-se o Brasil como um estado democrático de direito baseado no princípio da dignidade humana.[110] Embora tal declaração pareça meramente um emaranhado de palavras em um pedaço de papel, houve, de fato, uma completa mudança de paradigma em um país anteriormente conhecido por seu desrespeito aos direitos humanos. Rogério Greco, por exem-

110. Constituição Federal, art. 1(III). Confira-se também Luís Roberto Barroso, *Constitutional Law*, *em* Introduction to Brazilian Law 15, 19 ((Fabiano Deffenti & Welber Barral eds., 2011).

plo, afirma que a dignidade humana deve ser entendida como um princípio orientador, hierarquicamente superior a outros conceitos constitucionais, trabalhando como o propósito final dos legisladores, formuladores de políticas públicas e pelos tribunais pátrios.[111]

André de Carvalho Ramos também aponta que o princípio da dignidade humana consiste na qualidade intrínseca e distintiva de cada pessoa ser protegida de todos os tratamentos degradantes e discriminação odiosa, cujo objeto também visa assegurar ao cidadão condições mínimas de sobrevivência.[112] Segundo André de Carvalho Ramos, a dignidade é um atributo inerente à condição humana, independentemente de qualquer outra condição e a dignidade dá unidade axiológica a um sistema que fornece uma base material para os direitos florescerem.[113] Robert Johnson[114] ensina que o respeito essencial devido a uma pessoa é tratá-la como um ser humano com o direito de viver dignamente.[115] No mesmo sentido, Eugenio Pacelli argumenta que a Constituição de 1988, ao contrário do CPP, cujo raciocínio dominante é a segurança pública, criou um sistema com amplos direitos e garantias individuais.[116] Tal mudança é visível na estrutura da Constituição. Constituições brasileiras anteriores estavam mais preocupadas em outorgar o poder governamental sobre os cidadãos e se concentraram na importância da organização estatal.[117] A Constituição de 1988, no entanto, organizou uma nova estrutura para o texto. Primeiro, estabeleceu os fundamentos da democracia brasileira nos artigos 1º a 4º. Em seguida, colocou ênfase extensiva nos direitos fundamentais (individuais, sociais, políticos, etc.) nos

111. Rogério Greco, Direito Penal do Equilíbrio, 59 (4º edição. 2009).

112. André de Carvalho Ramos, Curso De Direitos Humanos 69 (2004).

113. *Id.*

114. Professor de Justiça, Direito e Criminologia na American University.

115. Robert Johnson, *Reflections on the Death Penalty: Human Rights, Human Dignity, and Dehumanization in the Death House*, 13 Seattle J. Soc. Just. 583, 586 (2014).

116. Pacelli, *nota supra* 101, p. 9.

117. Por exemplo, na Constituição Brasileira de 1967, os primeiros direitos individuais foram declarados apenas no art. 150, após uma organização exaustiva dos poderes do estado. Veja: CONSTITUIÇÃO FEDERAL DE 1967. http://www.planalto.gov.br/ccivil_03/constituicao/constituicao67.htm?TSPD_101_R0=d63ba6cd7280fca5821f014dc06ede31rj40000000000000000b7ae8c45ffff000000000000000000000000000005ae206580031fb61c3 (última visita em 26 de abril de 2018).

artigos 5º ao 17. Somente a partir do artigo 18, a Constituição organizou as instituições e o poder do Estado brasileiro.[118]

O artigo 1º, inciso III da Constituição Federal, estabelece o respeito à da dignidade humana, sendo considerado um pilar de todo o ordenamento jurídico. Tal princípio tem efeito irradiante e de sobreposição sobre outros direitos fundamentais, indicando que todas as interpretações devem seguir a sua orientação.[119] Não há dúvida de que este princípio deve ser seguido em questões de processo penal – particularmente no trâmite de uma ação penal, momento no qual o cidadão está em uma posição menos privilegiada, se comparado com o poder punitivo hipertrofiado do Estado, representado pela promotoria e pelo sistema de segurança pública.

Independentemente da identificação da pessoa como investigado, suspeito, réu ou condenado, a parte passiva do processo criminal sempre estará em uma posição menos privilegiada do que a acusação. Por esta razão, os princípios constitucionais relacionados ao processo penal exercem função crucial de proteção do cidadão em face da voracidade estatal para usar seu *jus puniendi*, evitando-se o desrespeito aos direitos dos cidadãos em nome de uma suposta ordem geral e segurança pública. No processo penal, o objetivo deve ser não só a busca da punição do culpado pelo cometimento de um delito, mas, principalmente, a exaltação dos seres humanos, garantindo a segurança pública na proporção exata de sua necessidade.[120]

Finalizando-se este breve comentário sobre o princípio da dignidade humana e suas consequências em processos criminais, mister lembrar as palavras de Guilherme de Souza Nucci[121] ao referenciar Antônio Scarance Fernandes. Para o referido autor, algumas regras básicas são extraídas de uma constituição democrática, que quer promulgar o princípio da dignidade humana, por exemplo: uma participação efetiva de defesa durante os julgamentos, atendendo à

118. Constituição Federal.

119. Luís Roberto Barroso, O Controle de Constitutionalidade no Direito Brasileiro 250–254 (7ª edição, 2016).

120. Guilherme de Souza Nucci, Princípios Constitutionais Penais e Processuais Penais, (2010), página 48.

121. Desembargador do TJSP e um dos autores mais citados em processo penal no Brasil.

igualdade de armas; seja na investigação, durante o julgamento ou na execução da pena aplicada, a dignidade humana da pessoa deve ser observada; em todo tipo de processo penal, o réu deve ter maneiras de questionar qualquer ilegalidade cometida por agentes do Estado, seja durante a investigação, o julgamento ou o tempo de prisão.[122]

3.2. A Separação de Poderes e a Posição Peculiar do Ministério Público no Brasil

Em todo sistema legal democrático, a separação de poderes é considerada uma medida absolutamente necessária para conter os diferentes ramos. O artigo 2º da Constituição Federal estabelece que o Executivo, o Legislativo e o Judiciário são poderes guiados pela independência e pela harmonia entre eles,[123] consagrando a doutrina norte-americana dos freios e contrapesos (*check and balances*). Notavelmente, a posição da acusação no processo penal brasileiro é amplamente diferente da estrutura vigente nos EUA.

Enquanto nos Estados Unidos, promotores geralmente têm funções relacionadas com o poder executivo – sendo eleitos ou indicados, dependendo da regulamentação local, regional ou federal – no Brasil, a Constituição colocou o Ministério Público em uma posição distinta. De fato, depois de delinear a estrutura dos três poderes, a Constituição Federal de 1988 criou uma nova classificação – "Funções Essenciais à Justiça" – e colocou o Ministério Público ao lado do papel assumido pelos defensores públicos.[124]

A Constituição de 1988 não apenas modificou a estrutura anterior do Ministério Público, mas também lhe deu autonomia financeira, independência funcional e algumas atribuições únicas. Como consequência, enquanto alguns autores classificam o Ministério Público no Brasil como o quarto ramo do poder, a maioria pensa que, na realidade, a instituição tem um amplo papel como defensora da sociedade e o sistema democrático, cuidando-se de uma

122. Nucci, *nota supra* 121, *p.* 50.

123. Constituição Federal, art. 2. *Sobre:* Barroso, *nota supra* 120, p. 20–26.

124. Constituição Federal, art. 127.

função especial, mas não um poder autônomo.[125] Nas constituições anteriores, o Ministério Público não ocupou um lugar especial na organização governamental do Brasil. As constituições de 1824 e 1891 não continham regramento específico para o Ministério Público, enquanto outras constituições (1934, 1967 e 1969) minaram a importância do órgão, colocando-o sob a supervisão do poder executivo ou como parte do judiciário.[126] Somente depois de 1988, o Ministério Público chegou a ocupar lugar de destaque no ordenamento jurídico brasileiro.

Segundo a estrutura organizacional vigente na Constituição de 1988, os membros do Ministério Público podem agir de forma independente, evitando quaisquer influências internas ao lidar com interesses relacionados aos membros dos três poderes (princípio da independência funcional). Por exemplo, no Brasil, vez por outra Procuradores-Gerais de Justiça, ou o Procurador-Geral da República, apresentam acusações criminais (denúncias) contra governadores ou o Presidentes da República, autoridades estas responsáveis pelas escolhas e nomeações daquelas autoridades, conforme estabelece o texto da Constituição de 1988.[127] Se a autoridade pública (governador ou presidente) que nomeasse o Procurador-Geral de Justiça ou o Procurador-Geral da República tivesse ingerência sobre a ação funcional dos membros-chefes do Ministério Público dos estados e da União, certamente eventuais investigações em desfavor de tais autoridades seriam comprometidas pela indevida ingerência sobre a atuação dos membros do Ministério Público.

---

125. Luzia Lima Loureiro do Amaral, O Poder de Investigação do Ministério Público- A Atuação do Ministério Público do Trabalho no Pará, 60-63 (2005) (Tese de Mestrado não publicada, Universidade da Amazônia) http://www.dominiopublico.gov.br/download/teste/arqs/cp104431.pdf.

126. Ronaldo Porto Macedo Júnior, *A Evolução Institucional do Ministério Público Brasileiro, em* Uma Introdução ao Estudo da Justiça, 65–82 (Maria Tereza Sadek ed., 2010).

127. Por exemplo, a então Procuradora Geral da República, Raquel Dodge, decidiu prosseguir com a força-tarefa da Lava Jato e foi nomeada pelo Presidente Michel Temer, que era uma das personalidades investigadas no caso. *Veja* Helena Chagas, *Temer Estaria Furioso Com Raquel Dodge*, Os Divergentes (28 de dezembro de 2017), https://osdivergentes.com.br/helena-chagas/planalto-furioso-com-as-flechadas-de-raquel-dodge (afirmando que o presidente Temer não estava contente com a abordagem de Dodge na operação Lava Jato).

Além disso, se o Ministério Público fizesse parte do judiciário, haveria a estranha situação, no processo penal, de órgão acusador e julgador pertencer ao mesmo ramo, o que fatalmente levaria a uma subversão completa da visão tripartida de separação de poderes de Montesquieu. Não obstante a tal observação, em alguns países europeus esse tipo de organização não pode ser encontrada.[128] Por tais razões, a promotoria no Brasil tem um lugar particular dentro da estrutura do estado, bem como um processo de seleção particular de seus membros, garantindo-se autonomia e independência das ações de seus membros. A Constituição Brasileira organiza a carreira do Ministério Público, estaduais e da União, em níveis definidos pelas respectivas leis orgânicas.

Somente tem acesso à carreira do Ministério Público pessoas que comprovem experiência jurídica mínima de três anos e sejam previamente aprovada em concurso público de provas e títulos. Dessa forma, busca-se assegurar que os membros do Ministério Público não apenas tenham excelente conhecimento jurídico, mas também reputação social indiscutivelmente ilibada. Os candidatos aprovados são nomeados promotores de justiça ou procuradores da república,[129] tornando-se vitalícios após dois anos de serviço inicial, sob supervisão administrativa. Com essas garantias, a promotoria no Brasil deve direcionar todos os esforços para defender a sociedade, os princípios constitucionais e o estado de direito, sem medo de influências externas ou internas. Não obstante a beleza da estrutura constitucional e legal do Ministério Público brasileiro, a realidade mostra que muitos promotores, notadamente em estados com menor poder aquisitivo, não dispõem de recursos humanos ou materiais suficientes para cumprir plenamente suas obrigações. Na maioria

---

128. Andrea Cristiane Kahmann, *O Ministério Público e seu Posicionamento em Frente às Leis do Estado: Uma Análise sob a Ótica do Direito Constitucional Comparado*, 12 Rev. Fund. Esc. Sup. MPDFT 11, 21-22 (2004).

129. A seleção por concurso pblico ocorre no primeiro nível para os promotores públicos estaduais e procuradores da república. O processo para escolher os Procuradores do Estado e o Procurador Geral da República é diferente. Uma lista com três nomes dos membros mais votados é enviada ao governador ou presidente que deve escolher um para se tornar o chefe do MP do respectivo estado ou do do Ministério Público Federal por um mandato de dois anos. Normalmente, o primeiro nome da lista é escolhido e nomeado como Procurador Geral. Como nota final, o Procurador Geral não pode ser exonerado pelo presidente ou governador.

das promotorias estaduais, os promotores devem escolher os casos que irão processar – geralmente casos relacionados a crimes graves ou aqueles que estão próximos de prescrever.[130]

3.3. O Código de Processo Penal e o Papel Legislativo do Congresso

Uma característica essencial e particular do sistema legal brasileiro é que há apenas um Código de Processo Penal[131] para todo o país. Portanto, qualquer processo de barganha (*plea bargaining*) que porventura seja introduzido no país, diversamente do que acontece no ordenamento jurídico norte-americano, teria força de legislação federal com efeito vinculante a todos os tribunais e juízos criminais federais e estaduais. Isto ocorre porque o art. 22 da Constituição Federal confere ao Congresso competência exclusiva para legislar sobre questões de direito penal e de processo.[132] A autoridade de promulgar toda a legislação sobre processo penal e direito penal fica, portanto, concentrada no Congresso.[133]

Não obstante a clareza da Constituição, não é raro alguns estados legislarem sobre matérias relacionadas a processo penal, usurpando a competência do Congresso. Quando os estados federados criam legislação processual penal baseada em leis estaduais,

---

130. *Sobre:* Milen Castro Medeiros de Moura e Márcio Soares Berclaz, *Para onde Caminha o Ministério Público?*, Migalhas 1 (2008) (explicando como os processos se reinventariam para melhorar sua eficiência e superar a falta de recursos).

131. No Brasil, existe apenas um Código Penal (CP) e alguns estatutos federais que definem crimes e cominam penas. As regras gerais do direito penal (direito substantivo) estão definidas nos artigos 1-120 do Código Penal – quando um crime é considerado executado ou tentado, quais são os elementos de um crime, normas gerais para aplicar uma punição, regras de prescrição, etc. A Parte Especial do Código Penal (Artigos 121-369) define crimes epenas específicos. Por outro lado, o CPP descreve as regras e procedimentos que são necessários em casos criminais (direito processual) – prisão, investigação, julgamento, recursos, apelações e revisão criminal, etc.

132. Constituição Federal, art.22 (I).

133. Embora a união, estados e municípios sejam membros da federação brasileira, o judiciário no Brasil é dividido entre federal e estadual. Os tribunais estaduais são divididos de acordo com a área da população, o que significa que não haverá necessariamente-comarcas em em cada cidade. De fato, os estados mais populosos têm mais de uma vara ou juiz por município e os menos habitados têm comarcas estaduais cobrindo mais de uma cidade/município.

o STF intervém, como guardião da Constituição, para manter a ordem e a separação de atribuições entre os estados membros da federação, restaurando a ordem e a competência legislativa do Congresso. O STF, como guardião da Constituição, tem a palavra final sobre a constitucionalidade dos casos decididos em todo o país, independentemente de o caso ter sido iniciado em juízo federal ou estadual. Além disso, existem diferentes níveis de precedentes no ordenamento jurídico brasileiro, segundo a importância do caso e decisão. *Súmulas Vinculantes* é o precedente de maior força emitido pelo STF porque todos os tribunais e administrações devem segui-lo sem questionamentos.[134]

Em algumas situações importantes, o STF atuou para proteger a legislação federal de processo penal e a Constituição, tendo inclusive, editado *Súmula Vinculante*. Por exemplo, o STF, através da *Súmula Vinculante 46*, assentou entendimento que somente o Congresso poderia promulgar estatutos definindo crimes e procedimentos por atos cometidos pelo Presidente e altas autoridades da República durante o mandato do Presidente.[135] O STF, ainda, no julgamento da ADI 4144, decidiu que a definição do crime organizado é questão privativa de legislação federal e tribunais estaduais não pode estabelecer regras relativas a este conceito.[136] No mesmo precedente, a Corte também estabeleceu que a definição formal de qualquer delito é deixada ao alvedrio do Congresso por meio da promulgação de uma lei, impedindo o uso da Convenção de Palermo[137] como um substituto para se definir crimes dentro do sistema legal brasileiro.[138]

---

134. Constituição Federal, art. 103-A.

135. STF, Súmula Vinculante 46, Tribunal Pleno, 09.04.2015, 72, Diário da Justiça Eletrônico [DJe], 17.04.2015, 2.

136. STF ADI 4414, Alagoas-AL, Tribunal Pleno, Relator: Mín. Luiz Fux, 31.5.2015, 114, Diário do Judiciário Eletrônico [DJe], 17.6.2016, 1.

137. A Convenção de Palermo é um tratado multilateral da ONU para promover a cooperação entre as nações para prevenir e combater o crime organizado transacional com eficiência. Entre outros pontos, a Convenção delineia o conceito de grupo criminoso organizado, que o STF não aceitou como parâmetro para definir a infração de participar de um grupo criminoso organizado. *Veja* GA Res. 25, anexo 1, Convenção das Nações Unidas contra o Crime Organizado Transnacional (20 de setembro de 2003).

138. STF ADI 4414, Alagoas-AL, Tribunal Pleno, Relator: Min. Luiz Fux, 31.5.2015, 114, Diário do Judiciário Eletrônico [DJe], 17.6.2016, 1.

A organização da Federação Brasileira é bem diferente da estrutura dos EUA. A Constituição do Brasil, nos Artigos 1ª e 18 organiza o país como um estado democrático de direito, sob uma forma republicana de governo, seguindo um regime federal de divisão política.[139] Diferentemente dos Estados Unidos, nos quais a estrutura conferia poderes consideráveis aos estados originais, Portugal dividiu o território brasileiro em províncias, mas manteve a soberania com o governo central (a União), concedendo-se aos estados apenas alguma autonomia e poderes residuais.

Após a declaração da independência do Brasil, em 07 de setembro de 1822, as constituições subsequentes mantiveram a divisão de poderes entre os membros da nova federação. O Brasil tem três divisões políticas autônomas dentro de seu território – a União, os estados e os municípios – mas apenas a República Federal brasileira é soberana.

Em um contexto externo, o Brasil é um estado soberano e, no quadro político interno, a União é uma parte autônoma da federação. Embora esses conceitos possam soar incompreensíveis ao ordenamento norte-americano, a divisão feita pela Constituição acerca das competências legislativa e administrativa de cada componente da federação brasileira esclarece a situação. Em primeiro lugar, a Constituição definiu as atribuições administrativas exclusivas da União.[140] Em segundo lugar, a Constituição estabeleceu os papéis legislativos exclusivos da União,[141] representada pelo Congresso.[142] Em seguida, a Constituição delineou as competências administrativas comuns entre a União, estados e municípios.[143] Por último, os papéis legislativos concorrentes foram concedidos entre os três componentes da federação.[144] Portanto, qualquer modelo de barganha processual (*plea bargaining*), cuidando-se de etapa do processo penal, somente pode ser estabelecida por lei federal, previamente publicada, para ser válida em todo o território nacional.

---

139. Constituição Federal, art. 18.

140. Constituição Federal, art. 21.

141. *Id.*, art. 22.

142. Equivalente aos papéis da *House of Representatives* e do Senado dos EUA.

143. Constituição Federal, art. 23.

144. *Id.*, art. 24.

3.4. Entendendo os Direitos dos Réus

Seguindo a proposta inicial deste capítulo de apresentar a estrutura básica do sistema processual penal brasileiro, esta seção fornece a visão geral sobre os direitos dos réus no processo penal e como esses direitos devem ser respeitados. Compreender a importância dos direitos dos réus e a maneira correta de interpretá-los dentro do sistema legal é um passo essencial para uma avaliação eficaz das possíveis consequências que a introdução do *plea bargaining* traria para o processo penal no Brasil.

A. Devido processo legal

Considere o exemplo no qual uma pessoa matou o colega de trabalho com dois tiros nas costas, porque não gostou de uma piada feita sobre a gravata borboleta usada pelo autor do fato.[145] Em tese, o indivíduo cometeu o crime de homicídio (art. 121 do Código Penal) e a motivação pode ser considerada ignóbil, terrível, horrível, etc.[146]

Além disso, dois tiros nas costas poderiam ser considerados um método particularmente cruel do crime, sob a ótica do Código Penal Brasileiro, porque a vítima não teve oportunidade de se defender contra a agressão.[147] O autor do fato deve ser preso, julgado e sentenciado à pena de morte? O homem deve permanecer preso por toda a vida? Deve ser libertado durante o julgamento aguardando uma eventual condenação?

Para responder a essas perguntas, é necessário primeiro consultar o teor do Artigo 5º, LIV, Constituição Federal que prevê o princípio devido processo legal, conhecido nos EUA como *due process clause*.[148] De acordo com a garantia constitucional, ninguém pode ser privado de liberdade ou propriedade sem o devido processo em todas as situações. A cláusula do devido processo é considerada um direito fundamental no sistema legal brasileiro. O respeito devido processo legal torna-se ainda mais sensível em processos criminais

---

145. Código Penal [CP], art. 121.

146. *Id.* art. 121, para. 2.

147. *Id.*

148. Constituição Federal, art. 5 (LIV).

do que em outras áreas, pois, após o direito à vida, o direito mais valioso de um indivíduo é o direito à liberdade.

Aplicando a legislação brasileira atual ao exemplo, as regras relacionadas ao devido processo legal permitiriam que o autor do fato fosse acusado pelo cometimento de um homicídio qualificado,[149] a ser preso em flagrante,[150] a ser libertado durante o julgamento, se não estiverem presentes os requisitos para a decretação da prisão preventiva,[151] mas não se permitiria que ele fosse sentenciado à pena de morte,[152] sendo esta uma limitação do processo penal pátrio, que funciona como corolário do devido processo legal.

Acerca da cláusula do devido processo legal, é preciso pontuar não ser uma invenção da Constituição brasileira. De fato, esta direita já consagrada tem sua fonte remota na Magna Carta (1215) com o propósito de criar uma garantia contra o poder do rei de proteger a terra e seu dono.[153] Walter Nunes, ao seu turno, defende que a cláusula do processo foi inicialmente pensada para colocar limites nos poderes estatais em processos criminais, tornando-se um direito estrutural fundamental em processos penais, sendo a fonte de alguns outros princípios constitucionais.[154]

A cláusula do devido processo tem dupla função no processo penal, pode ser identificada com uma abordagem substantiva ou processual. [155] O devido processo substantivo respeita os direitos fundamentais e as garantias constitucionais que impedem o Estado de abusar do seu poder para promulgar legislação arbitrária, por exemplo.[156] Em processos criminais, o devido processo substantivo

149. Código Penal [CP], art. 121, para. 2.

150. Código de Processo Penal [CPP], art. 302.

151. *Id.* arts. 311 a 319.

152. Constituição Federal, art. 5 (XLVII) (a).

153. Nucci, *nota supra* 121, p. 62.

154. Nunes da Silva Jr., *nota supra* 103, p. 286.

155. *Sobre, por exemplo,* Dirley da Cunha Júnior, Curso de Direito Constitucional 703-704 (4ª ed. 2010). *Cf.* Russell W. Galloway Jr., Basic Substantive Due Process Analysis, 26 U.S.F. L. Rev. 625 (1991).

156. *Ver* STF, ADI 1063 MC / DF-DISTRITO FEDERAL, Tribunal Pleno, Relator: Mín. Celso de Mello, 18.05.1994, 2028, Diário da Justiça [DJ], 27.04.2001, 57 (Braz.) (Explicando o significado do devido processo substantivo no ordenamento jurídico brasileiro).

significa que a definição de um crime, a decisão sobre a punição mínima e máxima devem ser feitas por meio do processo legislativo estabelecido nos artigos 59 ao 69 da Constituição Federal.[157] Em contrapartida, em sua vertente procedimental o devido processo significa que o Estado deve respeitar todos os direitos fundamentais do acusado durante todo desde o início das investigações, passando pela ação penal, até a eventual execução da pena. Se houver qualquer desrespeito por parte dos órgãos estatais aos direitos do réu, o sistema legal deve estabelecer medidas de proteção do cidadão em face de ações arbitrárias ou ilegais realizadas pelos agentes do estado abusando de seu poder.[158]

O STF por diversas oportunidades anulou algum tipo de ação estatal com base na cláusula do devido processo como principal justificativa. Por exemplo, no caso da ex-presidente brasileira Dilma Roussef, o STF determinou que a investigada tinha o direito fundamental de acessar os autos após a acusação, de acordo com o devido processo legal.[159] De fato, o devido processo legal é um princípio geral e orientador aplicável aos processos criminais. A imparcialidade judicial, a duração razoável dos julgamentos e a transparência dos julgamentos são apenas algumas regras orientadoras derivadas da cláusula do devido processo. Sobre a essencialidade do devido processo legal, Eugênio Pacelli afirma que o procedimento criminal não pode seguir apenas a estrutura do CPP desatualizado, pois a Constituição de 1988 demanda uma nova abordagem sobre o assunto, sendo mais do que um texto com direitos e garantias, normas essas que devem orientar a aplicação dos direitos humanos e vincular o poder estatal a punir os indivíduos, reafirmando o compromisso democrático do Brasil.[160]

Em última análise, se um indivíduo comete um delito no Brasil, o devido processo legal garante que a definição do que constitui delito

---

157. Sobre: Supra Seção 3.3.

158. Por exemplo, arguição de nulidade de casos baseados em provas ilegais, prisões ilegais, etc. Código de Processo Penal [CPP], arts. 155-157, arts. 563-573.

159. STF Súmula Vinculante 14, Tribunal Pleno, 2.2.2009, 26, Diário da Justiça Eletrônico [DJe], 09.2.2009, 1.

160. Pacelli, *nota supra* 101, p. 35.

ou crime, os elementos e a eventual punição ao fato praticado devem ser detalhados em uma lei federal aprovada, publicada e vigente antes que a ação ou omissão tida por ilegal seja perpetrada.[161] O devido processo legal exige ainda que o réu somente possa ser condenado após um julgamento justo, no qual sejam observados direitos e garantias constitucionais, sendo proferido por um juiz imparcial na tomada de decisões;[162] cuja sentença deva fornecer todas as razões para condenar ou absolver o réu.[163]

Tendo em mente os limites do poder do Estado, é fácil concluir que o devido processo legal nos processos criminais brasileiros é a primeira camada do escudo dos direitos fundamentais que deve ser respeitada e seguida, seja na fase de investigações, seja durante a ação penal ou na execução da pena. E é em tal contexto que outros direitos fundamentais funcionam como escudos suplementares em todo o sistema de direitos e garantias.

B. Presunção de inocência

A expressão presunção de inocência tem sua origem na lei romana, mas foi seriamente atacada e quase esquecida entre os séculos XIII e XVI, principalmente devido à Inquisição e suas práticas brutais na busca da verdade divina.[164] A Declaração dos Direitos do Homem (1789),[165] a Declaração Universal dos Direitos Humanos,[166] e a Convenção Americana sobre Direitos Humanos (Pacto de San José de Costa Rica)[167] são documentos notáveis declarando a presunção de inocência como um direito inalienável, impactando diretamente a Constituição Federal de 1988.

---

161. Constituição Federal, art. 5 (XXXIX).

162. *Id., art.* 5 (XXXVII).

163. *Id., art.* 93 (IX).

164. Aury Lopes Jr., Direito Processual Penal [Processo Penal] 235 (9ª ed. 2012).

165. *Declaração dos Direitos do Homem e do Cidadão*, 26 de agosto de 1789, http://www.refworld.org/docid/3ae6b52410.html (Fr.).

166. Declaração Universal dos Direitos Humanos, *nota supra* 30.

167. Organização dos Estados Americanos, Convenção Norte-americana sobre Direitos Humanos, 22 de novembro de 1969, OASTS No 36, 1144 UNTS 123.

Todos estes instrumentos internacionais de direitos humanos reconhecem a inocência do indivíduo até a prova em contrário, de acordo com a lei. De fato, as citadas declarações delinearam a regra geral sobre a presunção de inocência, permitindo que cada país defina legalmente os limites desse direito dentro de seu território, sempre levando em consideração que o ordenamento jurídico interno não poderia oferecer um nível de proteção inferior ao proporcionado nos documentos internacionais de consagração dos direitos humanos.[168]

Por esta razão é possível encontrar diferentes níveis da presunção de inocência entre os sistemas legais em todo o mundo, mas sempre com a ideia geral de inocência até que a culpa seja comprovada. Aury Lopes Jr. aponta que a presunção de inocência é mais do que um direito, é uma obrigação de tratamento como consequência de um processo criminal democrático no qual o réu é considerado inocente e o ônus da prova deve ficar a cargo da acusação.[169] Como regra geral, apenas a lei ou constituição tem o poder de definir o devido processo pelo qual uma pessoa pode ser declarada culpada por cometer qualquer crime. No entanto, ao redor do mundo, a presunção de inocência é cunhada tendo por base valores domésticos, fazendo com que Brasil e os Estados Unidos tenham abordagens consideravelmente diferentes a um direito tão fundamental.

James Q. Whitman explica que a justiça criminal nos EUA, em comparação com os padrões internacionais, é mais dura do que a prática comum em processos criminais, tendo como consequência um nível menor de presunção de inocência.[170] O sistema americano está mais preocupado com a presunção de inocência na fase probatória do julgamento (antes da condenação), garantindo-se ao réu todas as possibilidades de contra-atacar a acusação. Assim que o juiz ou o júri condenar o réu, no entanto, o acusado não é mais

---

168. *Ver* Ramos, *nota supra* 113, p. 89 (explicando que os direitos humanos são caracterizados pela existência da proibição de retrocesso, chamada o 'efeito cliquet' ou princípio de não-retorno da realização, que consiste na proibição da eliminação da conquista já alcançada na proteção de alguns direitos, admitindo apenas melhorias e adições.).

169. Lopes Jr., *nota supra* 165, pp. 237-238.

170. James Q. Whitman, *Presumption of Innocence or Presumption of Mercy: Weighing Two Western Modes of Justice*, 94 Tex. Rev. 933, 943 (2015).

considerado inocente. Em vez disso, na maioria dos casos, o réu, presumidamente culpado, ficará preso até o julgamento final dos recursos.[171]

Ao contrário dos Estados Unidos, a presunção de inocência no Brasil tem um significado mais amplo, o que explica algumas críticas ao modelo brasileiro de processo penal. Em primeiro lugar, a presunção de cláusula de inocência é considerada um direito fundamental no Brasil, com a Constituição declarando que uma pessoa deve ser considerada inocente até a decisão final do último recurso possível para o caso.[172] De acordo com a Constituição Federal, mesmo após a sentença penal condenatória, o réu ainda é considerado inocente até que a decisão final de todos os recursos ocorra, o que é completamente diferente dos processos criminais dos EUA. Naquele país, os condenados e sentenciados à prisão geralmente começam a cumprir pena mesmo se uma apelação ou outro recurso estiver pendente de exame.

Como no Brasil, o ônus da prova da acusação recai sobre o Ministério Público, a regra é de que a prisão só ocorra antes do trânsito em julgado da sentença penal condenatória, se presentes e comprovados os requisitos delineados nos artigos 311 ao 313 do CPP, que autorizam a prisão preventiva. Esse obstáculo à prisão de condenados enquanto se aguarda o julgamento dos recursos é diferença substancial entre os sistemas brasileiro e norte-americano, com impacto direto na duração dos processos criminais.[173] Os tribunais brasileiros priorizam, como regra, recursos ou ações de Habeas Corpus em que os acusados estão presos, resultando em morosidade do processo penal em relação aos réus que estão em liberdade provisória e estão aguardando o julgamento de eventuais recursos interpostos contra a condenação proferida pelo juiz ou pelos tribunais.

Analisando o alcance da presunção de inocência, o STF decidiu em 2009 que o Estado só poderia executar a pena depois de

---

171. Mark E. Cammack & Norman M. Garland, Advanced Criminal Procedure – In a Nutshell 58–59 (2d ed. 2006).

172. Constituição Federal, art. 5 (LVII).

173. Como explicado anteriormente, o processo criminal no Brasil, em geral, termina com a decisão do recurso final e não com a sentença de primeiro grau.

uma decisão final condenando o réu, o que significa que os réus condenados não poderiam começar a cumprir seu tempo na prisão enquanto aguardam o recurso.[174] O referido precedente foi bem recebida por advogados de defesa,[175] mas também foi alvo de críticas intensas por parte do Ministério Público e de alguns setores da sociedade brasileira, argumentando que a interpretação dada pelo STF à presunção de inocência apenas confirmava a sensação geral de impunidade existente no seio social, principalmente em fatos envolvendo crimes de corrupção, peculato e delitos de colarinho branco.[176]

Surpreendentemente, em decisão histórica e recente, o STF modificou sua interpretação sobre os limites constitucionais da presunção de inocência e revertendo a *ratio decidendi* do precedente de 2009. Em 2016, a Corte, em acirrada votação, declarou que seria possível iniciar a execução de sentenças penais condenatórias, após a decisão em segunda instância levada a cabo pelos tribunais de justiça ou tribunais regionais federais, dependendo da jurisdição.[177] Segundo o STF, modificando seu entendimento anterior, o Recurso Extraordinário (RE)[178] e o Recurso Especial (REsp)[179] não impediriam o encarceramento imediato do condenado, o que, na visão do tribunal, harmonizaria o princípio da presunção de inocência com a eficácia da justiça.[180]

---

174. STF, Habeas Corpus n. 84078 / MG – Minas Gerais, Tribunal Pleno, Relator: Min. Eros Grau, 02.05.2009, 35, Diário da Justiça Eletrônico [DJe], 16.02.2010, 1048 (2009).

175. *Ver, por exemplo*, Carlos Eduardo Regílio, *Princípio da Presença de Inocência e Prisão Cautelar: HC 84078-7 / MG do STF*, 23 Rev. TRF1 39 (2011).

176. *Ver* Renato Kim Barbosa, *A Impunidade e Alcance do Princípio da Presunção de Inocência*, Rev. Consult. Juríd. (2 de março de 2016), https://www.conjur.com.br/2016-mar-02/impunidade-alcance-principio-presuncao-inocencia (Braz.).

177. STF, Habeas Corpus n. 126.292 / SP-São Paulo, Tribunal Pleno, Relator: Min. Teori Zavascki, 17.02.2016, 100, Diário da Justiça Eletrônico [DJe], 17.05.2016, 1 (Braz.).

178. O Recurso Extraordinário (RE) é usado para questionar qualquer questão constitucional que ocorra durante uma ação judicial e somente o STF tem autoridade para decidir sobre tal apelação. *Ver* Constituição Federal, art. 102 (III).

179. Recurso especial (REsp) é a tentativa final de modificar a decisão tomada pelos tribunais inferiores e tribunais de recurso em questões relacionadas à aplicação ou interpretação dos estatutos federais. *Veja id.* art. 105 (III).

180. STF, Habeas Corpus n. 126.292 / SP-São Paulo, Tribunal Pleno, Relator: Min. Teori Zavascki, 17.02.2016, 100, Diário da Justiça Eletrônico [DJe], 17.05.2016, 18 (Braz.).

De fato, na última fase recursal (RE e REsp), os réus podem apenas argumentar que os tribunais inferiores não aplicaram corretamente a Constituição ou a legislação federal brasileira. Portanto, o STF reconheceu que se os fatos descritos na acusação fossem provados e confirmados por uma decisão de um tribunal de apelação, não poderiam ser modificados pelo STF ou pelo Superior Tribunal de Justiça (STJ) porque os recursos não examinam fatos, mas apenas a correta aplicação das normas legais e constitucionais.[181]

Embora a interpretação do STF tenha causado reações a favor e contra o novo precedente,[182] este estudo segue o texto da Constituição, interpretando a presunção de inocência como o direito do réu de ser considerado culpado somente após todas as oportunidades de atacar a sentença ou acórdão condenatórios tenham sido esgotadas, ou seja, com o trânsito em julgado da condenação.[183]

Contudo, em mais uma prova de que, no Brasil, a jurisprudência dos tribunais superiores sofre com o problema de não estabilidade dos precedentes, no final do ano de 2019, novamente, o Plenário do STF reverteu seu posicionamento firmado em 2017, passando a admitir a prisão somente após o trânsito em julgado da sentença

---

181. *Id.*

182. *Por exemplo*, Aury Lopes Jr., *Fim da Presunção de Inocência pelo STF é Nosso 7 a 1 Jurídico*, Rev. Consult. Juríd. (04/03/2016), https://www.conjur.com.br/2016-mar-04/limite-penal-fim-presuncao-inocencia-stf-nosso-juridico?imprimir=1 (Braz.).

183. Este estudo considerou o texto da Constituição Brasileira (Art. 5 (LVII)), que afirma claramente que o réu é considerado inocente até que não haja mais formas de recorrer da condenação. Em uma recente sessão envolvendo a decisão de um recurso apresentado pelo ex-presidente Lula, o STF observou a possibilidade de os réus cumprirem sua sentença antes da decisão de todos os recursos, mas sinalizou que esse precedente poderia mudar em breve. O resultado do julgamento foi de 6 a 5 a favor do encarceramento antes de finalizar todos os recursos, e Ministra Rosa Weber (que deu o último voto) indicou claramente que pode mudar de ideia no julgamento de dois processos futuros, ambos questionando a possibilidade de réus começando a sentença antes de finalizar todos os recursos. Portanto, para uma abordagem consistente, é melhor confiar na Constituição, ao invés da recente decisão do STF. *Veja também* Johannes F. Nijboer, *The American Adversarial System in Criminal Cases: Between Ideology and Reality*, 5 Cardozo J. Int'l & Comp. L. 79, 94–96 (1997) (afirmando que o sistema contraditório tem quatro características principais: 1) um decisor neutro e passivo (ou juiz ou júri); 2) apresentação partidária de provas; 3) procedimento forense altamente estruturado; e 4) o julgamento é a única instância para o litígio, na medida em que diz respeito ao fato ou ao estabelecimento de fatos).

penal condenatória. Com este novo posicionamento, passam a ser consideradas ilegais quaisquer execuções provisórias de pena após condenação proferida em segunda instância. O STF também deixou assentado que, se presentes os pressupostos e requisitos para a decretação da prisão preventiva, os réus condenados pelos tribunais poderão ser mantidos segregados cautelarmente até o julgamento dos recursos especial e extraordinário eventualmente interpostos.[184]

C. O direito ao contraditório e à ampla defesa v. o sistema acusatório norte-americano

Esta seção apresenta algumas justificativas para afirmação defendida no sentido de que o direito à ampla defesa no Brasil, em processos criminais, é interpretado mais abertamente do que nos Estados Unidos. Avaliando as particularidades dos processos criminais no Brasil, o princípio da "paridade de armas", ou direito ao contraditório, é a primeira diferença interessante identificada nesta subseção.

A expressão "paridade de armas" é uma tradução do que é comumente chamado de direito ao contraditório no Brasil. Enquanto o sistema acusatório nos processos criminais norte-americanos se baseia em quatro pilares básicos,[185] o direito ao contraditório tem uma acepção mais ampla. Elio Fazzalari, um dos estudiosos mais importantes da teoria do direito processual nos sistemas jurídicos seguidores do *Civil Law*, desenvolveu seu pensamento no sentido de que o processo nada mais é do que uma sequência de atos concatenados (procedimentos), nos quais aqueles que possivelmente serão afetados pelo resultado do julgamento final devem participar igualmente.[186] Fazzalari argumenta que a principal característica

---

184. Conforme decidido pelo STF, em 07/11/2019, no julgamento das ADC's de número 43, 44 e 54.

185. Nijboer, *nota supra* 184, pp. 94-96 (declarando que o sistema contraditório tem quatro características principais de acordo com: 1) decisor neutro e passivo (seja juiz ou júri); 2) apresentação partidária de provas 3) procedimento forense altamente estruturado; e 4) o julgamento como a única instância para o litígio, na medida em que diz respeito a *factfinding* ou estabelecimento de fatos).

186. Elio Fazzalari, Instituições de Direito Processual 118-119 (Elaine Nassif trans., 2006).

de um processo, diferentemente do procedimento,[187] é o que ele chamou de *contraditório*, sendo este aferido pela ciência integral e toda prova argumentada por uma das partes e a possibilidade de a outra parte discutir os fatos apresentando evidências adicionais.[188] Basicamente, a ideia de contraditório está relacionada ao binômio ciência-oportunidade. Ciência dos atos do processo, da acusação e da prova, mais a oportunidade de contra-atacar a versão da acusação e vice-versa.

O princípio do contraditório está umbilicalmente ligado ao objetivo principal da justiça penal, que é a prolação da sentença como resultado um de processo justo. Com base na definição de julgamento justo de Elio Fazzalari, a justiça, em processos criminais, é alcançada se, tanto a acusação quanto a defesa, receberem tratamento igual perante a lei e igualdade de oportunidades para provar seus argumentos.[189] As principais características do princípio do contraditório são a plena participação daqueles possivelmente afetados pela decisão judicial em completa simetria ou paridade, agindo, reagindo e tendo suas ações inspecionadas pelos demais participantes do julgamento.[190] Todos os atos processuais devem ser devem ser públicos, salvo exceções previstas em lei. O réu deve ter o direito de conhecer todo o conteúdo da acusação, bem como a oportunidade de apresentar uma defesa e de produzir provas. Por exemplo, se a acusação demorar três dias para apresentar um documento, a defesa deve ter o mesmo tempo para examiná-lo. A defesa também deve ter o direito de manifestação em seguida à acusação, exceto quando questionando suas próprias testemunhas durante a audiência. A defesa deve ter acesso a todas as provas apresentadas pela acusação e ao direito de contradizer toda a prova apresentada pela acusação. Portanto, a avaliação da legitimidade e credibilidade

187. Alguns autores consideram o julgamento e o procedimento como dois institutos diferentes. Fazzalari, por exemplo, define o julgamento como algo maior do que um procedimento, uma vez que em um julgamento são adotados vários procedimentos diferentes.

188. Fazzalari, *nota supra* 186, p. 119.

189. A defesa no Brasil, como regra geral, tem o ônus da prova somente quando o réu argumenta uma regra excludente, como os requisitos de autodefesa.

190. Lopes, *nota supra* 165, p. 241.

dos tribunais criminais deve considerar que a justiça só é alcançada através de um julgamento justo e imparcial, marcado por equidade processual, cujo fim é a igualdade substantiva entre a acusação e a defesa.[191]

Nesse sentido, o sistema acusatório dos EUA não inclui necessariamente o princípio da "paridade de armas" ou do contraditório. A promotoria norte-americana, em geral, tem apenas o dever de divulgar provas que possam inocentar os réus, decidindo que provas a acusação compartilhará antes do processo ir a julgamento.[192] Embora o sistema dos EUA seja acusatório, não se caracteriza pela total igualdade entre a acusação e a defesa. A necessidade de apresentação de todo o material probatório à defesa por parte da acusação é dever regulamentado apenas em alguns estados daquele país, sendo constitucionalmente obrigatória somente a apresentação de provas excludentes da responsabilidade penal que estejam em poder da acusação.

Não há uma garantia constitucional que proteja todos os acusados de forma semelhante nos estados federados nos EUA. Além disso, não há igualdade material, pois os réus que cometem crimes semelhantes serão tratados de forma diferente, dependendo do estado em que são processados. Assim, o sistema acusatório norte-americano não promove plenamente a paridade de armas.

O direito ao contraditório e o direito à ampla defesa são garantias essenciais no ordenamento jurídico brasileiro, ambas elevadas à categoria de direitos fundamentais prevista no artigo 5º, LV da Constituição Federal. O contraditório é um princípio orientador não apenas em processos criminais, mas também em processos civis e administrativos. No entanto, o princípio é mais relevante em processos criminais para se estabelecer limites ao *jus puniendi* estatal. Nesse sentido, Eugênio Pacelli comenta que o contraditório é parte

---

191. Stefania Negri, *The Principle of Equality of Arms and the Evolving Law of International Criminal Procedure*, 5 Int'l Crim. Rev. 513, 514 (2005).

192. Mas observe que esse dever pode variar em algumas jurisdições. Por exemplo, no Texas, a acusação deve entregar virtualmente tudo, sob uma lei relativamente nova. Texas Crim. Code Proc. Art. 39.14. Para obter informações adicionais, consulte Cynthia Alkon. *The Right to Defense Discovery in Plea Bargaining Fifty Years After Brady V. Maryland*, 38 N.Y.U. Rev. L. & Soc. Change 407 (2014).

central de todos os processos criminais, criada como uma cláusula para proteger o réu da voracidade do Estado, sendo essa garantia parte do interesse público na realização de um julgamento justo e igual como único modo de impor uma pena corporal ao cidadão.[193]

Como consequência lógica do princípio ao contraditório, o direito brasileiro à defesa é mais amplo que o direito à presença de um advogado, ou à representação legal, no sistema norte-americano. Enquanto o direito à defesa técnica, por advogado constituído ou nomeado, é uma cláusula relativa nos EUA, permitindo-se que os réus renunciem a direitos e se autorrepresentem durante um julgamento,[194] no Brasil, a autorrepresentação só é permitida se um acusado for um membro ativo da *Ordem dos Advogados do Brasil* (OAB),[195] o equivalente brasileiro à *American Bar Association.*[196] Caso contrário, o réu deve ser representado por um advogado particular ou defensor público. O sistema jurídico brasileiro tem uma visão paternalista e estreita do direito à autodefesa no processo penal, nos quais membros ativos da OAB tem poder exclusivo para defender acusados. Ao contrário do Brasil, o direito de autorrepresentação nos Estados Unidos prioriza o direito à autonomia individual, colocando o direito à defesa como um resultado lógico do direito do acusado de escolher entre ser defendido por um advogado ou representar-se a si mesmo.[197]

Outra diferença interessante entre os dois sistemas legais é saber identificar quando a persecução penal tem início, o que tem influ-

---

193. Pacelli, *nota supra* 101, p. 44.

194. Ray D. Siehndel, *Criminal Law: The Right of Self-Representation*, 12 Washburn L.J. 257, 258 (1972).

195. Código de Processo Penal [CPP], art. 263.

196. Depois de passar no exame nacional da OAB, que ocorre três vezes ao ano, o candidato receberá uma licença. Ele ou ela pode praticar em um ou mais estados. Se o advogado quiser ser licenciado em mais de um estado, ele ou ela deve pagar uma taxa de associação obrigatória para cada escritório estadual da OAB. Caso contrário, ele ou ela podeajuizar até cinco ações a cada ano em estados diferentes daquele em que ele ou ela é licenciado sem pagar taxas adicionais de filiação. A OAB é uma organização não governamental federal dividida em vinte e sete seccionais, uma em cada estado da federação. Parte das taxas de filiação obrigatória fica em cada seção estadual e parte vai para o conselho federal da OAB.

197. Faretta v. California, 422 US 806, 816-818 (1975).

ência direta sobre o poder de participação de advogados em favor de investigados ou acusados. Nos Estados Unidos, a Sexta Emenda à Constituição estabelece que em todos os processos criminais, o acusado gozará,[198] entre outros, o direito de ter a assistência de um advogado para sua defesa.[199] Embora o *Bill of Rights*[200] não defina o que se entende por processo penal, a Suprema Corte dos EUA, em *Kirby v. Illinois* (1972),[201] estabeleceu como o ponto de partida do processo criminal o momento em que o indivíduo se torna formalmente um acusado.[202] Uma prisão por si só, sem apresentar acusações em juízo ou apresentar o preso perante um magistrado, não constitui o início de um processo judicial nos EUA.[203] Portanto, a presença de um advogado só é garantida na primeira aparição em juízo – quando o suspeito se torna o réu, no momento em que a acusação apresenta formalmente acusações contra o indivíduo.[204]

Ao contrário dos Estados Unidos, cujo sistema legal permite menos flexibilidade aos advogados de defesa durante a fase de investigação, o sistema legal brasileiro estabelece regras[205] mais amplas para os advogados que representam cidadãos investigados criminalmente, independentemente de o suspeito ter sido preso ou estiver apenas sendo investigado. Mesmo sem quaisquer acusações formais contra o suspeito, o indivíduo tem um interesse legítimo em interromper qualquer investigação ilegal ou indevida que possa

---

198. U.S. Const, Emenda VI.

199. *Id.*

200. Nome dado ao corpo de direitos fundamentais que serviram de emendas à Constituição Americana de 1787.

201. Kirby v. Illinois, 406 US 682 (1972).

202. Jerold H. Israel & Wayne R. Lafave, Criminal Procedure – Constitutional Limitations 349 (7th ed. 2006).

203. *Id.*

204. Cammack & Garland, *nota supra* 172, p. 316-317. Mas veja United States v. Wade, 388 US 218 (1967) (submeter suspeitos a formação de filas ou processo de identificação pré-julgamento na ausência de seu advogado violaria a Sexta Emenda).

205. Durante a fase de investigação, a presença de um advogado não é obrigatória, a menos que o cidadão seja preso. A presença de um advogado é obrigatória quando uma prisão é feita, independentemente de ocorrer durante a fase de investigação, fase de julgamento ou recurso.

resultar em prisão.[206] Além disso, se uma pessoa é presa e detida, ou se um réu é condenado sem a presença de um advogado de defesa, o caso é considerado nulo.[207]

Os aspectos do sistema brasileiro confirmam a declaração feita no início desta seção de que o direito a uma defesa plena nas cortes brasileiras no âmbito criminal é muito mais amplo do que o direito de defesa e o direito a um advogado no processo penal existente nos EUA.[208] Por exemplo, o STF anulou uma condenação em que o juiz de primeira instância ordenou às partes que apresentassem alegações finais quando o juiz sabia que havia mais testemunhas a serem questionadas (ou "havia mais provas a serem apresentadas").[209] Comportamentos ilegais não são tolerados pela jurisprudência do STF, ou ao menos não deveriam ser tolerados, demonstrando como a Corte interpreta a garantia à ampla defesa como um direito que os réus podem confiar para um julgamento justo.[210]

Em suma, o direito ao contraditório acoplado ao direito à ampla defesa são garantias individuais essenciais devendo ser observados ao longo de todas as etapas da persecução criminal no Brasil. Da eventual prisão[211] até a decisão do último recurso, o indivíduo

---

206. O Supremo Tribunal Federal acaba de ratificar sua posição, determinando que as investigações podem ser indeferidas se não houver base factual e evidência mínima para sustentá-la. STF, RHC 133196 / RJ – Recurso Ordinário em Habeas Corpus, Segunda Turma, Relator: Mín. Carmen Lúcia, 28.6.2016, 242, Diário do Judiciário Eletrônico [DJe], 16.11.2016, 1 (Braz.)

207. *Por exemplo*, STF, Habeas Corpus 104136 / DF – Distrito Federal, Primeira Turma, Relator: Mín. Cármen Lúcia, 01.02.2011, 2474, Diário da Justiça Eletrônico [DJe], 02.03.2011, 00175.

208. *Veja-se* Robert R. Rigg, *The T-Rex Without Teeth: Evolving Strickland v. Washington and the Test for Ineffective Assistance of Counsel*, 35 Pepp. Rev. 77 (2007) (oferecendo uma análise interessante sobre os padrões da Suprema Corte para considerar uma defesa ineficaz).

209. STF, RE 467.658 / MG – Minas Gerais, Primeira Turma, Relator: Min. Sepúlveda Pertence, 30.5.2006, Ementa 2244-06, 1082, Diário da Justiça [DJ], 25.08.2006, 54.

210. A acusação deve provar que o réu cometeu o crime e que a defesa pode examinar as provas acusatórias, bem como apresentar uma defesa técnica.

211. Em particular, o artigo 306 da atual CPP determina que a autoridade policial responsável pelo flagrante deve comunicar a prisão imediatamente ao juiz, ao ministério público e ao advogado indicado pelo preso. Se o preso não indicar um advogado, o policial deve enviar uma comunicação imediata à Defensoria Pública. Tal procedimento representa uma enorme diferença em comparação com o procedimento comum nos Estados Unidos. *Veja* Cammack & Garland, *nota supra* 172, pp. 33–36.

deve estar representado e em contato com o advogado. A sentença só terá validade em um processo criminal no qual a defesa tenha uma compreensão clara e acesso aos fatos e evidências apresentados pela acusação. Além disso, a defesa deve ser capaz de responder às acusações e apresentar provas que representem adequadamente os interesses do réu. O juiz também tem um papel imperativo para observar os direitos dos réus, assegurando que o contraditório não seja apenas um direito formal, mas também uma garantia material. Só assim eventual condenação será uma manifestação autêntica de um julgamento justo no Brasil.

3.5. Processos criminais no Brasil

Esta seção apresenta as regras básicas dos processos criminais brasileiros, explicando o princípio da supremacia da Constituição, seguida por uma breve exposição dos procedimentos em matéria de processo penal. O papel da acusação em processos criminais é outro ponto de interesse, já que a promotoria tem uma discricionariedade mais limitada no Brasil do que se verifica nos Estados Unidos. As prisões preventivas e as audiências de custódia serão brevemente tangenciadas, bem como a maneira como os juízes avaliam as provas em processos criminais. Esta seção termina apresentando as diretrizes gerais para o procedimento de elaboração da sentença penal e notas sobre a sistemática recursal do processo penal no ordenamento jurídico brasileiro.

A. O Código de Processo Penal v. Constituição de 1988: equilibrando o *jus puniendi* e o direito a um julgamento justo

Considerando que o Projeto de Novo CPP apresenta a barganha (*plea bargaining*) como substituto do atual procedimento sumário, é essencial delinear os padrões gerais dos procedimentos criminais brasileiros para facilitar a compreensão do lugar correto que a negociação de penas ocuparia no sistema legal.

Como dito anteriormente, o atual CPP é de 1941, quando o Brasil era governado por um regime ditatorial com influência considerável das ideias de Mussolini.[212] Assim, o pensamento predominante por trás do CPP de 1941 é a repressão dos cidadãos, como uma tentativa de manter a ordem pública e a segurança geral através de normas autoritárias, deixando os direitos fundamentais dos dependentes como uma preocupação secundária.[213]

Comparativamente, a Constituição de 1988, inaugurou um regime democrático elevando o bem-estar individual ao objetivo último da existência do Estado.[214] Nesta nova ordem democrática, os direitos fundamentais receberam uma posição única na Constituição; incluam-se aí os direitos dos réus. O princípio da legalidade,[215] devido processo legal,[216] presunção de inocência,[217] proibição de penas cruéis,[218] duração razoável do processo,[219] imparcialidade do juiz,[220] proibição de tortura,[221] e individualização das penas[222] são os direitos principais dos acusados, reconhecidos como fundamentais, seguindo os princípios orientadores estabelecidos nas essenciais convenções internacionais sobre direitos humanos.[223]

No entanto, com a nova ordem democrática emergiu uma questão relevante: Considerando que a Constituição de 1988 entrou em vigor após o CPP, este deve ser considerado revogado? A resposta curta para essa pergunta é não. O Brasil organizou seu sistema legal seguindo o padrão romano-germânico (*civil law*), no qual a Constituição é o pilar do sistema jurídico estabelecendo regras vinculantes. Assim, o ordenamento jurídico federal, dos estados e

---

212. Rubens R. R. Casara, Mitologia Processual Penal. p. 239 (2015).
213. *Id., p.* 240.
214. Greco, *nota supra* 112, p. 59.
215. Constituição Federal, art. 5 (XXXIX).
216. *Id.,*art. 5 (LIV).
217. *Id.,* art. 5 (LVII) (e).
218. *Id.,* art. 5 (XLVII) (e).
219. *Id.,* art. 5 (LVIII).
220. *Id.,* art. 5 (XXXVII).
221. *Id.,* art. 5 (XLVII).
222. *Id.,* art. 5 (XLV) e (XLVI).
223. Para esta obra, os principais tratados sobre direitos humanos são considerados a Declaração Universal dos Direitos Humanos (DUDH) e o Pacto de San José de Costa Rica.

municípios devem se encaixar nos princípios e parâmetros constitucionais.[224] A Constituição Brasileira confere ao STF poder realizar o controle da constitucionalidade – um esforço para assegurar a compatibilidade entre o texto da Constituição e todos os estatutos federais e estaduais.[225]

Contudo, o controle para garantir a compatibilidade das normas para as leis que entraram em vigor antes da Constituição de 1988 não é considerado controle de constitucionalidade em sentido estrito.[226] Embora seja um mero tecnicismo do sistema jurídico brasileiro, todos os estatutos promulgados antes da Constituição de 1988 ainda são dotados de eficácia, sendo por isso autoexecutáveis, desde que se sigam os princípios e parâmetros consagrados pela atual Constituição.[227]

Se o conteúdo de uma lei estadual ou federal não é compatível com a Constituição, todo o estatuto ou alguma peça, dependendo do caso, é considerado não-recepcionado, independentemente de ser apenas um artigo, uma seção, toda a lei.[228] Tendo-se em mente esses limites, a compatibilidade entre as disposições do CPP e a Constituição do Brasil deve ser analisada através da recepção ou não das normas da legislação infraconstitucional. Portanto, toda norma do CPP que contradiz uma disposição constitucional deve ser considerada não-recepcionada pela atual Constituição, mesmo que não seja expressamente revogada por outro código ou estatuto.[229] Comparando o texto do CPP com a Constituição, muitas normas

---

224. Barroso, Luis Roberto Curso de Direito Constitucional Contemporâneo – Os Conceitos Fundamentais e Construção de Um Novo Modelo 300 (2ª ed. 2010). Nesta passagem, o autor, que é um dos onze juízes atuais do STF no Brasil, explicou em detalhes a supremacia do princípio da Constituição.

225. No Brasil, há um controle de constitucionalidade abstrato e concreto. O modelo abstrato segue o padrão alemão, enquanto o controle concreto segue o modelo norte-americano definido em Marbury vs. Madison. *Veja também id. em* 300.

226. STF, ADI 2 / DF – Distrito Federal, Tribunal Pleno, Relator: Min. Paulo Brossard, 06.02.1992, 1892, Diário da Justiça [DJ], 21.11.1997, 60585 (Braz.).

227. *Id.*

228. *Id.*

229. Lopes, *nota supra* 165, p. 73 (explicando que o CPP deve ser analisado à luz da Constituição e as disposições do CPP devem ser relidas com a lente dos princípios e garantias constitucionais).

do CPP parecem incompatíveis com um processo criminal democrático. Algumas partes do CPP foram alteradas por novos estatutos,[230] enquanto os tribunais abandonaram outros em sua prática diária ou os declararam não-recepcionados pela Constituição de 1988.

Além dessas ações de controle de compatibilidade entre o CPP e a Constituição de 1988, a maioria dos acadêmicos e advogados brasileiros defende a necessidade do Brasil de promulgar um novo CPP, porque o Código atual tornou-se um estatuto incompreensível. Tal afirmação baseia-se no fato de que o CPP mantém normas de seu texto original acopladas a inúmeras emendas inseridas ao longo dos últimos oitenta anos.[231] Embora o projeto de novo CPP venha em boa hora para substituir o atual CPP "Frankenstein", todas as disposições do novo diploma também devem considerar a supremacia dos princípios e normas constitucionais como sua diretriz obrigatória.

B. Prevalência de julgamentos por juízes togados

A primeira diferença relevante em matéria de processos criminais entre os Estados Unidos e o sistema jurídico brasileiro é a prevalência do julgamento por juízes singulares ou togados. De acordo com a Constituição brasileira, apenas casos envolvendo crimes contra a vida[232] são decididos por um júri popular.[233] Ademais, com

---

230. *Por exemplo*, o artigo 35 do CPP foi revogado pela Estatuto Federal n.º 9520/1997. A regra revogada indicava que uma esposa casada só poderia denunciar um crime no qual ela foi vítima se seu marido lhe desse consentimento prévio. A norma era contrária à Constituição Brasileira porque diminuía o direito fundamental de igualdade entre homens e mulheres.

231. *Cf.*, Aury Lopes Jr. & Alexandre Morais da Rosa, *Novo Código de Processo Penal é Necessário, mas Não QUALQUÉR Um*, Rev. Consult. Jur. (24 de junho de 2016), https://www.conjur.com.br/2016-jun-24/limite-penal-codigo-processo-penal-necessario-nao-qualquer?imprimir=1 (alegando, entre outras críticas, que o CPP se tornou um "Frankenstein legal cheio de dicotomias e conflitos internos".

232. Ao contrário das razões para a barganha processual nos Estados Unidos, onde pelo menos um motivo para expandir o modelo de negociação era a resposta à longa duração dos processos de júri, as questões que levam em consideração o potencial de barganha no Brasil são diferentes, como mostra este estudo. De acordo com o DEPEN, em 2016, menos de 12% da população carcerária no Brasil estava relacionada à prática de crimes contra a vida, o que significa que apenas uma pequena fração dos crimes no Brasil é processada sob as regras de um longo júri. *Veja* DEPEN, *nota supra* 48, p. 65.

233. Constituição Federal, art. 5 (XVIII).

a recente aprovação da Lei n. 13.964/2019, é permitida a criação de órgão colegiado para julgamento em primeira instância de crimes cometidos por organizações criminosas e delitos conexos, numa clara evolução dos preceitos já trazidos pela Lei n. 12.694/2012. Embora a Constituição brasileira permita ao Congresso aprovar legislação federal ampliando a competência do júri para processar e julgar outros delitos, não há um plano de expansão legal da competência daquele órgão jurisdicional.[234] Atualmente, apenas crimes contra a vida – homicídio, participação em suicídio ou automutilação, infanticídio, aborto e crimes cometidos em conexão[235] com delitos contra a vida são elegíveis para um julgamento por júri.[236]

Reconhecendo que a regra geral nos processos criminais brasileiros é a prevalência dos julgamentos por juízes togados, é importante considerar brevemente como o processo criminal é dividido, levando-se em consideração o tempo máximo de prisão previsto no Código Penal para cada delito cometido. Se o tempo na prisão não for superior a dois anos, o processo seguirá o chamado rito sumaríssimo, regulamentado pela Lei Federal nº 9.099/1995.[237] De fato, alguns estudiosos brasileiros argumentam que esse era o

---

234. Sobre: *supra* Seção 3.3.

235. Por exemplo, considere uma situação em que um indivíduo mata alguém na rua com uma espingarda e é preso. Durante a investigação, a polícia descobre que a arma usada no crime não está registrada ou não possui documentação regular de posse. Nesse caso, o promotor poderia apresentar acusações de homicídio qualificado e posse ilegal de armas de fogo contra o suposto agressor. Uma vez que o júri tem a obrigação constitucional de decidir as ofensas contra a vida, a competência para decidir sobre a posse ilegal de porte de armas de fogo será atribuída ao júri. *Ver* Renato Brasileiro, Manual de Competência Criminal (Manual de Jurisdição Criminal) 157–160, 300–302 (2ª ed. 2014).

236. Em linhas gerais, o júri no Brasil é um processo dividido em duas partes. Na primeira parte, o juiz, após a citação, defesa, audiência de instrução e julgamento e memoriais, decide se o réu receberá um julgamento com júri. Na segunda parte do processo, o júri, composto por sete jurados, decide se o réu é culpado ou não, ou desclassifica o delito para outro crime. Se o júri declara o arguido culpado, o juiz determina a punição, escolhendo a duração do tempo de prisão e multa de acordo com os parâmetros definidos nos arts. 59-71 do Código Penal Brasileiro. Para mais informações sobre os procedimentos do júri, ver Guilherme de Souza Nucci, Manual de Processo Penal e Execução Penal 690-776 (13ª ed. 2016).

237. Código de Processo Penal [CPP], art. 304 (III), par. 1.

modelo ancestral de barganha processual.[238] Se o tempo de encarceramento em potencial for superior a dois anos, mas não exceder quatro anos, o CPP atual exige que o julgamento siga as normas do rito sumário.[239] O terceiro procedimento penal no Brasil, e o mais comum, é o procedimento ordinário, usado em crimes cometidos com uma penalidade prevista de mais de quatro anos de prisão.[240]

O rito ordinário tem início com o oferecimento da denúncia ou queixa-crime.[241] O juiz faz uma avaliação preliminar da acusação, verificando se a denúncia ou queixa-crime cumpriu todos os requisitos legais descritos no art. 395 do CPP. Se o juiz decidir que a acusação é admissível, decide apontando breve explicação das razões pelas quais a acusação preenche os requisitos legais, recebendo a denúncia ou a queixa-crime, determinando a citação do acusado.[242] Não importa se o réu esteja preso ou não; a citação deve ser entregue pessoalmente ao réu e constitui o ato inicial de um processo criminal para a defesa. Após a citação, o réu apresenta a defesa preliminar por escrito.[243] O acusado deve escolher um advogado para apresentar esta primeira defesa,[244] a menos que seja membro regular da OAB e decida se autorrepresentar.[245]

Após a apresentação da defesa preliminar, o juiz reexamina a acusação. Nessa situação, o recebimento da denúncia é ratificada ou há a rejeição da inicial da acusação. Se o juiz reafirmar a admissibilidade do caso, decidirá sobre as evidências que a acusação e a defesa podem produzir durante o julgamento.[246] Na mesma decisão,

---

238. Ventura Leite, *nota supra* 15, pp. 150–154.

239. Código de Processo Penal [CPP], art. 394 (II), para. 1.

240. *Id.*, art. 394 (I), par. 1.

241. *Id.*, art. 41.

242. *Id.*, arts. 351-369.

243. *Id.*, arts. 369, 396-A.

244. Sobre: *Supra* seção 3.4 sobre o direito à defesa integral e a presença obrigatória de um conselheiro em todos os processos criminais no Brasil.

245. Código de Processo Penal [CPP], art. 263.

246. Por exemplo, alguns documentos não podem ser usados no julgamento sem a ordem de um juiz, como informações bancárias. Além disso, o CPP brasileiro limita o número de testemunhas e o juiz pode negar as testemunhas que não são relevantes para o caso.

o juiz agenda a audiência de instrução e julgamento para que as testemunhas prestem seus depoimentos.[247] Na audiência, a acusação toma o depoimento diretamente das testemunhas que arrolar. Em seguida, a defesa tem o poder de inquirir as testemunhas da acusação. A audiência prossegue com testemunhas de defesa, ficando a acusação com a palavra, após as perguntas da defesa. O ônus geral da prova sobre os fatos que constituem os elementos do crime permanece na acusação. O juiz só pode fazer perguntas para esclarecer qualquer ponto obscuro durante o depoimento. Após o depoimento das testemunhas, o juiz passa ao interrogatório do réu. Se mais de uma pessoa é acusada no mesmo julgamento, o interrogatório deve ser individual, sem a presença do corréu, assegurada a participação do defensor de cada acusado.[248]

Na sistemática vigente, o juiz tem o dever de interrogar o réu. Primeiro perguntará se o réu quer responder a perguntas.[249] Se o réu quiser permanecer em silêncio, o juiz colocará essa afirmação nos registros da audiência e ordenará a próxima etapa do processo.[250] O réu tem o direito de permanecer em silêncio e este direito não deve ser usado contra o acusado em qualquer situação.[251] Se o réu responder às perguntas do juiz, as partes poderão, em seguida, dirigir a palavra ao acusado, mas apenas para esclarecer pontos no depoimento do

---

247. Idem, arts. 399 e 400.

248. Apesar de tal regra geral, alguns juízes no Brasil permitem que os corréus assistam ao interrogatório um do outro, argumentando que está incluído no direito a uma defesa completa. No entanto, esta é uma interpretação imprecisa da defesa completa, porque o réu que dá testemunho após os outros réus têm uma vantagem clara sobre os outros. Como não há crime de perjúrio no Brasil, os réus podem mentir durante os depoimentos. Assim, separar os corréus durante os depoimentos é o melhor método para garantir o devido respeito à defesa total de todos os réus.

249. Alguns autores afirmam que, em um sistema contraditório e acusatório, o juiz não deve fazer perguntas às testemunhas ou ao réu. *Veja* LOPES, *nota supra* 165.

250. Infelizmente, em alguns tribunais, mesmo após o réu afirmar que não quer responder a nenhuma questão, os juízes continuam a fazer as perguntas do réu, acrescentando no registro que o réu se recusou a responder a perguntas. Tal ação é completamente desnecessária e pode constituir uma pressão indevida sobre os réus para que renunciem a seu direito ao silêncio. Infelizmente, não há estatísticas confiáveis informando com que frequência os réus permanecem em silêncio ou respondem ao questionamento dos juízes.

251. Código de Processo Penal [CPP], art. 186.

réu, começando com a acusação[252] e terminando com o advogado de defesa ou defensor público.[253] Uma vez que o testemunho esteja completo, e se não houver mais provas a produzir, o juiz decide se as partes apresentarão memoriais escritos ou alegações finais orais. Depois de receber os memoriais escritos, ou alegações finais orais, o juiz pode sentenciar o caso na audiência ou fazer os autos conclusos para sentença, dependendo da complexidade do julgamento.

O procedimento sumário segue a mesma configuração do rito comum com pequenas diferenças, com o objetivo de diminuir o tempo de tramitação do processo. Por exemplo, as audiências são programadas com intervalo menor, máximo de cinco testemunhas por acusação, em vez das oito permitidas no procedimento ordinário, alegações finais orais são obrigatórias. Na prática, contudo, devido ao elevado número de casos criminais nas cortes brasileiras, o procedimento sumário difere apenas do ordinário em número de testemunhas.

Estas são as diretrizes gerais para processos criminais no Brasil, que precisam ser entendidas no contexto quando comparadas com as normas dos EUA. Em seguida, passa-se a explorar alguns aspectos importantes da discrição da acusação em processos criminais e como suas consequências refletiriam o modelo brasileiro de barganha processual (*plea bargaining*).

C. O papel do promotor e a discrição mais limitada

A acusação no Brasil tem muitas características peculiares. Contudo, o presente tópico tem como objetivo discutir apenas questões relacionadas aos deveres da acusação em processos criminais.[254] Como

---

252. Como característica do direito à plena defesa em processos criminais, os acusados têm sempre o direito de apresentar provas ou argumentos após a acusação apresentar os seus argumentos.

253. Código de Processo Penal [CPP], art. 188 (fornecendo a versão brasileira do direito contra a autoincriminação, que se origina da expressão latina *nemo tenetur se detegere*).

254. O artigo 127 da Constituição Brasileira estabelece os pilares do Ministério Público no país, possibilitando a outros estatutos a regulamentação específica de cada ramo do Ministério Público brasileiro. A Lei Complementar Federal nº 75/1993 organiza o Ministério Público, enquanto a Lei Federal nº 8625/1993 estabelece as regras do Ministério Público no Brasil.

este estudo já destacou,[255] existem diferenças marcantes entre a acusação no Brasil e nos Estados Unidos, particularmente em relação ao seu lugar na organização estrutural de cada país.

Entre os deveres do Ministério Público no Brasil, uma das responsabilidades mais importantes é a legitimidade constitucional para apresentar denúncias em casos de ação penal pública.[256] Em poucas situações a vítima,[257] representada por um advogado, pode apresentar acusações (queixa-crime) no Brasil.[258] Mesmo nestas circunstâncias excepcionais, o Ministério Público deve emitir um parecer após cada etapa do processo,[259] tendo um papel quase exclusivo de apresentar em todos os casos relacionados a infrações que afetam o interesse público.[260]

Embora se configure em um enorme poder nas mãos do Ministério Público, a titularidade da ação penal está cercada por limitações legais e constitucionais, configurando princípios que a acusação pública deve seguir, dentre os quais se destacam o da *obrigatoriedade* e da *indisponibilidade da ação penal*. O primeiro princípio está no artigo 24 do atual CPP, determinado que, uma vez que a acusação identifica um indivíduo como autor de um crime e houver provas suficientes para acusar o suspeito, o Ministério Público tem o dever[261] de apresentar denúncia contra o indivíduo.[262] Eugênio

255. Sobre: *supra* Seção 3.2.

256. Carlos Roberto de Castro Jatahy, Curso de Princípios Institucionais do Ministério Público, 26 (3d ed. 2008).

257. *Por exemplo*, ofensas contra a honra da vítima, como a ofensa definida no art. 140 do Código Penal Brasileiro.

258. O anteprojeto do CPP pretende extinguir essas formas de processo criminal, transferindo todos os poderes para acusar os indivíduos de procuradores públicos. Em casos envolvendo assuntos privados, as vítimas terão que dar consentimento aos promotores para julgar os autores.

259. Código de Processo Penal [CPP], art. 29.

260. Sobre: Constituição Federal, art. 129 (I); Código de Processo Penal [CPP], art. 24. Por exemplo, furto (Art. 155 do Código Penal Brasileiro) e roubo (Art. 157 do Código Penal Brasileiro) são considerados crimes de ação penal pública incondicionada. Não importa se a propriedade é privada ou pública; todos os casos serão cobrados por um promotor público federal ou estadual, dependendo da natureza da propriedade.

261. Com a introdução do Acordo de Não-Persecução Penal, no art. 28-A do CPP, operado pela Lei n. 13.964/2019, pode-se afirmar que houve a relativização de tal princípio.

262. O MP, ao oferecer a denúncia, deve seguir rigorosamente as disposições do art. 41 do CPP que exige que a acusação contenha uma exposição precisa e detalhada dos fatos,

Pacelli destaca que a acusação não tem poder discricionário para escolher entre oferecer uma acusação formal contra o indivíduo ou rejeitar o caso por si mesmo.[263] Por sua vez, pelo princípio *indisponibilidade*, delineado no artigo 42 do CPP, o Ministério Público não pode abdicar ou desistir do caso depois de apresentar acusações formais.[264] Se, no entanto, durante o julgamento, o promotor acredita que o réu não cometeu o crime ou não há provas suficientes para comprovar plenamente a responsabilidade do réu, o promotor deve pedir ao juiz para absolver do acusado. De fato, esta é uma garantia importante porque, se o réu for absolvido, não poderá ser acusado novamente com base nos mesmos fatos. Isto nada mais é que a consagração do princípio de *non bis in idem* ou vedação de dupla incriminação ou punição pelos mesmos fatos. Uma vez absolvido, ainda que a acusação descubra novas evidências após o julgamento, não há aplicação do princípio *in dubio pro societate*,[265] não podendo ocaso ser mais aberto.[266]

O Brasil também tem um método eficiente para controlar o poder de acusar, quando a denúncia ou queixa retrata uma exacerbação dos deveres do Ministério Público, naquilo que os americanos chamam de *overcharges*, permitindo que o juiz rejeite ou determina a emenda da denúncia. O artigo 395 do CPP é uma ferramenta poderosa para evitar a admissão de acusações incorretas, impedindo que o réu se torne um "prisioneiro" de processos injustos.

A referida disposição legal dá ao juiz o poder de rejeitar as acusações se o magistrado entender que a denúncia ou queixa-crime é inepta; se as condições da ação para exercer o poder *jus puniendi* não estiverem claras no caso apresentado; se a peça inicial não preencher todos os requisitos legais para ser admitida ou se não

---

a identificação do suposto autor ou a descrição que permita a adequada identificação, a classificação do delito e, se pertinente, a relação de testemunhas.

263. Pacelli, *nota supra 101*, p. 128.

264. Idem, p. 131.

265. Expressão latina que significa "em caso de dúvida", interpretada como exigindo consideração do melhor interesse da sociedade.

266. Com a introdução do art. 28-A no CPP, pode-se afirmar que o princípio da obrigatoriedade está mitigado no caso de oferecimento do acordo de não- persecução penal.

houver justa causa (substrato probatório mínimo[267] para apoiar a acusação).[268] De fato, o STF decidiu que um juiz poderá rejeitar a denúncia ou queixa-crime se a acusação não seguir os requisitos definidos no artigo 41 do CPP.[269] Assim, os tribunais brasileiros, inclusive o STF, limitam efetivamente a discricionariedade do órgão acusatório. Se, por exemplo, o Ministério Público acusar uma pessoa por um fato que não é considerado crime, o caso deve ser rejeitado porque não cumpriu uma das condições legais para ser processado judicialmente. Além disso, e mais comumente, se a promotoria acusar uma pessoa sem fornecer pelo menos alguma evidência do suposto crime ou o envolvimento do suposto agressor na ação ilegal, o caso será rejeitado.[270] A avaliação ativa por parte do poder Judiciário em relação aos requisitos da denúncia ou queixa-crime oferece uma diferença significativa no resultado de processos criminais brasileiros, se comparado ao controle ou supervisão feito pelos juízes norte-americanos sobre o trabalho da acusação.

De fato, é possível identificar uma dupla perspectiva no controle jurisdicional da atividade do Ministério Público no Brasil. Funciona simultaneamente como um controle externo da discrição do Ministério Público, tendo também um papel pedagógico sobre outros procuradores relativamente à posição do tribunal em situações semelhantes. Assim, a avaliação da precisão das acusações é uma ferramenta adicional e essencial para alcançar a justiça em proces-

---

267. Esse padrão é um pressuposto para recebimento da denúncia e inferior ao *standard* exigido para condenar o réu. Para iniciar o caso, a promotoria só precisa provar que o crime foi cometido e algumas razões para acreditar que a pessoa acusada é a responsável. Durante o julgamento, ambas as partes têm o direito de provar sua versão do caso.

268. STF, Inquérito 3.788 / DF – Distrito Federal, Segunda Turma, Relator: Min. Carmen Lúcia, 01.03.2016, 122, Diário da Justiça Eletrônico [DJe], 14.06.2016, 1. No caso, a acusação não seguiu os parâmetros do CPP e o tribunal rejeitou as acusações.

269. STF, Inq. 2792 / MG – Minas Gerais, Segunda Turma, Relator: Min. Carmen Lúcia, 19.05.2015, 204, Diário da Justiça Eletrônico [DJe], 13.10.2015, 1.

270. Embora o CNJ não forneça dados das rejeições, estima-se que 2% das acusações criminais no Brasil sejam descartadas pelos juízes porque elas não cumprem os parâmetros legais exigidos. *Sobre: MPF Não Comenta Alto Índice De Denúncias Rejeitadas,* Revista Con. Jur. 1 (2006), https://www.conjur.com.br/2006-abr-03/pgr_nao_comenta_alto_indice_denuncias_rejeitadas.

sos criminais no Brasil. Tal controle será fundamental na análise do modelo de *plea bargaining* a ser adotado no Brasil, conforme abordado mais adiante nesta obra.

D. Prisões preventivas e audiências de custódia

A sistemática legal das prisões preventivas e as audiências criminais no Brasil mostra-se bem diferente da prática geral nos Estados Unidos, o que levará a uma abordagem particularmente diversa do modelo de barganha processual em matéria penal. Nos Estados Unidos, quando um indivíduo é preso por cometer um delito ou uma contravenção, o suposto autor é levado pela polícia, seguindo-se a procedimentos de investigação padrão. Em casos envolvendo crimes federais, o preso é então encaminhado para o magistrado[271] mais próximo, ocasião na qual o preso é informado das acusações, seus direitos, eventuais condições de soltura, etc.[272]

De acordo com a Constituição Federal de 1988, uma pessoa só pode ser presa se for flagrada cometendo um crime ou se houver uma ordem escrita emitida por uma autoridade judicial competente (estadual ou federal).[273] Se a pessoa foi presa durante a prática do crime, a Polícia Militar, Polícia Civil ou Polícia Federal deve comunicar imediatamente a prisão a um juiz,[274] à família do preso, e ao advogado do preso ou à Defesa Pública, se o preso não puder pagar por um advogado.[275] A desobediência a qualquer dessas ações obrigatórias ou a ausência da justificativa devida constituem fatores

---

271. Nos EUA há, em termos de legislação federal, há diferença entre a figura do magistrado e do juiz. Magistrado tem atribuições mais limitadas que o juiz.

272. Cammack & Garland, *nota supra* 172, pp. 36–37.

273. Constituição Federal, art. 5 (LXI), (LXII).

274. Juiz e magistrado são palavras intercambiáveis no sistema jurídico brasileiro. Ambos os termos são usados para designar a pessoa com autoridade para julgar um caso, o que é diferente da prática no sistema legal dos EUA. *Veja* Leslie G. Foschio, *A History of the Development of the Office of United States Commissioner and Magistrate Judge System*, 1 Fed. Cts. Rev. 607, 613 (2006) (explicando que a Lei do Magistrado Federal dava aos magistrados federais autoridade para exercer todos os poderes previamente exercidos pelos comissários, juntamente com deveres adicionais tais como auxiliar os juízes distritais na condução de procedimentos de pré-julgamento e descoberta, revisão de habeas corpus petições e atuando como mestres especiais.).

275. Código de Processo Penal [CPP], art. 306.

acarretam na anulação da prisão.[276] Havendo a comunicação da prisão ao juiz federal ou estadual responsável pelo recebimento do caso, a autoridade judiciária deve verificar imediatamente se todos os requisitos estão presentes no encarceramento do preso.[277] Aí surgem três possíveis cenário.

Se o juiz entende que a ação da polícia foi ilegal ou abusiva, o magistrado anulará a prisão e ordenará a libertação imediata do preso.[278] O juiz ainda deve enviar os arquivos do caso para o Ministério público para avaliar se o procedimento policial durante a prisão anulada constitui algum delito.[279] Alternativamente, após receber notificação de uma prisão, o CPP permite que o juiz conceda a liberdade provisória do preso, sob a imposição de algumas restrições ou sob pagamento de fiança, conforme o artigo 319. Se o juiz identificar uma ou mais medidas alternativas à prisão que se ajustem à situação do detido, a autoridade judicial deve escolher imediatamente as condições para o caso e ordenar a libertação do preso. O juiz brasileiro pode, ainda, aplicar a fiança sem a presença do preso, sem agendar uma audiência de custódia, desde que considere o caso simples e as informações apresentadas pela polícia permitirem que o juiz chegue imediatamente a uma conclusão sobre a aplicação da liberdade provisória.[280]

---

276. Código de Processo Penal [CPP], art. 310.

277. Idem.

278. Idem.

279. Por exemplo, o propósito das audiências de custódia no Brasil é proteger o direito do réu de não ser torturado ou preso sem causa provável. De acordo com o CNJ, de outubro de 2015 a julho de 2017, os tribunais criminais brasileiros realizaram mais de 250.000 audiências de custódia. Nessas audiências, os detidos foram libertados em cerca de 45% dos casos, o que inclui a libertação sob o pagamento de fiança ou outras condições e os casos em que a prisão era ilegal. Do total de audiências de custódia, 4,9% dos detidos reclamaram de violência policial durante a detenção. *Cf.* Audiência de Custódia – Dados Estatísticos, (2018), http://www.cnj.jus.br/sistema-carcerario-e-execucao-penal/audiencia-de-custodia/mapa-da-implantacao-da-audiencia-de-custodia-no-brasil (última visita em 16 de agosto de 2018).

280. O CPP permite ao *delegado* libertar o preso em pagamento de fiança se o delito cometido não implicar mais de quatro anos de prisão como pena máxima em caso de condenação. Independentemente disso, o auto de prisão em flagrante deve ser prontamente enviado ao juiz para verificar se a autoridade policial agiu corretamente ou se a fiança será revogada e o suposto agressor será preso. A prática cotidiana da polícia brasileira mostrou que os *delegados* só liberam os infratores pela primeira vez,

O terceiro cenário ocorre quando o juiz verifica que a prisão foi legal, mas o relatório da polícia não é claro o suficiente para autorizar a libertação ou a decretação da prisão preventiva. Nesses casos, o juiz agendará uma audiência de custódia dentro de vinte e quatro horas, independentemente de a prisão ter ocorrido durante a noite, aos sábados, domingos ou feriados. Sempre haverá um juiz plantonista para receber comunicações de prisões e presidir audiências de custódia. Ao menos, em tese.

O objetivo principal da audiência de custódia é verificar se os agentes que efetuaram a prisão do indivíduo agiram legalmente, sem qualquer tipo de força excessiva, agressão, coerção ou tortura do preso, bem como verificar se houve qualquer outra ação ilegal para extrair uma confissão ou evidência contra o suspeito.[281] A presença do advogado do preso ou defensor público é obrigatória durante a audiência de custódia – outra diferença importante entre os sistemas jurídicos dos EUA e do Brasil, uma vez que um advogado não é um direito constitucional nas audiências de fiança ou preliminares dos EUA.[282]

Durante a audiência de custódia, o juiz pode decidir de duas maneiras. Primeiro, o juiz analisa a legalidade da prisão e da ação policial, desde o momento da prisão até o comparecimento do preso perante o juízo. Se considerar a prisão como legal, decidirá se libera o réu com a imposição de medidas cautelares (por exemplo, monitoramento eletrônico, fiança, etc.).[283] Se estiverem presentes as condições legais para a prisão preventiva, definidas nos artigos 311 a 316 do CPP,[284] o juiz pode emitir uma ordem para determinar a prisão cautelar até o julgamento do feito.

---

por pequenos crimes não violentos, como o contrabando de cigarros. *Ver* Código de Processo Penal [CPP], art. 322. Nos Estados Unidos, a liberação de reconhecimento pessoal é uma ideia semelhante. *Veja também* David N. Adair, The Bail Reform Act of 1984 1 (2006).

281. Pacelli, *nota supra 101*, p. 547.

282. Cammack & Garland, *nota supra* 172, p. 38.

283. Pacelli, *nota supra 101*, pp. 548-549.

284. Basicamente, os artigos pertinentes do CPP permitem a prisão preventiva se houver prova de crime, alguma evidência sobre a ação do suspeito ou se a prisão for neces-

Esta é outra diferença significativa entre o Brasil e os Estados Unidos – o juiz brasileiro deve analisar a legalidade da prisão, *ex officio*, a partir do primeiro momento em que a autoridade judicial tem contato com o caso. Nos Estados Unidos, o juiz faz determinação acerca da causa provável (*probable cause*) geralmente na primeira aparição do sujeito à corte, mas não adentra no exame do mérito acerca da legalidade da prisão, limitando-se a aferir se é o caso de fixação ou não de fiança. Adicionalmente, no Brasil, as prisões preventivas são consideradas alternativas residuais (*ultima ratio*) e devem ser aplicadas somente se não houver a possiblidade de aplicação de medida cautelar alternativa ao encarceramento, conforme o artigo 319 do CPP.[285]

Como uma segunda conclusão possível durante a audiência de custódia, a autoridade judiciária poderá considerar a prisão legal, mas entender que o preso foi espancado ou torturado após a prisão. Se o juiz identificar tal situação, o juiz libera o detido imediatamente e declara nula qualquer evidência proveniente da ação indevida da polícia.[286] Além disso, a autoridade judiciária deve enviar o caso ao Ministério Público para avaliar a conduta dos agentes da lei, de acordo com o artigo 40 do CPP.[287] Para exemplificar como tribunais analisam a má conduta de policiais durante as prisões, *Súmula Vinculante n.145 do STF* determina que não há consumação do delito se os agentes da lei são envolvidos na falsificação de provas,[288] agindo em seguida para efetuar a prisão.[289]

---

sária para garantir a segurança pública e a ordem pública, para evitar ameaças contra testemunhas ou corréus, ou se houver risco de fuga.

285. Lopes, *nota supra* 165, p. 791.

286. Código de Processo Penal [CPP], art. 157. Este artigo foi modificado em 2011 e consagrou a doutrina dos frutos da árvore envenenada no CPP brasileiro.

287. Não há dados precisos sobre a frequência com que os juízes brasileiros julgam os processos penais com base em ações ilícitas cometidas durante as prisões. No entanto, tais situações são relativamente comuns na prática cotidiana dos tribunais brasileiros.

288. Em tal situação, a polícia forjaria um crime que não existe apenas para prender um indivíduo.

289. STF, Súmula 145, Supremo Tribunal Federal, Tribunal Pleno, 82, 13.12.1963, Súmula da Jurisprudência Predominante do Supremo Tribunal Federal – Anexo ao Regimento Interno, Imprensa Nacional [IN], 1964, 82 (Braz.). *Veja também* STF, Habeas Corpus 84.723 / SP – São Paulo, Segunda Turma, Relator: Mín. Celso de Mello, 21.02.2006,

Em última análise, o sistema jurídico brasileiro oferece uma participação mais ativa do órgão judicial e da defesa desde o início da persecução penal, se comparado com as práticas dos tribunais criminais dos EUA. O envolvimento antecipado do juiz, verificando a lisura da prisão, propicia um controle mais amplo da discrição do Ministério Público e afeta positivamente o resultado das audiências de custódia.[290] De fato, essas disposições legais são particularidades importantes na construção de que um modelo futuro *plea bargaining* nos processos criminais brasileiros que não infrinja os direitos fundamentais dos réus.

E. Evidências reunidas durante investigações e sua avaliação em processos criminais

Outro fator que afeta diretamente o procedimento do *plea bargaining* nos Estados Unidos e teria um impacto significativo em um eventual modelo brasileiro barganha no processo penal é a divulgação e avaliação pela defesa das evidências coletadas durante a fase de investigação pela acusação.

Ora, a disposição do acusado em engajar no procedimento de *plea bargaining* é diretamente proporcional à força do caso nas mãos da promotoria. Quanto mais provas contra o acusado, maior será o nível de intenção em aderir ao acordo proposto pelo Ministério Público. Portanto, mostra-se essencial que o indivíduo tenha acesso a todas as provas para tomar uma decisão precisa ao aceitar ou rejeitar o acordo da acusação.

De fato, não haverá um julgamento justo ou acordo de barganha processual adequado se a acusação puder escolher a evidência a ser disponibilizada à defesa. Como explicado anteriormente,[291] o

---

238, Diário da Justiça, 04.12.2013, 1 (Braz.) (Aplicando o mencionado precedente, sob o argumento de que, mesmo após a condenação, o tribunal de apelação deve negar provimento ao houve qualquer ação policial ilegal durante a prisão).

290. Embora o CNJ relate que mais de 145.000 pessoas no Brasil estão sob prisão domiciliar, o que indica a aplicação de uma medida alternativa à prisão, o relatório não é claro se esse número inclui apenas prisão domiciliar processuais ou pré-processuais. *Sobre:* CNJ, *nota supra* 43, p. 4.

291. *Sobre: supra* Seção 3.4.

resultado de um julgamento só é justo se a paridade de armas for obedecida em todas as situações. Infelizmente, no sistema legal dos EUA, é comum encontrar situações em que os réus se declarem culpados sem conhecer todas as provas reunidas contra eles durante a investigação. Nos piores casos, os réus se declaram culpados com base no blefe da promotoria, o que leva a um resultado inadmissível e injusto em processos criminais. A esse respeito, Mona Lynch[292] apontou que:

> A multiplicidade de armas jurídicas substantivas, algumas sobrepostas e multiplicativas, podem ser usadas para hipertrofiar a acusação. A capacidade do acusado de avaliar provas, desafiá-las e responsabilizar o governo por seu ônus de provar a culpa além da dúvida razoável pode ser obliterada pela força punitiva do conjunto de martelos legais na caixa de ferramentas da promotoria.[293]

No Brasil, sob os princípios da ampla defesa e do direito ao contraditório, o Ministério Público é obrigado a divulgar todas as provas contra ou a favor da defesa. O alegado suspeito, através do advogado de defesa, tem o direito de acessar provas produzidas pela polícia, mesmo durante a investigação.[294] Os réus também têm o direito de examinar as provas produzidas durante a investigação ou no curso da ação penal, apresentando todas as evidências para comprovar seus argumentos.

Além disso, as regras do CPP vinculam o poder judiciário. Por exemplo, um juiz não pode condenar um réu com base apenas em evidências produzidas durante a investigação.[295] As provas recolhidas na investigação podem servir apenas para desencadear a ação penal e devem ser corroboradas com provas adicionais apresentadas durante um processo criminal, respeitando o direito do réu de confrontar

---

292. Criminologista e professora de Criminologia, Direito e Sociedade e Direito na Universidade da Califórnia, em Irvine.

293. Mona Lynch, Hard Bargains – The Coercive Power of Drug Laws in Federal Courts 109 (2016).

294. Lei n. 8906/1994, art. 7º, XIV.

295. Código de Processo Penal [CPP], art. 155.

todas as provas apresentadas pela acusação (mais uma vez, assegurar a paridade de armas).[296]

Outra ferramenta importante que o réu pode usar, mas apenas em julgamentos de competência do Tribunal do Júri no Brasil, é a apelação baseada na alegação de que a decisão do júri foi manifestamente contrária à prova dos autos.[297] As normas do CPP indicam como a acusação, juízes e jurados estão vinculados ao avaliar provas em processos criminais brasileiros. De fato, essas fronteiras funcionam como uma das várias facetas do devido processo no Brasil.

F. Sentença penal e o direito de recorrer

Nos processos criminais brasileiros, a condenação deve ser o resultado de um procedimento democrático e igualitário, em que a participação da acusação e da defesa é essencial, pois fornecem as evidências e os argumentos dos juízes para tomar uma decisão definitiva.[298] Sob essa premissa, esta seção aponta algumas diferenças importantes entre a fase de sentença em processos criminais nos Estados Unidos e no Brasil.

Após a instrução, o juiz tem o dever de sentenciar o feito. A sentença no processo penal deve ser é restrita para se avaliar os fatos apresentados pela acusação e refutados pela defesa durante a instrução do feito em juízo.[299] O magistrado não pode emitir qualquer veredicto baseado em evidência ou depoimento que não esteja nos autos ou que não tenha sido admitido no julgamento. A sentença penal é dividida em três partes. Na primeira parte – o relatório – o juiz declara os principais fatos e ações do processo (por exemplo, a síntese da acusação e argumentos da defesa, a regularidade do processo, etc.).[300]

---

296. Idem.

297. Idem ao art. 393 (III) (d).

298. Felipe Martins Pinto, Introdução Crítica ao Processo Penal, 152–153 (2012).

299. Nucci, Guilherme de Souza, Manual de Processo Penal e de Execução Penal (13º ed. 2016); Nucci, *nota supra* 123, p. 621–622.

300. Idem.

Na segunda parte da sentença, o juiz deve examinar minuciosamente os argumentos da acusação e da defesa, afirmando as razões pelas quais adota ou rejeita as alegações das partes.[301] O juiz chega então ao dispositivo da sentença que é a condenação ou absolvição do réu. Nos casos de condenação, a sentença também define a pena, de acordo com as normas descritas no artigo 59 a 71 do Código Penal Brasileiro.[302]

Naquela que talvez seja a diferença mais importante na fase de sentença entre os dois países. Os réus brasileiros têm o direito constitucional de conhecer todas as razões pelas quais um juiz decidiu condená-los ou absolvê-los.[303] O juiz é livre para avaliar todos os argumentos e as provas trazidas pela acusação e defesa, mas é obrigado a decidir apenas com base nas provas apresentadas durante o julgamento. O controle da atividade judicial nos processos criminais brasileiros ocorre quando as partes analisam o raciocínio que embasa a sentença, sendo uma das manifestações mais importantes em um Estado Democrático de Direito.[304]

Importante salientar que não há pena de morte no Brasil.[305] O tempo máximo de cárcere permitido pela legislação brasileira é de quarenta de prisão por crime.[306] O réu não pode permanecer nas prisões brasileiras por mais de quarenta anos pela mesma condenação. Entretanto, se o réu for condenado em um novo julgamento, por exemplo, depois de cumprir quinze anos pela primeira condenação, poderá receber nova pena e permanecer encarcerado outros quarenta anos. Se o réu é condenado por cinco acusações em um julgamento e a sentença é igual a 100 anos de prisão, as penalidades são unificadas[307] e o réu só poderá ficar preso por quarenta anos.

301. Idem.

302. Idem, p. 622.

303. Constituição Federal, art. 93 (IX).

304. Pinto, *nota supra* 299, p. 153.

305. Constituição Federal, art. 5 (XLVII) (a).

306. Cezar Roberto Bitencourt, 1 Tratado de Direito Penal – Parte Geral, 1743-1747 (17º ed., 2014). Vide ainda art. 75 do CP, alterado pela Lei n. 13964/2019, que aumentou o tempo cumprimento de pena de 30 para 40 anos.

307. Idem, p. 1744.

O juiz tem o poder de julgar quase todos os casos no Brasil e somente um juiz pode determinar a punição em processos criminais brasileiros – não há relatório de recomendação sobre a quantidade ou o tipo de pena, tal como ocorre nos EUA. Mesmo que o promotor recomende um tempo específico na prisão, com base em um possível acordo feito com a defesa, o juiz não é limitado pela recomendação no Brasil. Recentemente o Ministro do STF Ricardo Lewandowiski, ao rejeitar um acordo entre um réu e um ministério público federal, afirmou que Poder Judiciário tem o monopólio da jurisdição por uma disposição constitucional, sendo a pena ou perdão judicial matérias de competência privativa de órgão judicial, que só podem ser proferidas por um magistrado competente através de uma sentença condenatória ou concessiva de perdão.[308]

A sentença deve basear-se apenas numa avaliação legal e constitucional das provas apresentadas durante o julgamento. As partes devem apresentar todos os argumentos durante suas intervenções em cada fase do processo penal, com a acusação apresentando todas as alegadas circunstâncias de aumento de pena e a defesa apresentando todas as teses excludentes do crime ou da punibilidade. Memoriais finais no processo penal brasileiro constituem a última chance para as partes convencerem o juiz de sua versão dos fatos.[309] Embora não haja audiência para a leitura de sentença no Brasil, o juiz tem o poder de marcar uma data para ler a decisão final do caso, o que, às vezes, ocorre em casos com interesse da mídia.

Quando o juiz lê a sentença em audiência pública ou a entrega em secretaria do juízo, seu conteúdo não pode ser mais modificado pelo magistrado. Somente em caso de contradição, obscuridade ou omissão na sentença, as partes podem exigir que o juiz modifique a decisão, que constitui o primeiro tipo de recurso contra a sentença.[310] Além

308. STF, Petição 7.265 / DF – Distrito Federal, Decisão Monocrática, Relator: Min. Ricardo Lewandowski, 14.11.2017, Jurisprudência do Supremo Tribunal Federal [STFJ] 15.11.2017, 1. Neste caso, o STF devolveu à Procuradoria Geral um acordo entre a acusação e a defesa em um dos processos relacionados à Operação Lava Jato, determinando que as partes deveriam ajustar o acordo para respeitar, entre outros, o monopólio do Poder Judiciário sobre o processo de condenação.

309. Pacelli, *nota supra 101*, p. 698.

310. Código de Processo Penal [CPP], art. 382.

disso, ambas as partes podem recorrer ao tribunal estadual ou federal se não estão satisfeitos com a absolvição[311] ou condenação do réu.[312] No tribunal de apelação, um painel ou turma de desembargadores pode confirmar, alterar ou anular a sentença do juiz. Ao anular uma decisão judicial, o tribunal de apelação pode escolher entre enviar o caso de volta à primeira instância para um novo processamento do feito ou simplesmente ordenar ao juiz que profira uma nova sentença. Se determinar-se ao juiz sentenciar o caso novamente, o juiz tem o poder de decidir em qualquer direção, mas ele não pode prolatar uma nova sentença contra o raciocínio do tribunal de apelação usando os mesmos argumentos da sentença rejeitada.

Ao contrário da prática nos tribunais dos EUA, se um Tribunal de 2º grau no Brasil anular a sentença e devolver o caso ao juízo de origem para um novo julgamento, em recurso exclusivo da defesa, a primeira instância não poderá aplicar punições mais severas do que aquelas previamente contidas na sentença cassada pelo Tribunal de 2º Grau.[313] Isso é chamado de princípio do *non reformatio in pejus,*[314] que é um limite objetivo na discrição judicial.[315] No entanto, se o

311. De acordo com o art. 386 do CPP, o Juiz deve indicar o fundamento usado para absolver o réu – absolvição devido à falta de prova, a absolvição porque os fatos não provam uma ofensa, absolvição porque o réu não era a pessoa que cometeu o crime, etc. Juízes também pode rejeitar o caso por uma variedade de razões. Se o juiz rejeitar os casos após a exigência de um processo baseado na falta de provas, o caso poderá ser reaberto no futuro. A acusação precisará apresentar novas provas pedindo a aprovação do tribunal. Assim, a defesa pode apelar para mudar a base da demissão do caso para evitar possíveis responsabilidades no futuro. *Sobre: Idem ao art.* 386.

312. Lembre-se de que, no Brasil, os Tribunais Federal e Estadual têm jurisdição autônoma em matéria penal; não é possível recorrer de uma condenação proferida por um Juízo Estadual à um Juízo Federal.

313. Pacelli, *nota supra 101*, p. 946-948.

314. Idem,, p. 946-948.

315. A doutrina da vingança baseia-se mais em uma abordagem subjetiva. A Suprema Corte dos EUA, na *North Carolina v. Pearce*, declarou que os juízes podem aplicar uma punição mais severa em uma segunda sentença pelos mesmos fatos, já que "as razões para fazê-lo devem aparecer afirmativamente e devem ser baseadas em informações objetivas sobre a conduta identificável. O réu pode recorrer e os dados sobre os quais se baseia o aumento da sentença devem fazer parte do registro, para que a legitimidade constitucional do aumento da sentença seja totalmente analisada na apelação. " *Cf.*, North Carolina v. Pearce, 395 US 711, 737 (1969).

tribunal de apelações concordar com os argumentos da acusação, o painel pode reformar a sentença aplicando punições mais severas.

Além desses apelos, existem duas outras formas de atacar as decisões de um tribunal de apelação no Brasil. A primeira é desafiar contradição, obscuridade ou omissão da decisão do painel ou turma.[316] Este recurso ataca qualquer ambiguidade ou obscuridade na decisão do tribunal de apelação. Outra maneira de apelar da decisão do tribunal é questionar se o julgamento da turma ou seção foi alcançado por uma maioria dividida em vez de uma decisão unânime, recurso chamado de embargos infringentes.[317]

Após a decisão final do tribunal estadual ou federal, também é possível apresentar uma petição de Recurso Extraordinário (RE) para o STF ou um Recurso Especial (REsp) para o STJ.[318] Neste último recurso, o réu ou a acusação podem argumentar que os tribunais anteriores cometeram um erro durante o julgamento relativo à aplicação da legislação penal federal brasileira. No Recurso Extraordinário, qualquer uma das partes pode solicitar que o STF resolva o caso, questionando se os tribunais inferiores desobedeceram a uma norma ou princípio constitucional brasileiro específico.

Depois de explorar o caminho confuso dos processos criminais, é fácil ver as diferenças na fase de sentença e recursal no Brasil e nos Estados Unidos, bem como compreender por que os processos criminais no Brasil demoram muito antes da condenação final. Com inúmeros recursos, os casos criminais no aparentemente nunca terminam. Com tais peculiaridades em mente, o capítulo seguinte avalia o *plea bargaining* dos EUA no caminho para sugerir um novo modelo de barganha em processos criminais brasileiros.

---

316. Código de Processo Penal [CPP], art. 619.

317. Idem ao art. 609.

318. Constituição Federal, arts. 102 (III) e 105 (III).

Capítulo 4

ENTENDENDO O *PLEA BARGAINING* NORTE-AMERICANO

O presente capítulo avalia o *plea bargaining* nos EUA; explica o motivo de o sistema legal norte-americano ser escolhido como parâmetro de comparação nesta obra; aborda a definição do termo *plea bargaining*; aponta algumas reflexões sobre a história do *plea bargaining* nos Estados Unidos e esclarece os fundamentos filosóficos dessa prática tão difundida naquele país. Além disso, analisa as regras federais e estaduais sobre o assunto, com o objetivo de extrair as principais características do modelo estadunidense de *plea bargaining*, antes de terminar com uma apresentação das principais críticas ao *plea bargaining* norte-americano.

4.1. Considerações preliminares

Quase todos os artigos de periódicos jurídicos que tratam do *plea bargaining*, sejam publicados nos Estados Unidos ou no exterior, começam apontando que a barganha processual é responsável por uma porcentagem maciça de condenações no sistema de justiça criminal norte-americano.[319] E esta asserção é completamente precisa.

Exemplificando como é comum o *plea bargaining* no contexto do sistema de justiça criminal norte-americano,[320] durante o período de 12 meses, terminando em 30 de junho de 2017, havia 75.208 réus

319. *E.g.*, Milton Heumann, *A Note on Plea Bargaining and Case Pressure*, 9 L. & Soc'y Rev. 515, 515 (1975). *Veja* Albert W. Alschuler, *Plea Bargaining and its History*, 79 Colum. L. Rev. 1, 1 (1979). Veja também Jenia I. Turner, Plea Bargaining Across Borders 7 (2009).

320. Para o propósito desta obra, o número casos em Tribunais Federais foi escolhido como parâmetro de comparação, apesar da consciência de que existem muito mais não-condenações nos estados, particularmente em casos de contravenção, fazendo

em ações criminais em todas as cortes federais dos EUA.[321] Entre os acusados, apenas 6.321 não foram condenados.[322] Os casos de não condenação foram divididos em casos rejeitados (6.054) e casos em que os réus foram absolvidos, seja por meio de julgamentos por juízes togados (73) ou por julgamentos por júri (194).[323] Por outro lado, entre os casos que resultaram em condenações, o uso do procedimento do *plea bargaining* resultou em 67.320 condenações, enquanto condenações por julgamentos por juízes togados em processos criminais foram apenas 179, e os julgamentos por júri foram 1.388.[324]

Estes números sugerem que o procedimento de *plea bargaining* foi responsável por resolver 89,5% de todos os casos criminais nos tribunais federais estadunidenses no período examinado. Além disso, considerando a proporção de réus condenados que se declararam culpados (*plead guilty*) ou condenados por juízes togados ou pelo tribunal do júri, o equilíbrio da equação é surpreendente: *plea bargaining* representaram 97,7% de todas as condenações em processos criminais nas cortes federais dos EUA durante o mesmo período de 12 meses.

Esses números podem indicar o motivo de o *plea bargaining* ter se tornado uma característica essencial do sistema de justiça criminal dos EUA. O domínio das negociações no processo penal em terras norte-americanas pode funcionar como uma justificativa para a adoção do modelo de *plea bargaining* em muitos países ao redor do mundo que importaram tal prática jurídica em seus sistemas legais,[325] ou pode atuar como um alerta em países que advogam contra a adoção de barganha em seus modelos internos de processo penal.

---

com que a taxa geral de condenação das barganhas processuais nos Estados Unidos seja muito menor.

321. Sobre: U.S. District Courts—Criminal Defendants Disposed of, by Type of Disposition and Offense, During the 12-Month Period Ending June 30, 2017 (2017), http://www.uscourts.gov/sites/default/files/data_tables/stfj_d4_630.2017.pdf.

322. Idem.

323. Idem.

324. Idem.

325. Fair Trials, The Disappearing Trial: Towards a Rights-Based Approach to Trial Waiver Systems 4 (2016), https://www.fairtrials.org/wp-content/uploads/2017/04/Report-The-Disappearing-Trial.pdf (observando que a formalização, adoção e uso de sistemas de dispensa de julgamento claramente aumentaram dramaticamente nos últimos vinte e cinco anos atingindo mais de sessenta países hoje).

Não obstante a importância incontestável dessa prática no sistema legal dos EUA, o que significa a expressão *plea bargaining*? O *plea bargaining* é obviamente uma prática de longa data nos processos criminais americanos, mas a tradição não é uma definição satisfatória da prática, sendo necessário apelar para estudiosos e outras fontes no sistema legal americano, a fim de se extrair um conceito preciso desta prática generalizada no processo penal daquele país.

Embora seja possível identificar algumas consistências em conceitos de *plea bargaining* entre autores e estudiosos americanos, não é possível afirmar a existência de apenas uma definição correta da expressão. Por exemplo, a Regra 11 do Regulamento Federal de Procedimentos Criminais prevê a utilização do *plea bargaining* em juízos federais, mas não define o que seja o instituto.

A organização não-governamental *Fair Trials* conceitua *plea bargaining* como um acordo negociado oferecido pelo promotor pelo qual um acusado confessa sua culpa e abdica do direito a um julgamento pelo juiz ou pelo júri, em troca por algum benefício do governo, provavelmente uma sentença reduzida ou não oferecimento de certas acusações.[326] O ONG *Fair Trials* estabelece limites claros à definição de *plea bargaining* quando o considera um instituto que dispensa o julgamento da causa, naquilo comumente chamado de *trial waiver* pelo direito norte-americano.[327]

Analisando trabalhos acadêmicos de diversos autores norte-americanos, este estudo identificou conceitos razoáveis de *plea bargaining*. Milton Heumann[328] definiu a prática como o processo pelo qual o réu renuncia ao seu direito de ir a julgamento em troca de uma redução na acusação/sentença.[329] A definição expressa um conceito médio de *plea bargaining* porque o autor identificou seus dois elementos essenciais – a confissão e a expectativa de receber um benefício do promotor, do juiz ou de ambos. De fato, quase

326. Fair Trials, Defending the Human Right to a Fair Trial: What is Plea Bargaining? A Simple Guide (Oct. 16, 2017 4:02 PM), https://www.fairtrials.org/what-is-plea-bargaining-a-simple-guide/.

327. Fair Trials, *nota supra* 326, p. 3.

328. O autor é um dos nomes mais referenciados no estudo da barganha processual norte-americana.

329. Heumann, *nota supra* 320, p. 515.

todos os estatutos pesquisados nos Estados Unidos se consideram o *plea bargaining* como uma etapa pré-processual.[330]

Albert Alschuler[331] conceitua o *plea bargaining* como a troca de concessões oficiais pelo ato de autoincriminação do acusado.[332] O conceito de Alschuler é simples, mas de boa técnica. Captura os dois principais elementos da barganha: a confissão do réu e as consequentes concessões feitas em troca da autoincriminação do réu.

Outro estudioso norte-americano que trabalhou com a definição de *plea bargaining* é Joseph Sanborn Jr., para quem, o instituto pode ser definido com a concordância do réu em declarar-se culpado de uma acusação criminal em troca de da redução da acusação e/ou consideração na sentença por parte do promotor e/ou o juiz.[333] Esta construção aborda a necessidade de um acordo entre a acusação e a defesa, bem como o ato de autoincriminação do acusado em troca algum benefício.

John H. Langbein,[334] outro importante autor sobre o tema, argumenta que em procedimentos de *plea bargaining* a confissão do réu era semelhante à tortura medieval.[335] Para ele, a prática é um processo coercivo pelo qual o promotor induz ao acusado a confessar a culpa e renunciar ao seu direito a julgamento em troca de uma sanção mais branda da que possivelmente seria imposta se o acusado fosse regularmente julgado culpado em um processo criminal comum.[336]

Vogel assinalou que a prática seria a confissão de culpa por parte do réu em antecipação a concessões feitas pelo promotor ou

---

330. *Veja o* Fed. R. Crim. P. Ch. IV (que estabelece as regras gerais para os processos de denúncia e pré-julgamento). Considerando-se que a Regra 11 está localizada no Capítulo IV, não há dúvida de que a negociação judicial é protegida como um processo pré-julgamento no sistema legal americano.

331. Professor de Direito, Universidade do Colorado; AB 1962, LL.B. 1965, Universidade de Harvard. O nome mais importante entre os estudiosos que estudam barganha na segunda metade do século passado.

332. Alschuler, *nota supra* 320, p. 3.

333. Joseph B. Sanborn Jr., *A Historical Sketch of Plea Bargaining*, 3 Just. Q. 111, 111 (1986).

334. Professor de Direito na Universidade de Chicago. Outro nome importante no estudo das negociações judiciais nos Estados Unidos.

335. John H. Langbein, *Torture and Plea Bargaining,* 46 U. Chic. L. Rev. 3–22 (1978).

336. Idem, p. 7.

pelo juiz.[337] Já Jenia Turner,[338] conceitua *plea bargaining* como a negociação entre acusação e réu que deu origem a uma confissão de culpa.[339] A definição superficial de Turner, no entanto, não esclarece seus elementos essenciais: a autoincriminação e a expectativa de receber algum benefício.

Finalmente, Cynthia Alkon[340] define *plea bargaining* como o processo de negociação em um caso criminal no qual se inclui três distintas fases nas quais deverá haver assistência de um advogado: a fase de preparação, a fase de negociação propriamente dita, e a fase de aconselhamento do cliente.[341]

Tendo em mente essas posições acadêmicas e analisando os elementos essenciais da negociação de disputas, este estudo afirma que *plea bargaining* pode ser definido em um **sentido estrito e amplo. Em uma visão estrita, é o procedimento preliminar pelo qual o indivíduo, formalmente acusado de cometer um delito (contravenção ou crime), negocia com a acusação uma confissão (autoincriminação) em troca de algum benefício que pode tanto o decote como a remodulação da acusação (*charge bargaining*), a recomendação de uma sentença mais branda (*sentencing bargaining*) ou ambos.**[342] **Além disso, um conceito mais amplo *plea bargaining* inclui a fase de confissão de culpa em que o réu, em audiência pública, declara voluntariamente e com conhecimento de todas as causas do acordo e das consequências da confissão de que foi o autor dos crimes, ou não opta por não contestar a acusação (*nolo contendere*) na expectativa de receber algum**

337. Vogel, *nota supra* 26, p. 93.

338. Professor de Direito na SMU Dedman School of Law.

339. Turner, *nota supra* 320, p. 8.

340. Professora Associada de Direito na Faculdade de Direito da Universidade Texas A & M.

341. Cynthia Alkon, Plea Bargain Negotiations: Defining Competence Beyond Lafler & Frye, 53 Am. Crim Rev. 377, 378 (2016).

342. Cynthia Alkon, The US Supreme Court's Failure to Fix Plea Bargaining: The Impact of Lafler and Frye, 41 Hastings Const. LQ 561, 567 (2014) (afirmando que "o arcabouço legal, ou as regras básicas para a negociação de penas, não distingue entre uma barganha de sentença, barganha de acusações, ou ambos").

benefício da acusação (decote de tipos penais), do juiz (por exemplo, uma sentença branda) ou de ambas as autoridades.[343]

Aferidos os limites do conceito de *plea bargaining*, é necessário justificar por que esta obra escolheu o sistema legal dos EUA como seu parâmetro de comparação, em vez de selecionar um país no qual o sistema legal segue a linha romano-germânica (*Civil Law*), como o Brasil.

Em primeiro lugar, as semelhanças entre o tamanho do Brasil e dos Estados Unidos, assim como o número de pessoas presas, influenciaram a decisão de usar o *plea bargaining* norte-americano como modelo de comparação neste trabalho. Como dito anteriormente, os Estados Unidos ocupam a posição indesejável de ter a maior taxa de encarceramento e o maior número de pessoas presas no mundo, enquanto o Brasil tem a terceira maior população encarcerada. Tal semelhança indica que o sistema legal americano é um modelo mais apto à comparação do que países como Alemanha, Itália, Espanha, Chile e Argentina, que, assim como o Brasil, também seguem o *Civil Law*, mas têm um sistema de justiça criminal significativamente diferente e não se encaixariam precisamente na presente análise. Em segundo lugar, quando pesquisando sobre a adoção de barganhas no processo penal de países seguidores da linha da *Civil Law*, este estudo encontrou múltiplas referências ao modelo norte-americano de *plea bargaining*, sugerindo que há certa reincidência de países que seguem o modelo de *Civil* Law em copiar o *plea bargaining* norte-americano.[344]

Em terceiro lugar, as estatísticas de aplicação do *plea bargaining* no sistema federal dos EUA sugerem que cerca de noventa por cento de todos os casos são resolvidos por meio de negociações entre acu-

---

343. Em acordos judiciais envolvendo corréus, o Ministério Público determina as obrigações de condição relacionadas ao dever do colaborador de coletar e divulgar provas que poderiam ajudar a promotoria a acusar outros membros da organização criminosa; no entanto, isso não é um requisito para a conceituação de barganha no processo penal.

344. *Cf.* Marc Ancel, Utilidades e Métodos de Direito Comparado 107 (Sérgio Porto trans., 1981) (explicando a importância de uma compreensão acurada da cultura e da história do país de onde os legisladores pretendem copiar); ou importar práticas legais).

sação e defesa.[345] Este fator indica altíssimo índice do uso do *plea bargaining* para finalizar casos criminais nos EUA, fazendo deste um país ideal para comparação. Uma razão final para apoiar o estudo comparativo das barganhas norte-americanas é encontrada na legislação brasileira. Nas duas últimas décadas, o Brasil promulgou leis fortemente influenciadas pelas doutrinas jurídicas norte-americanas, o que indica que o país já possui alguma experiência na importação de práticas e conceitos jurídicos dos EUA.[346]

De fato, um estudo aprofundado do modelo de *plea bargaining* é importante para entender como essa prática funciona nos Estados Unidos e como ela pode ser adaptada às idiossincrasias do sistema legal brasileiro. Nesse sentido, Eugênio Pacelli afirma que experiências culturais e legislativas devem ser compartilhadas entre os países,[347] sendo que, a comunicação ou a transposição de conceitos e diretrizes legais, principalmente com foco no sistema de justiça criminal e suas políticas, deve considerar as práticas legais em outros países e não implicar importação e execução textual no Brasil.[348] De fato, é possível e desejável usar a experiência jurídica internacional em algumas práticas, mesmo que tal prática legal não faça parte da cultura jurídica brasileira.[349] Todavia, é preciso antes compreendê-la e adaptá-la às realidades do ordenamento para o qual será transplantada, sob pena de rejeição social ou normativa.

---

345. US District Courts—Criminal Defendants Disposed of, by Type of Disposition and Offense, During the 12-Month Period Ending June 30, 2017, *nota supra* 319. O relatório inclui dados sobre as seguintes infrações: crimes violentos (homicídio, roubo, agressão, etc.), crimes contra a propriedade (furto, furto, roubo, etc.), peculato (banco, correios, etc.), fraude (impostos, instituições financeiras, segurança social, etc.), crimes de droga (venda, importação, posse, etc.), falsificação e contrafação, roubo de automóveis, armas de fogo e explosivos, crimes sexuais, infracções judiciais, crimes de imigração, ofensas gerais lavagem de dinheiro, RICO, etc.), crimes regulatórios (direitos autorais, alimentos e medicamentos, etc.) e tráfico (dirigir embriagado e outras infrações de trânsito).

346. Em uma reforma recente do atual CPP, a "Doutrina do Fruto da Árvore Envenenada" foi promulgada no art. 157 do Código. *Veja* Turner, *nota supra* 320, p . 8. Ademais, o novo art. 28-A do CPP, que inaugura o chamado acordo de não persecução penal, é cópia do instituto norte-americano Non Prosecution Agreement, muito usado naquele país no combate ao crime cometido por empresas e seus responsáveis.

347. Pacelli, *nota supra 101*, p . 839.

348. Idem, p. 839.

349. Idem.

4.2. Uma Breve Abordagem Histórica

Embora este não seja um estudo sobre o desenvolvimento histórico do *plea bargaining* nos Estados Unidos, é importante traçar um breve escorço, identificando como tal prática se desenvolveu no sistema legal daquele país. Os estudos mais significativos sobre a história das barganhas norte-americanas foram feitos por Lawrence Friedman[350] e Albert Alschuler.[351] Este último autor afirmou que há pouquíssimos registros em cortes criminais acerca da existência do *plea bargaining* antes da Guerra Civil norte-americana, indicando que a prática era rara durante em tal época.[352] Heumann,[353] Sanborn Jr.[354] e Langbein[355] também estão entre os primeiros autores que abordaram a história do *plea bargaining* no sistema legal dos EUA. Entre os estudos contemporâneos, Fischer[356] e Vogel[357] concluíram excelentes trabalhos sobre a história do *plea bargaining*.

Os pontos comuns em todos esses trabalhos destacam que a barganha se tornou uma prática dominante nos Estados Unidos durante as últimas décadas do século XIX e nos primeiros anos do século XX, seguindo-se até os dias atuais. Por outro lado, a grande divergência entre esses autores repousa sobre o fato de que, enquanto alguns defendem a barganha como uma prática comum no sistema legal dos EUA, mesmo antes da Guerra Civil norte-americana,[358] outros afirmam que o *plea bargaining* alcançou os registros oficiais após a Guerra Civil.[359]

350. Lawrence M. Friedman, Plea Bargaining in Historical Perspective,13L. & Soc'y Rev.247 (1979).

351. Alschuler, *nota supra* 320.

352. Idem, p. 5.

353. Heumann, *nota supra* 320.

354. Sanborn Jr., *nota supra* 334.

355. John H. Langbein, *Understanding the Short History of Plea Bargaining*, 13 L. & Soc'y Rev. 261 (1978).

356. Fisher, *nota supra* 19.

357. Vogel, *nota supra* 26. *Também sobre*: Vogel, *nota supra* 18; Vogel, *nota supra* 25.

358. Vogel, *nota supra* 26, p. 9. De acordo com Vogel, a barganha emergiu no sistema legal dos EUA durante as décadas de 1830 e 1840.

359. *Ver* Alschuler, *nota supra* 320, pp. 5–6.

Apesar do respeito aos estudos de Alschuler, Langbein e Friedman sobre o desenvolvimento histórico da barganha processual nos Estados Unidos, as visões de Vogel[360] e Fisher[361] estão mais alinhadas à presente obra, devido à completude de suas abordagens. Vogel defendeu o surgimento da barganha nas décadas de 1830 e 1840, na sociedade de Boston como um poderoso sistema de controle social.[362] Por outro lado, Fisher afirmou que depois de encontrar sucesso na resolução de casos de bebidas alcoólicas (*liquor cases*),[363] a acusação passou a adotar o *plea bargaining* em razão do número massivo de casos e taxas explosivas de crimes resultantes do rápido crescimento da população.[364] Apesar de seus argumentos divergentes sobre o surgimento da barganha nos Estados Unidos, tanto Vogel quanto Fisher confiaram no fato de que as barganhas aumentaram subitamente como uma ferramenta predominante no contexto do sistema de justiça criminal no século XIX, e continuaram crescendo para se tornarem um procedimento de padrão essencial nos tribunais criminais norte-americanos.

4.3. *Plea bargaining* e o utilitarismo

A. Identificando as raízes filosóficas do *plea bargaining*

A presente seção tem como objetivo identificar o utilitarismo como o pano de fundo filosófico da barganha norte-americana. De início, justifica-se a escolha do utilitarismo como modelo de comparação, passando-se pela avaliação do utilitarismo processual. Em seguida, esta seção analisa as justificativas acadêmicas para a adoção de barganha nos Estados Unidos e como esses argumentos se encaixam em um quadro de utilitarismo. Finalmente, examinam-se os argumentos da Suprema Corte dos EUA sobre práticas de barganha

360. *Ver* Vogel, *nota supra* 26.

361. Fisher, *nota supra* 19.

362. Vogel, *nota supra* 26, p. 327.

363. Em determinado período da história dos EUA, a venda de bebidas alcóolicas passou a ser proibida e criminalizada, cujos casos lotavam as cortes ainda não adaptadas àquela realidade.

364. Fisher, *nota supra* 19, p. 40-41.

no processo penal, pelo estudo de algumas de suas decisões mais significativas, provando-se que o *plea bargaining* pode ser explicada a partir de sua identificação com a teoria utilitarista.

Embora esta pesquisa não tenha encontrado uma fonte abundante de estudos focados nos fundamentos filosóficos ou na natureza jurídica do *plea bargaining*, a análise dos textos acadêmicos sobre o desenvolvimento de tal prática nos Estados Unidos foi bastante útil. Entre a diversidade de teorias legais que explicariam o *plea bargaining*, como o retributivismo,[365] este estudo entende que o utilitarismo seria o pano de fundo filosófico que melhor representaria as práticas de barganha processual norte-americana. Tal escolha não foi feita arbitrariamente, mas baseada no exame dos argumentos mais comuns usados por acadêmicos e tribunais acerca da justificativa para o uso do *plea bargaining* em casos criminais nos Estados Unidos. Ao final desta seção, ficará claro que os argumentos sobre o rápido desenvolvimento da barganha norte-americana se encaixam perfeitamente no pensamento filosófico utilitarista.

Jeremy Bentham é considerado o mais importante pensador da teoria jurídica do utilitarismo. O trabalho de Bentham forneceu a análise mais completa e significativa do que o autor chamou de princípio da utilidade.[366] De acordo com Bentham, a natureza humana está sob o império de dois sentimentos sensoriais – prazer e dor –[367] e qualquer ação ou comportamento humano é governado por tais sentimentos,[368] notando que a natureza humana é um eterno jogo de busca de prazer e de repúdio à dor.[369] Neste contexto, Bentham definiu utilidade como a tendência humana de se evitar algum mal ou para se obter algum bem.[370] De acordo com Bentham, o princípio da utilidade é uma medida de aprovação ou desaprovação das ações humanas, considerando a tendência humana de aumentar o

365. Sobre: Michael S. Moore, *Justifying Retributivism*, 27 Isr. L. Rev. 15 (1993).

366. Jeremy BENTHAM, Theory of legislation 1 (R. Hildreth trans., 1864).

367. Idem, p. 2.

368. Idem.

369. Idem.

370. Idem.

prazer e eliminar a dor.[371] Afirmou, ainda, que o fim do governo é a felicidade pública da comunidade.

Tim Mulgan[372] resumiu a teoria da utilidade de Bentham como uma moralidade comunitária baseada no prazer e na dor, sendo estas as razões exclusivas da existência humana.[373] Mulgan também apontou que Bentham considerava a liberdade um direito instrumental e não uma característica intrínseca da natureza humana, porque serve apenas para alcançar o objetivo final do homem, que é o prazer.[374]

Segundo o utilitarismo, o governo[375] está em melhor condição para definir os interesses da sociedade do que os membros da comunidade, considerando a limitada percepção humana de prazer e dor.[376] De fato, Bentham teorizou que todos os governos deveriam escolher a segurança pública como o principal interesse da comunidade, o que justificaria a autoridade dos estados de criar regras sobre propriedade e direito penal.[377] Baseado em sua teoria, Bentham identificou a punição individual como um mal necessário para evitar mal pior à comunidade – um conceito particularmente famoso por causa de sua versão do *Panopticon*,[378] onde a ideia principal é a publicidade da punição e a dissuasão de comportamentos criminosos.[379]

O utilitarismo de Bentham enfatiza a ausência de uma intenção inicial de abordar ou lutar por qualquer direito fundamental individual.[380] O utilitarismo é centrado para assegurar a eficiência

---

371. Idem.

372. Lecionou nas Universidades de Reading, Oxford, Otago e Auckland antes de se mudar para St. Andrews em junho de 2005 como Professor de Filosofia Moral e Política.

373. Tim Mulgan, O Utilitarismo [The Utilitarianism] 24 (Fábio Creder trans., 2012).

374. Idem, p. 24.

375. *Cf.* Leslie Stephen, The English Utilitarians 283–284 (1900) (observando que, de acordo com Jeremy Bentham, o maior princípio de felicidade é um fim apropriado de governo na busca pela maior felicidade da comunidade).

376. Mulgan, *nota supra* 374, p. 25.

377. Idem.

378. Sobre: Estevão, p. 193–205 (explicando uma das criações mais célebres de Bentham).

379. Mulgan, *nota supra* 374, p. 26-27.

380. Sobre: Richard A. Spurgeon Hall, The Ethical Foundations of Criminal Justice 59–60 (1999) (explicando como o utilitarismo convida à injustiça e pode violar direitos humanos básicos).

de uma vida agradável na sociedade, promovendo punições urgentes aos malfeitores e extraindo pessoas com comportamento desviante da sociedade. Na verdade, a teoria de Bentham baseia-se na simples justificativa de que a punição de um indivíduo é um mal necessário para manter a segurança pública e alcançar o objetivo final da sociedade: a felicidade. A compreensão de Bentham da liberdade individual como um direito instrumental, e não como um direito individual intrínseco e universal, também indica que o utilitarismo nunca abraçou a ideia de proteger os direitos humanos como princípio orientador.[381] Com a punição, de acordo com o utilitarismo, almeja-se alcançar um bem maior de estabilidade social fazendo-se do criminoso punido um exemplo.[382]

Não se pode negar, porém, que o utilitarismo tem alguns méritos – como o reconhecimento de ações e suas consequências para os indivíduos e a sociedade.[383] A teoria aplica a igualdade formal, considerando que o princípio da maior felicidade trata a todos com imparcialidade.[384] O utilitarismo é também uma teoria da inclusão radical, uma vez que todo ser humano pode sentir prazer e dor, de modo que não existe uma classificação inicial para classificar o prazer ou a dor entre os membros da sociedade.[385]

Explicados os conceitos básicos do utilitarismo, é vital avaliar sua visão processual em feitos criminais, antes de fazer qualquer declaração sobre a sua influência *no plea bargaining* norte-americano. Neste contexto, o utilitarismo processual apresenta-se como ponto de interesse para se encontrar o equilíbrio entre a necessidade de justiça e os direitos fundamentais dos réus. No entanto, o que significa o termo utilitarismo processual? Como o utilitarismo processual se relaciona com a necessidade de justiça e prática de barganha no processo penal nos Estados Unidos?

---

381. *Cf., Id., p.* 216 (argumentando que o utilitarismo diminui a dignidade humana ao usar os infratores como um meio para atingir outros fins).

382. Idem, p. 216.

383. Idem, p. 62-64.

384. Idem.

385. Idem.

A expressão utilitarismo processual tem sido utilizada por estudiosos brasileiros, com uma conotação peculiar e negativa, como sendo a busca incessante por eficiência no sistema de justiça criminal, sem preocupação adequada com os direitos fundamentais dos acusados. O utilitarismo processual teria por objetivo a aplicação rápida e eficiente da legislação penal, punindo os infratores o mais rápido possível, mostrando a sociedade como um reforço do poder do Estado. Nesse sentido, Aury Lopes Jr.[386] critica as práticas utilitaristas processuais, afirmando que isso significa a ideia de combater a criminalidade a qualquer custo,[387] introduzindo um procedimento criminal mais rápido e eficaz para reduzir as garantias processuais dos cidadãos em nome do interesse do Estado em acelerar os julgamentos e punir os crimes[388]. Para o autor referido, o utilitarismo processual é sinônimo de exclusão e supressão de direitos fundamentais, visando atingir a máxima eficiência.[389]

A ideia do utilitarismo processual em aplicar o princípio da utilidade aos processos criminais, fa-zendo da punição dos acusados o objetivo último do Estado, é, sem dúvida, nefasta e deve ser evitada. Por outro lado, o utilitarismo processual pode ter uma conotação positiva e aplicada aos casos crimi-nais, concentrando-se no respeito à dignidade e aos direitos dos réus como objetivos intrínsecos. Neste outro sentido, a punição seria apenas um resultado final alcançado após um julgamento justo.

Dito isto, e analisando-se como o *plea bargaining* floresceu nos EUA desde o século XIX, esta pesquisa encontrou várias justificativas para a importância de tal prática jurídica. As explicações mais comuns para o uso generalizado de acordos judiciais como forma de condenação criminal nos Estados Unidos são: *a)* o processo criminal é caro e ineficiente; *b)* o processo consome muito o tempo

386. Aury Lopes Jr. é famoso no Brasil não só pela qualidade de seu trabalho em processos criminais, mas também por sua posição radical de intenso defensor dos direitos dos réus.

387. Aury Lopes Jr., Introdução Crítica ao Processo Penal – Fundamentos da Instrumentalidade Garantista 49 (4ª ed. 2006).

388. Idem, p. 49.

389. Idem, p. 49.

das partes; *c)* o explosivo número de casos criminais induziram o desenvolvimento do *plea bargaining*; *d)* a barganha é uma maneira de controlar as classes sociais mais desfavorecidas; *e)* fazer um acordo é melhor do que o risco de uma pena mais severa no julgamento; *f)* o *plea bargaining* é um instrumento de racionalização do gasto de recursos da acusação porque não há necessidade de reunir mais evidências para provar o caso além de uma dúvida razoável durante no julgamento; *g)* acusação e advogados de defesa estão menos expostos a danos à reputação profissional, aceitando o *plea bargaining* do que optando por uma instrução processual completa.

Para Alschuler, o *plea bargaining* adviria de uma necessidade econômica se se concluísse que esse atalho para a condenação tem sido empregado desde que se conhece a existência de processo criminais.[390] Aponta o referido autor que o *plea bargaining* tem uma história de crescente pressão por autoincriminação e, ao explicar esse fenômeno, o crescimento na complexidade do processo penal durante dois séculos e meio parece ser altamente relevante o indiscriminado uso da barganha nos EUA.[391]

Friedman, em seu artigo sobre o desenvolvimento da barganha norte-americana, sugeriu que os julgamentos poderiam ser abandonados no século XIX porque o processo penal seria um desperdício de tempo e dinheiro,[392] questionando se o julgamento como uma prática cara e ineficiente era realmente necessário.[393]

Fisher é um dos estudiosos contemporâneos que defenderam a ideia de que o desenvolvimento do *plea bargaining* tem uma relação estreita com a o aumento exponencial dos casos.[394] Afirmou também que os promotores eram trabalhadores em regime de tempo parcial no século XIX, o que contribuiu para a pressão de resolver processos

390. Alschuler, *nota supra* 320, p. 2.

391. Idem, p. 40.

392. Friedman, *nota supra* 351, p. 257.

393. Idem. Também sobre: *Plea Bargaining and Price Theory*, 84 Geo. Wash. Rev. 920, 923–926 (2016) (avaliando a teoria econômica da barganha).

394. Fisher, *nota supra* 20, pp. 41–44. *Mas veja* Milton Heumann, *Back to the Future: The Centrality of Plea Bargaining in the Criminal Justice System*, 18 Can. J. Soc. 133, 141–142 (2003) (refutando o argumento de Fisher de que a pressão sobre a "carga" de acusação é a "explicação" para a vitória da barganha).

criminais através do *plea bargaining*, permitindo-lhes passar mais tempo e ganhar mais dinheiro em processos cíveis.[395]

Por outro lado, Vogel negou que a pressão decorrente do aumento exponencial de casos como base para o desenvolvimento do *plea bargaining* do século XIX.[396] Ela justificou a ascensão das negociações de confissão como uma poderosa forma de controle social, usada inicialmente na sociedade de Boston para manter o domínio político e o *status quo*.[397]

Stephanos Bibas apontou um argumento convincente explicando por que o *plea bargaining* domina as práticas atuais da acusação nos procedimentos criminais norte-americanos. De acordo com Bibas, a força do caso da promotoria é o fator mais importante, mas outras considerações entram em jogo.[398] Afirma que os processos consomem muito mais tempo do que barganhas, então os promotores têm incentivos para negociar acordos em vez de levar os casos a julgamentos em longos processos.[399] Para Bibas, os promotores têm incentivos pessoais para reduzir suas cargas de trabalho para que possam deixar o trabalho cedo o suficiente para jantar com suas famílias, por exemplo. Além disso, os promotores recebem salários, não por caso ou por resultado, então eles não têm participação financeira direta no resultado do processo, devendo acabar com o feito o quanto antes.[400] Bibas argumentou que os advogados de defesa, em geral, preferem terminar em uma negociação em vez de arriscar levar o caso a julgamento porque perder pode prejudicar a reputação do defensor em caso de uma condenação a altas penas.[401] Em outro artigo, Bibas explica que o *plea bargaining* economiza tempo e dinheiro, reduz a incerteza e fortalecem as partes promovendo a liberdade de

---

395. Fisher, *nota supra* 19, pp. 41–44.

396. Vogel, *nota supra* 26, pp. 11–12.

397. Idem, p. 325-327.

398. Stephanos Bibas, Plea Bargaining Outside the Shadow of Trial, 117 Harv. L. Rev. 2463, 2470-2471 (2004).

399. Idem, p. 2470-2471.

400. Idem.

401. Idem.

escolha.[402] Os Princípios do Ministério Público Federal dos EUA declararam que, entre outras razões, o advogado do governo deve ponderar todas as considerações relevantes, incluindo os custos de um processo e recursos disponíveis ao optar pelo *plea bargaining*.[403]

Fred Zacarias[404] dividiu as principais justificativas para o crescimento do *plea bargaining* em dois grupos. Segundo o autor, as explicações podem ser divididas em teorias de resultados e teorias de recursos/eficiência.[405] Zacarias afirmou que a primeira categoria é formada por argumentos supondo que o processo de obtenção de acordo resultará em um resultado apropriado, talvez até ótimo, medido pelos propósitos tradicionais de processo e punição criminal.[406] Por outro lado, ele afirmou que a segunda categoria de justificativas se baseia em noções de eficiência ou preservação de recursos.[407]

Cynthia Alkon recentemente explorou o transplante do modelo norte-americano de *plea bargaining* para países em todo o mundo e apontou algumas possíveis vantagens que poderiam justificar porque muitos países estão tentando importar acordos de barganha para seus sistemas legais. Segundo Alkon, a barganha poderia ser vista como uma ferramenta convincente para diminuir o número de pessoas sob custódia que aguardam julgamento, principalmente em países cuja demora para conclusão de processos penais é notória.[408] Afirma, ainda, que a barganha oferece vantagens em casos complexos, nos quais o colaborador pode receber um acordo consideravelmente leniente para ajudar a acusação com provas contra outros membros de uma organização criminosa, ou ajudar o Ministério Público a buscar e recuperar dinheiro público em casos de corrupção, por

402. Stephanos Bibas, Harmonizing Substantive-Criminal-Law Values and Criminal Procedure: The Case of Alford and Nolo Contendere Pleas, 88Cornell Rev.1361, 1362 (2002).

403. Sobre: US Atty. Manual § 9-27.420 (definindo a motivação dos promotores sobre se seria útil iniciar um processo de barganha processual).

404. Ex- professor da Faculdade de Direito da Universidade de San Diego.

405. Fred Zacarias, Justice In Plea Bargaining, 39 Wm. & Mary L. Rev. 1121, 1136-1138 (1998).

406. Idem, p. 1136.

407. Idem, p. 1138.

408. Alkon, *nota supra* 66, p. 355, 404.

exemplo.[409] Conclui a autora, pontuando que a barganha pode fornecer maior flexibilidade na sentença, permitindo à acusação e à defesa construir sentenças mais individualizadas através do processo informal de negociação.[410]

Ao avaliar as justificativas para o crescimento da barganha processual no sistema de justiça criminal americano e contrastando-as com o princípio de utilidade de Bentham, é possível concluir que o *plea bargaining* está intrinsecamente ligado ao utilitarismo.

A manutenção da reputação de uma pessoa pode ser vista como um método que o promotor e o advogado de defesa usam para evitar a dor causada pela perda ou dano à sua reputação.[411] Além disso, o controle das classes mais baixas através do uso do *plea bargaining* como um método primário de domínio sobre os desprivilegiados,[412] que mantém o prazer e a felicidade da classe dominante. O princípio da utilidade também pode ser identificado analisando a justificativa do número excessivo de casos. Lidar com muitos casos criminais diariamente é trabalho demorado para promotores, juízes e advogados de defesa. Os réus também sofrem com os processos de julgamento porque há a incerteza acerca de uma possível absolvição ou condenação, sendo que esta pode vir com uma punição mais severa do que aquela prevista em um acordo de barganha.[413]

A atividade consumidora de energia do ponto de vista do governo, juntamente com o medo dos réus de um resultado incerto, são fatores que diminuem o prazer de acordo com a teoria legal do utilitarismo. No entanto, se o processo de barganha pode reduzir drasticamente o número de casos que vão a julgamento, reduzir o tempo gasto e economizar recursos públicos, a consequência direta dessa equação é que mais dinheiro público poderia ser direcionado

---

409. Idem, p. 404-405.

410. Idem, p. 405.

411. Mark E. Cammack, Advanced Criminal Procedure: in a nutshell. (2006).

412. Vogel, *nota supra* 26.

413. Malcolm M. Feeley, The Process Is the Punishment: Handling Cases in a Lower Criminal Court 199–243 (1992) (explicando que nos tribunais penais inferiores o processo em si é uma punição).

para as áreas mais necessitadas da comunidade (educação, saúde, etc.). Ademais, o nível de certeza dos réus sobre a quantidade de pena que lhes podem ser aplicadas seria maior do que se fossem a julgamento. Portanto, o equilíbrio de prós e contras usando o *plea bargaining* é o aumento da satisfação entre os promotores, os tribunais, os advogados de defesa e, talvez, até entre os réus que voluntariamente e conscientemente optem por negociar.

Neste sentido, King[414] e Wright[415] argumentaram que o *plea bargaining* pode levar a economias significativas, incluindo o uso mais eficiente de jurados, juízes, tribunais, cortes, etc.[416] O resultado é que os avanços podem ser estendidos ao uso mais eficiente de pessoal e recursos em promotores públicos e escritórios de defensoria pública e estadias em prisão mais curtas.[417] Concluem os autores afirmando que tais economias poderiam exceder em muito o custo de se constru-ir um acordo durante a fase de instrução.[418]

De fato, não há dúvida de que poupar recursos públicos em um processo mais rápido, juntamente com punição imediata do alegado autor do crime, são instrumentos essenciais para justificar a legitimidade do sistema de justiça criminal norte-americano e "promover" a segurança pública, por meio do uso generalizado do *plea bargaining* em detrimento de julgamentos "indesejáveis" e longos. De fato, o *plea bargaining* norte-americano pode ser identificado como catalisador do princípio da autonomia no sistema de justiça criminal – uma manifestação da ideia de que a segurança pública contribui para a "felicidade pública", que é o principal objetivo do governo. A abordagem dominante do *plea bargaining* se concentra em valores processuais como velocidade, custo, eficiência, autonomia, precisão e certeza.[419]

414. Lee S. & Charles A. Speir, Professor de Direito na Vanderbilt University Law School.

415. Needham Yancey Gulley Professor de Direito Penal na Wake Forest University School ofLaw.

416. Nancy J. King & Ronald F. Wright, The Invisible Revolution in Plea Bargaining: Managerial Judging and Judicial Participation in Negotiations, 95Tex. Rev.325, 393 (2016).

417. Idem, p. 393.

418. Idem.

419. Bibas, *nota supra* 403, p. 1367.

No final, todos os "valores processuais" nos quais a barganha norte-americana se baseia são exemplos comuns do princípio da utilidade, confirmando a alegação de que o objetivo final do *plea bargaining* é aumentar a felicidade da sociedade através da segurança pública. Mesmo que a justificativa para se declarar culpado seja poupar as vítimas do trauma de testemunhar,[420] ou para poupar os réus do trauma de passar por um julgamento público,[421] o pano de fundo da barganha é ligado aos princípios de utilidade, pois tanto a vítima quanto o réu estão evitando a "dor" de testemunhar ou ir a julgamento.

Não há dúvida de que o *plea bargaining* dos Estados Unidos associou o utilitarismo processual ao seu pano de fundo filosófico, aplicando-se ao maior número possível de casos para economizar tempo e recursos enquanto enviava uma mensagem à sociedade de que punições rápidas reforçam a credibilidade do sistema de justiça criminal.[422] Nesse cenário, a eficiência tornou-se o principal objetivo do *plea bargaining* norte-americano, deixando para trás outros valores importantes de processos criminais, como a justiça da pena, precisão e a proporcionalidade das punições.[423] Com base nesses fundamentos, o sistema de justiça penal norte-americano tornou-se dependente de uma prática em que os réus são tratados como mero instrumento para confirmar a funcionalidade e a eficiência da justiça criminal.[424]

---

420. Albert W. Alschuler, The Changing Plea-Bargaining Debate, 69 Cal. Rev. 652, 719 (1981).

421. Sobre: Alan Wertheimer, *Freedom, Morality, Plea Bargaining, and the Supreme Court,* 8 Phil. & Bar. Aff 203, 207 (1979).

422. Sobre: Talia Fisher, The Boundaries of Plea Bargaining: Negotiating the Standard of Proof, 97J. Crim. L. & Criminology 943, 953 (2007). Ver também: Andrew F. Hessick & Reshma Saujani, Plea Bargaining and Convicting the Innocent: The Role of the Prosecutor, the Defense Counsel, and the Judge, 16BYU J. Pub. L.189, 192 (2002) (afirmando que a "negociação de culpa" é alcançada através da condenação dos culpados e retirada das acusações contra os inocentes.").

423. Sobre: Christopher Slobogin, Plea-Bargaining and the Substantive and Procedural Goals of Criminal Justice: From Retribution and Adversarialism to Preventive Justice and Hybrid-Inquisitorialism, 57 Wm. E Mary L. Rev. 1505, 1538-1542 (2016).

424. Hall, *nota supra* 381, p. 216.

B. A Suprema Corte dos EUA: selando o acordo com o *plea bargaining*

Seguindo no exame do *plea bargaining*, mostra-se de grande valia entender como a Suprema Corte dos EUA consagrou o referido instituto como um dos pilares do direito processual penal naquele país. Ainda, é essencial explicar como a abordagem do *plea bargaining* pela Suprema Corte adequa-se perfeitamente ao modelo utilitarista puro de se encarar o processo penal.

Embora *o plea bargaining* seja uma prática jurídica difundida nos Estados Unidos desde o final do século XIX, o interesse da Suprema Corte sobre esse assunto é relativamente novo. De fato, antes de 1970 a Corte não abordou abertamente o *plea bargaining*,[425] o que indica a asserção de Alshuler quando afirmou que a Corte ignorou a faceta central do sistema de justiça criminal durante o período conhecido naquele país de revolução do devido processo legal.[426]

Ao examinar os principais casos nos quais a Suprema Corte aborda o *plea bargaining*, destacam-se: *Santobello v. New York*,[427] *Corbitt v. New Jersey*,[428] *Bordenkircher v. Hayes*,[429] *United States v. Ruiz*,[430] *Puckett v. United States*,[431] *Padilla v. Kentucky*,[432] *Lafler v. Cooper*,[433] *Missouri v. Frye*, [434] e *Brady v. United States.*[435] Estudando os mencionados casos sobre o assunto, não há dúvida do viés utilitarista da fundamentação usada para justificar a aplicação do

425. Alkon, *nota supra* 343, p. 568.

426. Alschuler, *nota supra* 320, p. 6. Israel e LaFave afirmaram que, durante a década de 1960, a Suprema Corte dos EUA buscou uma extensa regulamentação constitucional do processo criminal, que mais tarde ficou conhecida como "due process revolution". Ver: Israel & Lafave, *nota supra* 203, p. 201.

427. Santobello v. New York, 404 U.S. 257 (1971).

428. Corbitt v. New Jersey, 439 U.S. 212 (1978).

429. Bordenkircher v. Hayes, 434 U.S. 357 (1978).

430. United States v. Ruiz, 536 U.S. 622 (2002).

431. Puckett v. United States, 556 U.S. 129 (2009).

432. Padilla v. Kentucky, 559 U.S. 356 (2010).

433. Lafler v. Cooper, 566 U.S. 156 (2012).

434. Missouri v. Frye, 566 U.S. 134 (2012).

435. Brady v. United States, 397 U.S. 742 (1970).

plea bargaining. Por exemplo, a "dor" de um julgamento prolongado, uma punição mais severa pode ser evitada com uma barganha adequada, a economia de tempo dos tribunais e da acusação com o uso das negociações, o incremento do prazer social advindo da utilização dos recursos economizados pela barganha em áreas, como educação, sistema de saúde, etc.

Abordando cronologicamente as decisões da Suprema Corte dos EUA sobre barganha no âmbito criminal, ficou decidido em *Brady v. United States* que confissões de culpa são válidas se feitas voluntariamente e o para se verificar a validade do processo de *plea bargaining* devem ser consideradas todas as circunstâncias que cercam o caso.[436] **Importante ressaltar que a Suprema Corte dos EUA decidiu que as condenações obtidas com em confissões dentro do processo de p*lea bargaining* não são mais infalíveis que os julgamentos completos e que o tribunal deveria tomar grandes precauções contra resultados insanos advindos das negociações de culpa entre acusação e defesa.**[437]

O *raciocínio* usado pela Suprema Corte em *Brady v. United States* sugere uma lógica eminentemente utilitarista ao elencar as vantagens das partes em optar por seguir o procedimento *do plea-bargaining*. **A Corte pontuou que os réus com uma pequena possibilidade de absolvição poderiam reduzir a exposição indevida característica de um desgastante processo criminal, a execução da pena poderia começar prontamente, e os ônus comuns às partes no decorrer do processo são eliminados.**[438]

Por outro lado, a Corte considerou que quanto mais rápido uma punição é imposta como consequência de uma confissão no procedimento de *plea-bargaining*, mais efetivo é o processo de punição como resposta ao crime, sem esquecer a conservação de escassos recursos judiciais e da acusação que são despendidos durante um processo criminal com um juiz togado ou perante o tribunal do júri.[439] Aqui, o raciocínio da Suprema Corte se encaixa

436. Brady v. United States, 397 US 742 (1970).

437. Idem, p. 758.

438. Idem, p. 752.

439. Idem.

perfeitamente na observação de Bibas de que a abordagem dominante das alegações de utilização do *plea-bargaining* concentra-se em valores procedimentais como velocidade, custo, eficiência, autonomia, precisão e certeza.[440]

Embora a Suprema Corte dos EUA também tenha sustentado que a validade de um acordo depende da obediência aos padrões constitucionais e legais, a Corte demonstrou mais preocupação com o resultado dos processos de barganha e confissão do que com os meios empregados para punir os réus. Nesse sentido, o raciocínio da Suprema Corte dos EUA amolda-se ao o princípio da utilidade e sua visão processualista de eficiência sobreposta aos direitos do acusado.

Seguindo, em *Santobello v. New York*, *Justice*[441] Douglas usou de um argumento claramente utilitarista para justificar o emprego do *plea bargaining* no sistema de justiça criminal dos EUA. De acordo com Douglas, essas barganhas são importantes na administração da justiça, tanto no nível estadual quanto no nível federal e, como o presidente da Suprema Corte diz, elas desempenham um papel importante na disposição dos pesados calendários do cotidiano do judiciário.[442] No mesmo processo, o Tribunal salientou que:

> Que o *plea bargaining* não é apenas uma parte essencial do processo, mas uma parte altamente desejável por muitas razões. Isso leva à disposição imediata e em grande parte final da maioria dos casos criminais; evita grande parte do impacto corrosivo da ociosidade forçada durante o confinamento antes do julgamento para aqueles a quem é negada a liberdade enquanto pendente o julgamento do caso; protege o público das pessoas acusadas que são propensas a continuar com a conduta criminosa mesmo quando estão em liberdade provisória; e, encurta o tempo entre a acusação formal do sujeito e o fim do processo penal, aumentando qualquer que seja a perspectiva de reabilitação dos culpados quando eles são aprisionados.[443]

440. Bibas, *nota supra* 403, p. 1367.

441. *Justice* é a nomenclatura usada nos EUA para se referir a um membro da Suprema Corte. Seria o equivalente ao Ministro do STF.

442. Santobello v. New York,404 US 257,499–500 (1971).

443. Idem, p. 498. Original em inglês.

Em *Bordenkircher v. Hayes,* a Corte assentou que o procedimento de barganha e a confissão são componentes importantes do sistema de justiça criminal do país.[444] De acordo com o Tribunal, se adequadamente administrados, eles podem beneficiar todos os interessados.[445] O réu evitaria longos períodos de encarceramento antes da condenação, ganhando uma rápida solução para seu caso.[446] Aqui, no entanto, o Tribunal utilizou um argumento rebatível, pois se o acusado está preso por um longo período antes da sentença, algo está errado com o sistema de justiça criminal e não com o direito do réu de ir exercer seu direito de ser julgado em um processo completo.[447] Com efeito, o raciocínio do Tribunal induz à conclusão errada de que o modelo de *plea bargaining,* por si só, é uma solução para o problema das prisões cautelares antes do julgamento do feito. Ainda em *Bordenkircher v. Hayes*, a Corte assinalou que os juízes e procuradores conservam recursos vitais e escassos, bem como a comunidade fica resguardada contra o risco de acusado que estão enquanto aguarda a conclusão do processo penal.[448] Ora, mais uma vez se identifica uma razão utilitarista por trás da barganha, tendo a Suprema Corte erroneamente culpado o sistema de fiança como um fator de risco de segurança pública, e por isso justificado a necessidade da rápida solução de caos via *plea bargaining.*

Durante os anos 80 e 90 do século XX não se identificaram decisões relevantes da Suprema Corte dos Estados Unidos sobre o *plea bargaining*, mas a partir de 2002, com *Ruiz,*[449] *Puckett,*[450] *Pa-*

444. Bordenkircher v. Hayes, 434 US 357, 361-62 (1978).

445. Idem.

446. Idem.

447. Veja: Eli Rosenberg, Judge in Houston Strikes Down Harris County's Bail System, NY Times (Dec. 22, 2017), https://www.nytimes.com/2017/04/29/us/judge-strikes-down--harris-county-bail-system.html. *Bordenkircher* é apenas um exemplo de como o sistema de fiança americano precisa de reforma urgente e como alguns juízes usam seu poder para proteger os direitos fundamentais dos réus.

448. Idem.

449. Kevin J. O'Brien, Plea Bargaining and the Supreme Court: The Limits of Due Process and Substantive Justice, 9 Hastings Const. LQ 109-151, 110 (1981) (afirmando que a Constituição não exige a divulgação de provas antes de o réu entrar em um acordo de confissão).

450. Puckett v. United States, 556 US 129, 138 (2009) (classificando a plea bargain como um contrato).

dilla,[451] *Lafler*,[452] e *Frye*,[453] o Tribunal tornou a exibir ou um papel mais ativo na definição dos limites e significado da barganha no processo penal norte-americano. No entanto, como afirmou Alkon, a Corte hesitou em encontrar violações do devido processo no procedimento de barganha em si, e os casos foram limitados à análise do papel da defesa técnica e se os acordos foram aceitos pelos réus mediante decisões voluntárias e devidamente esclarecidas sobre os efeitos da confissão.[454]

De fato, acerca da tímida abordagem da Suprema Corte quanto ao procedimento do *plea bargaining*, O'Brien[455] brilhantemente apontou que a atuação da Corte em casos nos quais se discute a barganha no processo penal é uma mistura de discurso expansivo e ação defensiva.[456] O mencionado autor continua sua exposição argumentando que o compromisso da Corte com fins substantivos do *plea bargaining* tem sido puramente retórico, subvertido por sua adesão a premissas pragmáticas processuais,[457] o que endossa perfeitamente uma das reivindicações deste estudo – de que o modelo de *plea bargaining* norte-americano é um processo baseado no utilitarismo processual.

Com base na avaliação do raciocínio da Suprema Corte dos EUA, não há dúvida de que o *plea bargaining* adequa-se perfeitamente ao princípio da utilidade, principalmente sob sua visão processualista, visando extrair a máxima eficiência do sistema de justiça criminal, despendendo o mínimo de recursos públicos e incrementando a resposta estatal a comportamentos criminosos.

451. Padilla v. Kentucky, 559 US 356 (2010) (definindo a importância de uma assistência eficaz de advogado em caso de deportação de um possível réu como consequência de se declarar culpado).

452. Lafler v. Cooper, 566 EUA 156, 170 (2012) (afirmando expressamente que a justiça criminal norte-americana é um sistema de pleas e não um sistema de julgamentos).

453. Missouri v. Frye, 566 EUA 134, 143 (2012) (afirmando que as barganhas se tornaram uma característica central do sistema de justiça criminal).

454. Alkon, *nota supra* 343, p. 571.

455. Advogado de acusação, ex-advogado assistente dos EUA, conferencista e autor.

456. O 'Brien, *nota supra* 450, p . 110.

457. Idem, p. 112.

4.4. Traços essenciais *do plea bargaining* nos EUA

Depois de explicar os fundamentos filosóficos da barganha norte-americana, chega-se ao momento de examinar o procedimento ou os traços do *plea bargaining.*[458] Como afirmado por James M. Dean,[459] devido à multiplicidade de jurisdições nos EUA, a diversidade de tipos de crimes e a adaptabilidade de uma estrutura burocrática a constrições impostas por vários órgãos legislativos, não é de surpreender que o *plea bargaining* se apresente nas mais diversas formas.[460]

De fato, há pelo menos cinquenta e dois modelos de processo penal nos Estados Unidos (cinquenta estados, mais o modelo federal e D.C.). Assim, considerando que cada um dos cinquenta estados, o Congresso e o Distrito de Colúmbia têm autonomia para promulgar leis e regras de procedimentos criminais, o estudo da barganha no processo penal daquele país torna-se muito mais complexo e difícil do que se pensava inicialmente.

Durante as pesquisas que antecederam à elaboração deste estudo, uma importante constatação foi a de que a imensa maioria dos artigos e obras sobre o *plea bargaining* analisou somente o modelo federal trazido pelo art. 11 das Regras Federais de Processo Penal. Às vezes, estudos comparam um ou dois modelos de estado ou como a Suprema Corte dos EUA definiu essa prática no contexto do sistema de justiça criminal.[461] No entanto, usando um método único, esta obra apresenta uma abordagem diferente e inédita.

---

458. Sobre: *supra a* Seção 3.5 (observando que a negociação de argumento, em teoria, pode não ser problemática, mas a prática de promotores, juízes e advogados de defesa é questionável sob a ótica dos direitos constitucionais e humanos do réu).

459. US Probation Officer in New York City.

460. James M. Dean, The Illegitimacy of Plea Bargaining, 38Fed Probat.18, 19 (1974). Veja também: Andrew Manuel Crespo, The Hidden Law of Plea Bargaining, 118Colum. Rev.1, 87 (2018). (Explicando a criação de regras de negociação de penas no sistema legal norte-americano e afirmando que uma "lei oculta de negociação judicial é, em primeiro lugar, fundamentada em Regras de Procedimento Criminal que funcionam como legislações *de facto*" Esses códigos legislativos, no entanto, não são de autoria de legislaturas, mas sim de tribunais estaduais, atuando não em seu papel tradicional de juízes que decidem casos, mas sim em uma capacidade totalmente separada e fundamentalmente legislativa.").

461. *Veja-se, por exemplo,* O'Brien, *nota supra* 450.

Preocupado em recomendar um modelo alternativo de barganha para processos criminais brasilei-ros, mais preciso do que o delineado pelo Projeto de Novo CPP, uma metodologia comparativa inova-dora foi aplicada para avaliar o *plea bargaining* para se extrair suas características centrais. Depois de estabelecer uma lista de características gerais que aparecem na maior parte dos modelos pesquisados, este estudo apresenta uma classificação das características da barganha quanto à sua essencialidade.

Sendo o Brasil um país que segue a tradição romano-germânica, as bases de seu sistema legal são a Constituição e legislação. Portanto, para se fazer um estudo adequado e confiável do *plea bargaining*, mostra-se necessária uma abordagem abrangente da legislação norte-americana nos 50 estados, no modelo federal e do Distrito de Columbia. Além disso, para uma compreensão precisa do *plea bargaining*, é essencial analisar não somente o modelo federal e as declarações da Suprema Corte sobre tema, mas também considerar como cada um dos cinquenta estados e o Distrito de Colúmbia tratou a barganha em seus respectivos processos criminais.

Depois de definir a metodologia de comparação, a pesquisa atual reuniu as Regras Federais de Procedimento Penal e outras regras legais ou definidas nos regimentos das cortes criminais norte-americanas sobre negociação o *plea bargaining*, analisando cada uma delas para isolar traços centrais comuns.[462] Durante os estudos, um dado importante foi descoberto.

A Regra n. 11 das Normas Federais de Procedimentos Criminais emergiu como o principal modelo de barganha no processo penal nos Estados Unidos, embora não tenha sido a primeira norma promulgada sobre o assunto. Alguns estados basicamente reproduziram a maioria das provisões federais com algumas adaptações às suas realidades e de acordo com as conveniências locais.[463] Outros estados criaram seu próprio modelo de *plea bargaining*, mas segui-

462. *Veja o* Apêndice I, Tabela 2.

463. O Alasca, o Colorado, o DC, o Idaho, o Maine, o Missouri e o Wyoming são alguns dos estados em que os estatutos de barganha ou as regras do processo penal são semelhantes à Regra 11 das Regras Federais de Procedimento Penal.

ram as linhas gerais da Regra n. 11 do modelo federal.[464] Por fim, algumas legislações estaduais não trataram claramente dos processos *plea bargaining*.[465] Após o exame proposto, foram identificadas diversas características da barganha processual, algumas aparecendo em apenas uma jurisdição e outras em várias jurisdições, das quais citam-se:[466]

a. A barganha é uma etapa pré-processual;[467]
b. Existe um prazo para rejeitar ou aceitar o acordo em alguns estatutos;[468]
c. Tipos de declarações do réu perante o juízo: culpado, não culpado ou *nolo contendere*;[469]
d. Algumas jurisdições permitem o acordo na ausência do réu, mas não para confessar a culpa;[470]
e. Alguns estatutos têm regras sobre o procedimento em caso de fracasso das negociações;[471]
f. Barganhas condicionais são aceitáveis em algumas jurisdições;[472]
g. É possível barganhar por telefone ou correio em algumas jurisdições;[473]
h. Os estatutos costumam ter uma regra específica acerca da devida instrução do réu sobre os pontos do acordo; [474]

464. *Por exemplo*, modelos da Califórnia, Flórida e Carolina do Norte.

465. *Por exemplo*, modelo de Rhode Island.

466. *Ver o* apêndice I, quadro 3.

467. *Por exemplo*, Ala. R. Crim. PR 11 (2016).

468. *Por exemplo*, Ark. St. Ann, LCRR 11.2 2016, 201 (explicando que os réus podem solicitar uma prorrogação do prazo para apresentar um pedido até o dia seguinte à denúncia ou um prazo razoável decidido pelo tribunal).

469. *Por exemplo*, Haw. R. Penal PR11

470. *Por exemplo*, Ala. R. Crim. P. 11 (2016).

471. *Por exemplo*, West's Ann.Cal. Penal Code Pt. 2 T. 6 Ch. 4.

472. *Por exemplo*, DCR Crim. P. 11.

473. *Por exemplo*, Ariz R. Crim P. 17 - 17,1 (a) (4).

474. *Por exemplo*, Idaho R. Crim. P. 11.

i. Somente são válidos acordos nos quais o magistrado confirme que o réu aceitou as condições e confessou os delitos de maneira voluntária e consciente; [475]

j. O magistrado dever avaliar o suporte fático do acordo antes de aceitar uma confissão de culpa;[476]

k. O magistrado deve verificar se o réu fez uma declaração consciente e voluntária, bem como se foi devidamente assistido pelo advogado;[477]

l. É possível retirar o pedido de barganha;[478]

m. Os acordos de confissão podem ser rejeitados ou anulados em caso de manifesta injustiça;[479]

n. O réu deve renunciar a alguns direitos; [480]

o. Não é permitido usar discussões de confissão como evidência no processo em caso de fracasso de negociação; [481]

p. Os juízes podem ou não participar das negociações;[482]

q. Algumas jurisdições determinam que o juiz do processo não poderá ser o mesmo do procedimento de barganha em caso de fracasso das negociações;[483]

r. É necessário informar o réu dos possíveis efeitos da confissão sobre o seu status de imigrante;[484]

---

475. *Por exemplo*, Fed. R. Crim. P. 11.

476. *Por exemplo*, 725 Ill. Comp. Stat. Ann. 5 / 113-4; Mal. RSCt. 402

477. *Por exemplo*, DCR Crim. P. 11.

478. *Por exemplo*, La. Code. Crim. Proc. Ann. 556 – 561.

479. *Por exemplo*, DCR Crim. P. 11.

480. *Por exemplo*, Ariz, R. Crim. P. 17.

481. *Por exemplo*, eu. Rev. Stat. Ann. Crim P. 11, 11A, 11B.

482. *Por exemplo*, Mass R. Crim. P. 12 (permitindo que o juiz participe); Colo. Rev. Stat. T.16, art. 7 e Colo R. Crim. P. 11 (proibindo a participação do juiz de primeira instância).

483. A mudança de juízes é uma aplicação do princípio da imparcialidade judicial. Um juiz sem contato prévio com o caso estaria em um melhor estado de espírito para decidir quando comparado com um juiz que estava presente quando o réu retirou o fundamento original.

484. *Por exemplo*, Mass R. Crim. P. 12.

s. Alguns estatutos definem erro inofensivo no procedimento de barganha;[485]

t. É necessário gravar (por áudio ou vídeo) as confissões; [486]

u. Alguns estatutos descrevem o papel do promotor;[487]

v. Alguns estatutos estabelecem o papel do advogado de defesa; [488]

As características acima foram encontradas de forma espalhada nos modelos Estaduais e Federais de *plea-bargaining* nos Estados Unidos, embora isso não signifique necessariamente que todos eles sejam considerados traços centrais das práticas de barganha. Para descobrir se um traço é essencial para o *plea bargaining*, este estudo criou um padrão para identificá-los. O critério criado para definir se uma característica pode ser considerada como essencial do *plea-bargaining* baseia-se no número de modelos nos quais foi possível identificar característica semelhante.

Se o mesmo traço foi encontrado em vinte e sete ou mais dos cinquenta e dois modelos estudados, o atributo foi classificado como um componente nuclear da barganha norte-americana. Considerando-se que vinte e sete aparições representam mais de 50% de todos os modelos analisados, os critérios identificados são confiáveis para criar uma lista básica de características para o *plea bargaining*. Por outro lado, se uma característica foi encontrada em pelo menos vinte estados, foi considerada uma característica importante, mas não essencial.

Após a aplicação de um filtro para avaliar o papel de cada característica no procedimento de barganha, apenas sete foram identificadas como essenciais ao *plea bargaining* e outras quatro características foram consideradas importantes, embora não essenciais para barganha. Tendo em mente a metodologia acima definida, as

485. *Por exemplo*, Mont. CODE. ANN. 46-12-204 – 46-12-213 (West 2016).

486. Todas as discussões deveriam ser registradas, desde as negociações iniciais até a audiência, seja em casos de delito ou contravenção, mas a realidade mostra que isso não é praticado em muitos Tribunais criminais nos Estados Unidos.

487. *Por exemplo*, DEL. R. SUPER. CT. CRIM P. 11.

488. *Por exemplo*, ARK. R. CRIM. PR 25.1.

seguintes características foram identificadas como o núcleo de tal prática em processos criminais:[489]

a. É um procedimento pré-processual;
b. Tipos de declaração possíveis perante o juízo: culpado, não culpado ou *nolo contendere*;
c. Há regra para se aconselhar o réu sobre seus direitos e as consequências diretas de se declarar culpado;
d. A barganha processual é aceitável se o réu concordar com seus termos voluntariamente e conscientemente;
e. Juiz deve verificar a base fática para aceitar antes de se aceitar um acordo de confissão;
f. Previsão de deveres judiciais mínimos em procedimentos de barganha;
g. Considera-se inadmissível o uso da confissão feita no procedimento de barganha como evidência;

Por outro lado, as seguintes características foram classificadas como importantes, mas não essenciais para o procedimento de barganha norte-americano:[490]

a. Regras sobre o possível fracasso nas negociações do acordo de confissão;
b. Procedimentos detalhados ou etapas dos acordos de confissão;
c. Como se revogar ou retirar a confissão;
d. Informação ao réu sobre o impacto da barganha sobre seu *status* de imigrante; [491]

---

489. *Ver o* apêndice I, quadro 5.

490. *Ver o* apêndice I, quadro 4.

491. Esta prática central foi definida a partir de um julgado da Suprema Corte dos EUA Tribunal Federal e não existe sob a legislação federal, embora alguns estados tenham incorporado a prática através de meios estatutários. *Sobre:* Padilla v. Kentucky, 559 US 356 (2010) (sustenta que os réus têm o direito de ser informados sobre o impacto de um acordo sobre seu status imigratório). Na verdade, este é um dever imposto ao advogado de defesa como um corolário da Sexta Emenda; os juízes também devem verificar se o advogado observou este dever ao aconselhar o réu. Nem todos os estatutos incluíam tais disposições em seus processos de barganha, tornando o caso de Padilla uma vitória notável para os réus.

A primeira característica essencial da barganha nos Estados Unidos é que as negociações são consideradas procedimentos pré-processuais.[492] No entanto, uma vez que se chegue a um acordo entre a acusação e a defesa, seguido de uma confissão de culpa em audiência pública, este tem as mesmas consequências que um veredicto de culpado, após um julgamento em contraditório completo.[493] Em geral, todas as legislações e regras de processo penal estudadas, a barganha é reconhecida como um procedimento que ocorre antes do fora do processo penal em sentido estrito.

Diferentemente da prática geral nos Estados Unidos, o modelo de barganha proposto pelo anteprojeto do CPP no Brasil estabelece disposições no capítulo de procedimentos sumários, usando o que este estudo classificou como uma definição mais ampla de barganha.[494] Assim, considerando a divisão do processo penal no Brasil, se aprovado, a barganha processual seria parte de um julgamento, uma definição que terá consequências importantes para a acusação, defesa, e o juiz durante o processo, como é abordado no capítulo 6.

A segunda característica essencial das barganhas norte-americanas refere-se aos diferentes tipos de declarações em juízo que um réu pode fazer após a proposição do acordo pela acusação. A Regra n. 11 do modelo Federal de Processo Penal estabelece que um réu pode declarar-se culpado, inocente ou simplesmente não contestar a acusação. Esta última hipótese é o que os americanos chamam de *nolo contendere*.[495] Esta característica foi expressamente abordada em pelo menos quarenta e nove modelos em todo os Estados Unidos.[496] Se o réu se declarar culpado, ele geralmente confessa as acusações apresentadas no acordo, sendo con-denado, com a aplicação de pena pelo juiz. De acordo com a Suprema Corte dos EUA, a declaração

---

492. *Por exemplo*, Fed. R. Crim. P. 11 (coloca o processo de barganha no Capítulo IV das Regras Federais de Processo Penal, intitulado "Arraignment and Preparation for Trial").

493. Cammack & Garland, *nota supra* 172, p . 269.

494. *Sobre: supra* Seção 4.1.

495. Fed.R. Crim. P. 11.

496. Nenhuma referência a tal característica foi identificada nos estatutos de Indiana e Iowa e nas regras do Tribunal. Na Carolina do Sul, foi feita alguma referência apenas à *nolo contendere* em casos de contravenção. Sobre: SC Code Ann. § 17-23-40 (1976)

de culpa decorrente do procedimento de *plea bargaining* é mais do que uma admissão de conduta passada; é o consentimento do réu de que a sentença de condenação possa ser passada sem julgamento em um processo pautado pelo contraditório – uma renúncia de seu direito a julgamento perante um júri ou um juiz.[497]

Alternativamente, o réu pode declarar-se inocente ou não-culpado, negando a acusação. Nessa situação, negando o acordo proposto. Assim, o caso passará para a fase de instrução e julgamento, embora o réu possa optar por retirar a alegação de inocência e se declarar culpado ou *nolo contendere* em um estágio posterior. O réu também pode pleitear o *nolo contendere*, significando que o réu requer ao juízo que imponha uma sentença piedosa sem confessar culpa e sem impedimento de se declarar inocente pelos mesmos fatos.[498] Em tal ação, o réu pretende admitir sua culpa para o único propósito do presente caso,[499] recusando-se a admitir culpa, mas aceitando punição como se fosse culpado".[500] Por outro lado, naquilo que ficou conhecido como Alford *pleas*, o réu concorda em ser sentenciado em consequência de uma barganha enquanto continua protestando sua inocência.[501]

O terceiro elemento central da barganha norte-americana é a previsão de o réu ser informado sobre as consequências diretas de qualquer confissão de culpa.[502] Esta característica foi explicitamente identificada em trinta e cinco estatutos e está presente, por exemplo, no modelo Federal,[503] e nas Regras Estaduais da Califórnia,[504] Flórida,[505]

---

497. Brady v. United States, 397 US 742, 748 (1970).

498. Bibas, *nota supra* 403, p. 1367.

499. Idem, p. 1370.

500. Fisher, *nota supra* 423, p. 995.

501. Idem.

502. O Supremo Tribunal dos EUA considerou o citado direito constitucional do núcleo central. Sobre: Brady v. United States, 397 US 742, 755 (1970).

503. Fed. R. Crim. P. 11.

504. West's Ann. Cal. PENAL CODE Pt. 2 T. 6 Ch. 4

505. Fl. R. Crim. P. 3,170, 3,171, 3,172.

Massachusetts,[506] e Nova York[507]. Por outro lado, em algumas outras Regras Estaduais – como em Iowa,[508] Kansas,[509] Novo México,[510] e Nova Jersey[511]- não foi encontrada nenhuma referência clara a esse traço do procedimento de barganha. Em jurisdições que incluem este traço, o réu deve ter conhecimento dos fatos do caso, ser informado sobre as consequências diretas e entender as condições delineadas no acordo, tomando a decisão voluntária de se declarar culpado, inocente ou *nolo contendere*.[512] O papel do juiz neste ponto do processo é assegurar que o réu foi orientado com precisão por um advogado sobre as consequências de uma decisão, aceitando ou rejeitando o acordo.

De acordo com Jenia Turner, promotores e advogados de defesa são as únicas partes no processo de barganha na maioria dos casos,[513] não sendo usual que o réu se envolva em negociações diretas com o promotor. O advogado de defesa trabalha nessas situações como uma ponte entre a acusação e o cliente. Portanto, o papel do juiz se torna ainda mais importante para verificar se o acusado está completamente ciente de todos os termos que envolvem o acordo apresentado à avaliação do tribunal, bem como se foi devidamente assessorado por seu advogado ou defensor nomeado.

O quarto traço principal de barganha é a voluntariedade, consciência da confissão e aceitação do acordo por parte do acusado. Não há dúvida de que o *plea bargaining* baseia-se na promessa de uma sentença leniente ou em uma retirada de acusações em troca

---

506. Md. R. Crim. P. 4-242, 4-243, 4-244. *Por exemplo*, "O juiz deve informar ao réu (i) que, por uma confissão de culpa ou não contestação da acusação, o réu renuncia ao direito de julgamento com ou sem um júri, o direito de confrontar testemunhas, direito de ser considerado inocente até que se prove a culpa além de qualquer dúvida razoável, e o privilégio contra a autoincriminação; (...) (ii) da sentença máxima possível sobre a acusação e, se aplicável, (...) (iii) das seguintes potenciais consequências imigratórias da confissão. "

507. NY Crim. P. § 220.10 – § 220.60.

508. Regra 2.10 da ICA.

509. Kas. Stat. Ann. 22-3210.

510. RMN Dist. Ct. R. Crim. P. 5-304.

511. NY Crim. P. § 220.10 – § 220.60.

512. Sobre: Fed. R. Crim. P. 11 (a) (4) (b) (1) (define os pontos que o juiz deve perguntar ao réu para garantir que o réu entende as consequências dos acordos de confissão).

513. Turner, *nota supra* 320, p. 22

de confissões de réus se declarando culpados, ou entrando em um acordo de confissão *nolo contendere*. Assim, qualquer confissão que possa resultar na condenação e punição de um réu só será válida se o acusado demonstrar que anuiu de forma voluntária e consciente ao acordo proposto pela acusação. O traço acima mencionado foi claramente abordado em trinta e seis estados e no modelo Federal de procedimento criminal. Por exemplo, a Regra 17.1 (b) das Normas do Processo Penal do Arizona declara que uma confissão de culpa ou a falta de contestação só pode ser aceita se voluntária e vantajosa,[514] e o juiz deve seguir alguns procedimentos para assegurar a voluntariedade e consciência da vontade do réu.[515]

De fato, esse requisito, mais do que condição, é considerado um padrão constitucional para a validade da barganha. A importância de atestar a voluntariedade da confissão do réu é tão essencial para a compatibilidade constitucional do *plea bargaining* que a Suprema Corte dos EUA decidiu que:

> A confissão declarada por alguém plenamente consciente de suas consequências diretas, incluindo o valor real de quaisquer compromissos assumidos pelo Tribunal, promotor ou seu próprio advogado, deve permanecer incólume, a menos que seja induzida por ameaças, que haja deturpação (incluindo promessas não cumpridas ou não cumpridas), ou por promessas que são, por natureza, impróprias por não terem uma relação adequada com os negócios do promotor (por exemplo, subornos).[516]

O quinto traço principal da barganha norte-americana exige que um acordo judicial deva refletir os fatos do caso,[517] no que a maioria dos estatutos definem como a verificação de base fática (*factual basis*)

---

514. Az. R. Crim. P. 17.1 (b).

515. Idem.

516. Brady v. United States, 397 US 742, 755 (1970). Considerando a decisão da Suprema Corte sobre a voluntariedade da confissão de culpa, mesmo que um estado não defina tais opções em seu estatuto, este ainda é um fator obrigatório que o juiz deve verificar antes de aprovar o acordo. Em outras palavras, não há barganha válida sem prova de que o réu se declara culpado voluntária e conscientemente.

517. Turner, *nota supra* 320, p. 41.

para uma confissão.[518] Obviamente, um acordo apresentado ao juiz deve estar relacionado com os fatos declarados na acusação. Embora pareça óbvio que os fatos pelos quais o réu está se declarando culpado devam estar relacionados com o assunto do acordo, não há uma definição clara sobre o que exatamente o Juiz deve fazer para confirmar como o caso apresentado e o acordo estão relacionados,[519] sendo o método de verificação basicamente deixado ao seu próprio critério.

Cammack e Garland afirmaram que o magistrado geralmente baseia sua verificação [base factual] em informações do réu, da acusação ou do relatório pré-sentença.[520] Em um mundo ideal, as regras devem definir os padrões para que os magistrados afiram com exatidão a base fática ou determinar que os juízes devem apresentar uma fundamentação escrita ou verbal de suas conclusões para cada caso. No entanto, a realidade nas cortes norte-americanas está longe de ser ideal. De fato, o principal significado da característica estudada é evitar fechar um acordo e condenar um réu sem a verificação por parte do Tribunal sobre a conexão entre os fatos e as acusações.[521]

A sexta característica central da barganha é a necessidade de considerações judiciais sobre o acordo apresentado pelas partes para a avaliação do juízo. Embora os juízes geralmente não se envolvam em negociações, eles são obrigados a verificar a voluntariedade da vontade do réu.[522] Nas cortes federais, a já mencionada Regra n. 11 exige que juízes aceitem, rejeitem ou adiem sua decisão sobre

---

518. Fed. R. Crim. P. 11.

519. Sobre: Turner, *nota supra* 320, p. 41.

520. Cammack & Garland, *nota supra* 172, p . 299.

521. No entanto, na prática real – particularmente em casos de contravenção – os chamados apelos "fictícios" e confissões sem fundamento são comuns na negociação de acusações norte-americanas. Sobre: Mari Byrne, *Baseless Pleas: A Mockery of Justice*, 78 Fordham Rev. 2961, 2967 (2010) (explica que um pedido "fictício" ocorre em "uma situação na qual um réu pode se declarar culpado de um crime que não existe por lei criminal". A autora também afirma que "[...] Em uma típica confissão infundada, (...) para obter uma condenação de forma expedita e evitar o esforço de resolver questões relacionadas a provas insuficientes ou inadmissíveis, testemunhas que não cooperaram, ou réus que não estão dispostos a confessar as acusações originais, o promotor oferece ao réu a opção de se declarar culpado de um crime menos grave, um delito não relacionado que não é suportado pelos fatos do caso do réu.").

522. Hessick & Saujani, *nota supra* 423, p. 222.

os termos do acordo, se necessária uma avaliação adicional sobre o acordo.[523] Alguns juízes, por exemplo, rejeitam os acordos considerados exageradamente lenientes.[524] Como às vezes o réu se declara culpado sem receber qualquer concessão, o juiz também pode recusar o acordo se determinar que a recomendação para a sentença não está de acordo com a base fática do caso. Assim, em teoria, o juiz deve agir como uma autoridade imparcial no processo de negociação judicial, sendo responsável por verificar a equidade do acordo apresentado pela promotoria e pela defesa.[525]

A sétima característica principal indica que as discussões englobadas pela barganha não podem ser usadas ou admitidas como prova no julgamento, na hipótese de um não-acordo, ou caso o acusado decida se retirar do acordo.[526] O traço citado foi encontrado entre pelo menos trinta estatutos e regras, incluindo as Regras Federais de Processo Penal,[527] as do Tennessee,[528] Wisconsin,[529] e Wyoming.[530] A proibição de usar as discussões ou declarações feitas durante a barganha como prova é essencial para garantir a imparcialidade do julgamento em caso de não concordância entre o réu e o promotor.[531] Se a acusação pudesse usar as discussões, confissão ou qualquer declaração relacionada contra o réu, haveria evidente desequilíbrio. Fatalmente, o réu começaria a barganha já relutante a fazer qualquer declaração se o promotor simplesmente

523. Idem, p. 224.

524. Albert W. Alschuler, The Trial Judge's Role in Plea Bargaining, Part I, 76 Colum. L. Rev. 1059, 1110 (1976).

525. Hessick & Saujani, *nota supra* 423, p. 222-223.

526. *Sobre:* Fed. R. Evid. 410.

527. Fed. R. Crim. P. 11 (f.

528. *Por exemplo,* Tn. R. Crim. P 11 (d).

529. Wis. Stat. Ann. 971,083.

530. Wy. R. Crim. P. 11 (e), 6.

531. Esta mesma garantia existe no contexto de processos criminais para encorajar a determinação e o fluxo de informações necessárias para ajudar a resolver casos. *Por exemplo,* Fed. R. Evid. 408.

negasse o acordo e usasse tais fatos contra o acusado durante o julgamento.[532]

Feitas tais considerações, é preciso pontuar que, embora não tenha sido identificada como um traço central, a necessidade de registrar por meio áudio visual o procedimento pelo qual um réu entra em um acordo, seria muito útil para a barganha norte-americana.[533] O registro serviria como evidência de que o acordo cumpre os padrões legais e constitucionais delineados nos estatutos e pela Suprema Corte, e demonstrariam que o acusado, deliberada, voluntária e conscientemente optou por declarar-se culpado, não culpado ou *nolo contendere*. Além de registrar a audiência em juízo, seria construtivo para a transparência do procedimento o registro (por áudio ou vídeo) das negociações entre acusação e defesa.[534] Contudo, alguns argumentam que as partes podem não conseguir negociar adequadamente se souberem que tudo está sendo gravado.[535]

Além disso, com base nos estudos de barganha norte-americana, pode-se afirmar que o processo de negociação entre a defesa e a acusação é certamente uma característica central na rotina de tal

---

532. Isso também pode funcionar como uma proteção do promotor ao oferecer um acordo, o que tem uma relação direta com a eficiência da barganha. Se o estado quiser encorajar os acusados e o réu a entrar em um acordo judicial, a capacidade de usar as discussões durante o julgamento seria um obstáculo. Os promotores não fariam ofertas livremente se os réus pudessem trazer aquelas para defender uma sentença mais leniente depois de um julgamento feito pelo Juiz ou pelo Júri.

533. Embora este estudo tenha considerado os registros como um traço central vital na barganha e na confissão de culpa, as realidades dos tribunais inferiores que lidam com contravenções mostram que essa não é uma prática comum.

534. Em algumas jurisdições, uma parte considerável das negociações de confissão não ocorre face a face. As ofertas iniciais geralmente fazem parte dos documentos que os advogados de defesa recebem eletronicamente no início de um caso. Advogados também podem negociar via mensagem de texto, e-mail e telefone; nem sempre é uma reunião tradicional no tribunal. Essas práticas estranhas ocorrem com mais frequência em casos que envolvem réus indigentes, em casos de contravenção ou em tribunais onde os réus podem entrar em negociações por telefone ou por correspondência. *Por exemplo,* Az. R. Crim. P. 17 (permitindo a negociação por telefone ou correio).

535. No Brasil, pelo menos na justiça federal, as negociações durante as audiências sobre transações penais e a suspensão condicional do processo são registradas há muito tempo e não há evidências de que tal processo tenha interferido no resultado das tratativas entre as partes.

prática, apesar de não ter sido classificada como uma característica essencial sob um parâmetro de presença em corpos legais. Após a identificação e avaliação dos traços nucleares do modelo americano de barganha, a próxima seção avalia as principais críticas contra tal modelo de processo penal.

4.5. Crítica à barganha norte-americana

Embora o *plea bargaining* seja a ferramenta mais eficiente para garantir condenações nos Estados Unidos, há uma infinidade de críticas a favor e contra sua prática em todo o país. A consideração das críticas contra a prática é útil para garantir a eficácia no procedimento, e sua análise é um método útil para a construção de um procedimento mais adequado ao sistema legal brasileiro e às suas peculiaridades.

A. [I]limitada discrição do Ministério Público, excessos na acusação e *plea bargaining*

Um dos pontos mais críticos nos procedimentos de barganha norte-americana é quando o promotor decide acusar o suspeito. Agindo como a autoridade pública do Estado responsável por apresentar as acusações, o promotor deve analisar o material do caso fornecido pelos policiais para concluir se a investigação e as provas são suficientes para imputar ao sujeito a prática de um fato definido como crime. Depois de verificar que houve um crime, os promotores devem atestar a presença de causa provável ou evidência mais forte que comprove que o suspeito é o verdadeiro perpetrador do delito investigado. De fato, promotores devem decidir acusar com base na probabilidade de condenação e na necessidade de dissuadir, incapacitar, reabilitar, reformar e infligir retribuição.[536] Em última análise, os promotores devem buscar justiça e não condenações.[537]

536. Bibas, *nota supra* 403, p. 2470.

537. Bruce A. Green, Why *Should Prosecutors "Seek Justice"?*, 26 Fordham Urb. L.J. 607 (1999). Da mesma forma, K. Babe Howell, *Prosecutorial Discretion and the Duty to Seek Justice in an Overburdened Criminal Justice System*, 27 Geo. J. Legal Ethics 285, 306–308 (2014).

Se o promotor buscar justiça e julgamentos justos ao invés de vitórias, mesmo usando algum nível de discrição para avaliar o caso, a acusação deve ser o resultado da avaliação dos elementos essenciais para que se acuse um indivíduo de cometer um crime.[538]

No entanto, o sistema legal norte-americano conferiu uma enorme discrição à acusação, muito além daquela atinente em decidir sobre acusar ou não um sujeito.[539] Considerando o promotor no sistema legal dos EUA tem autoridade para investigar crimes, acusar réus, recomendar duração de punição e suspender acusações, entre outros poderes, alguns estudiosos observaram que a acusação criminal contemporânea tem poderes semelhantes aos inquisidores medievais.[540]

De fato, não raro se deparar com promotorias norte-americanas usando sua discrição de forma inapropriada, agindo além dos limites legais e morais do dever público, mediante a apresentação de acusações mais rígidas do que as necessárias contra o acusado. Tal comportamento do promotor é o que os estudiosos consideram como o ato de sobrecarregar (*overcharging*) a acusação,[541] o que ocorre se o promotor acusa o suspeito de cometer um crime mais grave (*vertical orvercharging*)[542] ou acrescenta outras ofensas à acusação (*horizontal orvercharging*).[543]

Alschuler afirmou que o excesso de acusações é uma forma grosseira de chantagem contra o acusado por um crime pelo qual ele é claramente inocente em um esforço para induzi-lo a se declarar culpado do crime 'apropriado'.[544] O autor classifica os excessos na

538. Cammack & Garland, *nota supra* 172, p . 90–93 (explica como os promotores devem buscar justiça).

539. Sobre: Angela J. Davis, Arbitrary Justice: The Power of the American Prosecutor (2007). *Veja também* Carolyn B. Ramsey, *The Discretionary Power of "Public" Prosecutors in Historical Perspective*, 39 Am. Crim. Rev. 1309 (2002).

540. Langbein, *nota supra* 336, p. 18.

541. Kyle Graham, Overcharging, 11 Ohio St. J. Crim.

542. Albert W. Alschuler, The Prosecutor's Role in Plea Bargaining, 36 U. Chi.

543. Idem, p. 85.

544. Idem.

acusação como excesso vertical[545] ou excesso horizontal[546], de acordo com o nível ou o número das acusações contra o requerido. Kyle Graham,[547] por sua vez, critica a classificação da Alschuler e avaliou três reclamações comuns quanto à ação do promotor de acusar o réu (o excesso como uma acusação sem comprovação adequada, o excesso como uma acusação desproporcional ao crime e o excesso como a insinceridade do Ministério Público).[548] Graham não concordou com os comentários relacionados ao excesso sem provas adequadas, o que ele considera exagerado.[549] O autor também afirma que as críticas sobre excesso na acusação desproporcional ao crime assemelham-se à ocasião em que ambos justapõem a decisão do promotor quanto a uma estimativa do que equivaleria a uma acusação 'adequada'.[550]

Apesar de algumas divergências entre os acadêmicos norte-americanos acerca do significado do termo excesso de acusação, este estudo adota a classificação de excesso horizontal[551] e vertical,[552] cunhada por Alschuler, cuja ação da Promotoria pode ser o resultado de uma interpretação errônea do caso ou mero comportamento malicioso. No excesso de acusação, a Promotoria pode não examinar com precisão os fatos ou o seu correto enquadramento legal, sendo acusação o resultado de uma imprudente avaliação do caso. Por outro lado, o Ministério Público pode deliberadamente exceder as acusações imputadas ao réu, sabendo que não refletem as evidências ou os fatos. Sobrecarregar as acusações pode funcionar como um eficiente método de catalisar barganhas.[553] Como Alschuler afirma, um promotor pode não querer a condenação por todas as acusações,

545. Idem, p. 86 (multiplica o número de acusações contra um único acusado sem motivo).
546. Idem, p. 85 (acusa o réu de uma ofensa de nível mais grave do que os fatos e evidências indicam).
547. Professor-Assistente da Faculdade de Direito da Universidade de Santa Clara.
548. Graham, *nota supra* 542.
549. Idem, p. 707.
550. Idem, p. 710.
551. Alschuler, *nota supra* 543, p. 85.
552. Idem, p.86.
553. *Cf.* Bibas, *nota supra 403* p. 2519 (declara que o excesso de acusação serve de âncora para que os réus que aceitem acordos de confissão como um bom negócio em comparação com os delitos mais graves originalmente atribuídos a eles).

mas as acusações podem ser feitas em um esforço para induzir o réu a se declarar culpado de apenas algumas, em troca do arquivamento do restante.[554] O multicitado autor também aponta o medo que os réus podem ter quando enfrentam acusações excessivas, talvez, imaginando se a evidência fictícia pode ser realmente criada para "provar" as falsas acusações.[555]

No final, não importa se os excessos ocorreram devido à intenção subjetiva do promotor ou à falta de diligências na verificação das evidências ou no enquadramento jurídico dos fatos.[556] Em ambas as situações, um réu não pode jamais pode ser pressionado a aceitar uma barganha injusta apenas para conservar recursos judiciais e de acusação.[557] Consequentemente, o futuro acordo nunca seria um resultado natural de um processo justo, mas sim uma farsa para dar uma falsa aparência de legitimidade à condenação.[558] Não há dúvida de que o promotor é o agente do Estado responsável por assegurar o interesse público, buscando punir os autores dos delitos. No entanto, antes de defender o interesse público, o promotor deve honrar seu juramento de proteger a Constituição e os direitos dos cidadãos. O excesso de acusação a réus com atribuições de ofensa mais graves do que mostram as evidências ou com mais acusações do que os fatos demonstram é uma ação excessiva e imoral, inaceitável em qualquer situação.

O último recurso do réu de legalidade quando o promotor se excede é o juiz. A autoridade judicial tem o dever de preservar

---

554. Alschuler, *nota supra* 543, p. 85.

555. Idem, p. 94.

556. Sobre: Alkon, *nota supra* 343, p. 586 (afirmando que o aumento de penalidades, políticas de tolerância zero e diretrizes de condenação deram aos promotores ferramentas, embutidas na estrutura do sistema de justiça criminal, para pressionar réus declararem-se culpados durante negociações judiciais).

557. Idem, p. 104.

558. Sobre: Langbein, *nota supra* 336, p. 15 (explica que a doutrina da base factual adequada para o argumento não é melhor substituída para a prova além da dúvida razoável do que a doutrina análoga na lei da tortura. A falibilidade factual do fundamento negociado tem mais consequências, independentemente do perigo acrescido de condenar um homem inocente. No acordo de barganha que assume a forma de barganha de acusações (em oposição à barganha de sentenças), o culpado é condenado não pelo que fez, mas por algo menos ofensivo).

a obediência à Constituição e ao estado de Direito, controlando quaisquer maus comportamentos do Ministério Público,[559] evitando a condenação de inocentes ou a aplicação de punições desproporcionais.[560] Infelizmente, os juízes norte-americanos têm demonstraram um comportamento comum ausente nas barganhas, o que é de certa forma endossado pela clemência da Suprema Corte dos Estados Unidos, que pouco endereça mau comportamento de promotores em forçar ou ameaçar os réus a entrar em acordos. [561]

B. Acusação, audiência preliminar e sua influência no *plea bargaining*

Depois que um suspeito é preso, a coação do sistema legal norte-americano tende a absorver os direitos individuais, levando à inevitável pressão para se envolver em barganhas. A primeira aparição na corte geralmente serve para fornecer representação legal ao preso, já que o promotor apresenta uma acusação formal contra o réu e o juiz ou magistrado avalia se é possível libertar o detido, com ou sem qualquer compromisso, como a aplicação de fiança.[562] Em uma situação envolvendo crimes federais e prisões em flagrante, por exemplo, o preso é apresentado a um magistrado que avalia se há uma causa provável para sustentar as acusações.[563] No entanto, nesta primeira

559. Por exemplo, rejeitar casos em que o excesso é evidente.

560. Sobre: Alschuler, *nota supra* 525, p. 1147 (afirma que o juiz deve ser autorizado a ordenar uma redução no nível ou número de acusações contra o réu, desde que essa redução não esteja condicionada à escolha do réu de confessar). *Da mesma forma,* Cynthia Alkon, *Hard Bargaining in Plea Bargaining: When Do Prosecutors Cross the Line?*, 17 Nev. J. 401, 427–428 (2017) (afirma que o poder dos promotores na barganha não deve ser desmedido). Embora o comportamento mencionado possa ser considerado um dever judicial, os juízes raramente se comportam dessa maneira, levando ao aumento dos poderes do Ministério Público nas barganhas norte-americanas.

561. Sobre: Alkon, *nota supra* 561, p. 416 (explica que "a Suprema Corte dos EUA raramente considera que o comportamento do promotor em uma barganha é uma violação dos direitos do acusado").

562. Peter J. Henning et al., 1 Mastering Criminal Procedure: Volume 1 The Investigative Stage 8–9 (2d ed. 2014).

563. Por exemplo, Fed. R. Crim. Pg 5, 5,1

aparição em juízo, o preso e seu advogado não podem opor-se às provas com base no fato de que foram adquiridas ilegalmente.[564]

Entre a detenção e a primeira aparição em juízo, o suspeito geralmente só tem contato com a equipe policial e o promotor.[565] A presença de um advogado de defesa não é obrigatória durante a fase de fichamento do sujeito.[566] Se o preso, por exemplo, renunciar ao seu direito ao advogado de receber a advertência sobre seu direito ao silêncio, prática conhecida como *Miranda Warnings*, tudo o que o detido disser pode e será usado como prova.[567] No prazo de quarenta e oito horas após a detenção, o preso será apresentado a um Tribunal local ou Federal, de acordo com a jurisdição.[568]

Se o promotor apresentar uma acusação formal contra o suspeito, o juiz ou o magistrado que presidir a audiência decide se o réu é liberado sob qualquer condição,[569] ou se deve permanecer na prisão até o julgamento final do feito.[570] A decisão, na maioria dos casos, é baseada nas evidências apresentadas pelo promotor, que podem incluir relatórios policiais ou algumas provas reunidas durante as investigações, dependendo das práticas locais, incluindo quaisquer outros requisitos legais. Em geral, os promotores compartilham apenas informações mínimas, de acordo com o que cada jurisdição define como matéria de divulgação obrigatória.

Analisando os passos até a primeira aparição em juízo, verifica-se que o suspeito é tratado como mero objeto. O preso geralmente não tem contato com o advogado e é incapaz de apresentar qualquer recurso alegando que a detenção era ilegal, por exemplo.[571] Embora

---

564. Idem.

565. Sobre: Henning et al., *nota supra* 563, p. 8.

566. Idem, p. 7-8.

567. Sobre: Peter A. Joy & Rodney J. Uphoff, *Systemic Barriers to Effective Assistance of Counsel in Plea Bargaining*, 99 Iowa Rev. 2103, 2109 (2013) (exemplifica o potencial primeiro contato deficiente entre um acusado e um advogado após a acusação).

568. Henning et al., *nota supra* 563, p. 8. *Ver também* Lynn M. Mather, Plea Bargaining or trial? 48 (1979).

569. *Por exemplo,* como impor o pagamento de uma fiança, direitos, etc.

570. Por exemplo, Fed. R. Crim. P. 5.1. Veja também Md. Crim. P. § 5-201

571. Por exemplo, Fed. R. Crim. P. 5.1.

o pressuposto de legalidade sobre as ações policiais durante as prisões deva ser refutável, as práticas diárias mostraram uma presunção quase absoluta de legalidade por trás das abordagens policiais nas ruas dos EUA, uma vez que o sistema de justiça criminal norte-americano parece ter sido construído ao redor de tal premissa.[572] Não permitir que o preso nem o acusado argumente pronta e completamente na primeira aparição na Corte sobre qualquer comportamento policial ilegal é uma inversão de prioridades, colocando a segurança pública acima do direito fundamental da liberdade.

Não há dúvida de que as prisões feitas por policiais têm a presunção de legitimidade, como é usual em qualquer ato realizado por um servidor público. Contudo, aplicando o princípio da proporcionalidade ou da razoabilidade,[573] o direito à segurança pública deve sempre estar emparelhado com o direito à liberdade, permitindo que o preso aponte qualquer ação indevida da polícia no primeiro contato com o juiz. As normas constitucionais devem ser harmonizadas para extrair a máxima eficácia do direito à segurança pública e do direito à liberdade.[574] Contudo, a tradição e a prática nos tribunais dos EUA permanecem inalteradas; diferentemente da prática no sistema legal brasileiro, o preso nos EUA deve aguardar o momento "ideal" para apresentar um recurso ao Tribunal argumentando acerca da ilegalidade da privação da liberdade.[575]

---

572. Cf. Copping Out: The Plea Bargain, 9 Colum. Hum. Rts. Rev. 49, 58 (1976) (afirma que "embora seja a lei que uma pessoa é inocente até que se prove a culpa além de qualquer dúvida razoável, o Estado não acredita nisso. O Estado acredita que qualquer pessoa detida por um crime é culpada até que seu caso seja descartado ou que ela seja absolvida por um júri – e, mesmo assim, o Estado acha que ela se livrou de algo").

573. Robert Alexy, *Colisão de Direitos Fundamentais e Realização e Direitos Fundamentais e Estado De Direito Democrático* [*Collision Between Fundamental Rights and their Completion in a Democratic State of Law*], 217 Rev. Dir. Adm. 67 (1999).

574. Idem, p. 67-69.

575. Em algumas jurisdições, como a Virgínia, os réus podem argumentar que o instrumento de acusação não atribui um crime adequado, então o Tribunal não tem competência para manter o réu preso. No entanto, se o Tribunal decidir que o crime não é da sua competência, pode enviar o requerido ao tribunal competente. Embora tal ação possa ser vista como uma oportunidade para levantar um recurso de legalidade, ela está relacionada não com a prisão, mas com a jurisdição do tribunal, o que não impede a conclusão feita no texto. *SOBRE:* Va. Code Ann. § 19.2-186.

A comparação dos procedimentos preliminares dos EUA com audiências de custódia brasileiras identifica o objetivo comum de confirmar a necessidade da prisão cautelar.[576] No entanto, a audiência de custódia tem outro objetivo não encontrado nas audiências preliminares dos EUA: o procedimento brasileiro também serve como uma oportunidade para o juiz verificar se os agentes policiais respeitaram os parâmetros constitucionais e legais desde a prisão até a audiência inicial. O juiz brasileiro tem o dever de analisar a legalidade e constitucionalidade da prisão, seja *ex officio*,[577] ou após provocação do preso ou do Ministério Público.

Estas observações mostram que, uma vez que o suspeito é preso, a coercividade do sistema legal dos EUA tende a absorver os direitos do suspeito, levando à inevitável pressão para se engajar *plea bar-gaining*. Após a prisão, os suspeitos se tornam um objeto real e precioso da investigação. Agentes da lei trabalham no caso e com o preso para extrair o máximo possível de evidências, antes mesmo de se permitir qualquer contato do custodiado com seu advogado. Essa situação claramente implica em in-devida pressão para presos confessarem crimes, levando-os à aceitação de acordos de barganhas. Às vezes, os acusados aceitam acordos que estão longe de serem ideais, ou mesmo aceitáveis, apenas por-que podem achar que isso facilitará sua libertação na audiência preliminar.

Considere uma situação hipotética na qual a pessoa aprisionada é uma mãe solteira com uma criança que precisa de atenção especial devido a um problema congênito. Neste caso hipotético, o policial fez a prisão na rua depois de pará-la e posteriormente, revistá-la. No entanto, o policial não tinha nenhuma causa provável para a parada inicial do indivíduo, e não gostou da mulher simplesmente porque ela não era "cooperativa" com a parada e a revista. Então, o policial decidiu colocar um pequeno saco plástico com duas gramas de cocaína em seu bolso, criando uma situação fictícia para justifi-

576. Rômulo de Andrade Moreira, *A Lamúria da Pessoa Detida e a Audiência de Custódia: Crônica de uma Morte Anunciada*, UNIFACS – Debate Virtual 1, 29–31 (2015).

577. Pacelli, *nota supra* 101, p. 574 (afirma que o juiz deve sempre agir *ex officio* para proteger os direitos fundamentais individuais).

car uma prisão. Mesmo nesses casos,[578] o preso não pode discutir a ilegalidade da prisão durante a participação em uma audiência de fiança e pode permanecer na cadeia por um longo período – até a próxima audiência.

No exemplo acima mencionado, não há dúvida de que, devido à pressão da polícia ou do Ministério Público antes que a detida tivesse um contato prévio com seu advogado, ela estaria mais inclinada a se envolver em um acordo feito pela promotoria apenas para ser liberada o quanto antes para cuidar de seus filhos. Este exemplo fictício ilustra perfeitamente como a limitação do objeto da audiência preliminar é injusto para os suspeitos.[579] No entanto, funciona como uma ferramenta eficiente e vital do sistema de justiça criminal para pressionar os indivíduos a se declararem culpados. Como brilhantemente apontado por Gilchrist, pressionar confissões é contrário a deixar as pessoas contarem sua própria história e pode representar uma falha em tratar as pessoas sujeitas ao sistema com dignidade. De ambas as formas, as confissões realizadas por pressão podem enfraquecer a percepção das pessoas sobre o caráter moral da autoridade legal.[580]

Em suma, limitar o escopo da primeira aparição do réu no tribunal representa uma restrição indevida aos seus direitos fundamentais, e um comportamento similar não deve ser reproduzido em nenhum modelo de barganha no processo penal brasileiro.

578. Jacey Fortin, Policial de Baltimore, acusado de fabricar provas em caso de drogas, NY Times (janeiro 24, 2018), https://www.nytimes.com/2018/01/24/us/baltimore-officer--video -drugs.html.

579. Este exemplo não está muito distante da realidade. *Veja Rampart Scandal*, Enciclopédia Britânica, https://www.britannica.com/topic/Rampart-scandal (última visita em 9 de novembro de 2018). *Ver também* Russell Covey, *Police Misconduct as Cause of Wrongful Convictions*, 90 Wash. UL Rev . 1133, 1138-40 (2013).

580. Gregory M. Gilchrist, *Plea Bargains, Convictions and Legitimacy*, 48 Am. Crim Rev. 143, 182 (2011).

C. Aconselhando o réu, renunciando a direitos e apagando a história

Essa seção reúne outros pontos de crítica à barganha, momento em que se aborda o papel do aconselhamento ao acusado e a renúncia aos direitos nos acordos de confissão. Em sequência, esta seção considera o que seria o comportamento judicial desejável no procedimento de *plea bargaining*, antes de fazer uma avaliação necessária sobre a barganha processual como uma prática que nega a história dos fatos.

Antes de analisar a assistência do advogado de defesa nos acordos de confissão, é necessário fazer uma observação inicial sobre um ponto crítico na barganha norte-americana: a prevalência da vontade do acusado sobre o conselho legal de seu advogado.[581] Suponha que um advogado de defesa, defensor público ou privado, examinou a evidência divulgada pela promotoria e avaliou o acordo proposto. O advogado então aconselhou o réu a rejeitar o acordo da promotoria e ir a julgamento. De acordo com o conselho do advogado, as probabilidades de absolvição no julgamento seriam altas no caso examinado, porque a evidência da acusação seria fraca. O advogado de defesa também avisou o réu de que o Ministério Público propôs um acordo não atraente e que o promotor não é flexível nos termos do acordo. Nesta situação, parece óbvio que o advogado aconselhou adequadamente o cliente a não aceitar o negócio. No entanto, mesmo com todas as informações para rejeitar o negócio, o réu pode decidir entrar em um acordo judicial, independentemente do que o advogado de defesa sugeriu. Para fins de uma assistência eficaz e confiável, no entanto, só importa se o advogado de defesa compartilhou informações precisas sobre o caso e as provas para o réu, permitindo que o réu fizesse suas escolhas, uma vez que um acordo de confissão está inteiramente sob o controle da vontade dos réus.[582]

---

581. Hessick & Saujani, *nota supra* 423, p. 218, n. 172.

582. Strickland v. Washington, 466 EUA 668 (1984). Da mesma forma: MRPC R. 1.4. O Comentário 2 sobre esta regra explica que "se estas Regras exigirem que uma decisão específica sobre a representação seja feita pelo cliente, o parágrafo (a) (1) requer que o advogado consulte imediatamente e conserve o consentimento do cliente antes de agir, a menos que discussões com o cliente resolveram a ação que o cliente quer que

Tal característica é muito diferente da prática no processo penal brasileiro e deve ser considerada em qualquer modelo futuro de barganha processual no país. Isto porque no Brasil, se houver um conflito entre a vontade do réu e a assessoria jurídica de seu advogado de defesa, os tribunais geralmente consideram o parecer técnico do advogado de defesa como um argumento mais preciso, principalmente nos casos em que a situação do réu não pode ser agravada.[583] Com efeito, o STJ determinou que a opinião jurídica do advogado pode obliterar a vontade do réu porque, assegurando a manifestação do direito a uma defesa plena, o defensor público ou privado está em melhores condições para definir a estratégia que melhor se adapta à cada situação.[584]

Reconhecendo a diferença relevante no papel do advogado de defesa entre o sistema jurídico brasileiro e o norte-americano, é fundamental reiterar que o direito a um advogado de defesa não é obrigatório antes do início da acusação nos Estados Unidos.[585] Na maioria dos casos, o preso tem primeiro contato com seus o advogado minutos antes da primeira aparição perante o juiz.[586] Tal traço ilustra como o sistema de justiça criminal dos EUA foi aparentemente planejada para pressionar o indivíduo a se declarar culpado logo no momento da prisão.

---

o advogado faça. Por exemplo, um advogado que recebe de um promotor em um caso criminal deve informar prontamente o cliente de sua substância, a menos que o cliente tenha previamente indicado que a proposta seria aceitável ou inaceitável e tenha autorizado o advogado a aceitar ou rejeitar a oferta."

583. Por exemplo, quando o advogado de defesa quer recorrer da condenação e o requerido não o faz. Se a acusação não recorrer da sentença, o Tribunal de 2º Grau não pode impor uma punição severa ao acusado em caso de uma apelação final apresentada apenas pela defesa. Nestas situações, a palavra do advogado prevalece sobre a vontade do réu. Pacelli, *nota supra* 101, p. 950.

584. STJ, Habeas Corpus n. 47680 / MS -Mato Grosso do Sul, 2005 / 0148714-5, Sexta Turma, Relator: Mín. Nelson Naves, 03.09.2006, 203, Revista de Direito do Superior Tribunal de Justiça [RSTJ] 512 (Braz.). No precedente citado, o STJ decidiu a favor dos advogados de defesa, dando-lhes a decisão final de recorrer ou não de sentença de condenação. Por outro lado, em casos criminais envolvendo transação penal, suspensão condicional do julgamento é comum considerar a opinião do réu em aceitar o acordo proposto pelo Ministério Público.

585. Sobre: Cammack, *nota supra* 412, p. 316-317.

586. Henning et al., *nota supra* 563, p. 8–9.

O primeiro contato do réu com o advogado de defesa é essencial por muitas razões. Por exemplo, somente depois de entrevistar o réu, o advogado de defesa pode escolher a melhor linha de argumentação para requerer a libertação do detido, preferencialmente sem fiança ou pelo pagamento de uma quantia razoável. Além disso, o defensor público ou privado pode apenas construir a estratégia de defesa, escolhendo quais provas serão usadas para minar as acusações da promotoria, após entrevistar o acusado sobre sua versão dos fatos. Mais importante ainda, o advogado deve apenas sugerir ao réu entrar em um acordo de confissão se o advogado considerar que o acordo é a melhor solução para o réu, sem considerar o interesse particular do defensor.[587] O advogado do réu não pode ser absorvido pela atmosfera de escolha informada nem estar sujeito a pressões burocráticas,[588] escolhendo colocar os interesses de seu cliente em segundo lugar. Em teoria, essas etapas são os parâmetros básicos que os advogados de defesa devem seguir em processos criminais nos EUA. No entanto, a prática mostra que, às vezes, o processo de defesa no *plea bargaining* é bem diferente da teoria.[589]

Tendo em mente que a decisão final de aceitar um acordo recai sobre os ombros do réu, o advogado de defesa deve funcionar como um guia legal durante as negociações, esclarecendo pontos ao assistido para este decida a opção que melhor se adéqua aos seus interesses. Como Joy e Uphoff afirmaram, no mínimo, o advogado de defesa deve comunicar todas as ofertas feitas dentro da barganha, deve alertar os clientes no caso de uma possível deportação diante de uma confissão, e não deve aconselhar de forma claramente errada sobre o risco de uma condenação no julgamento.[590]

Como mencionado anteriormente, a prática de barganha nos Estados Unidos mostrou falhas no papel do advogado de defesa. Não raro, advogados, aconselham réus a aceitarem um acordo não porque seria o melhor para os interesses do acusado, mas devido à

587. Albert Alschuler, *The Defense Attorney's Role in Plea Bargaining*, 84 Yale L.J. 1179, 1180 (1975).

588. Idem, p. 1313.

589. Idem, p. 1180.

590. Sobre: Joy & Uphoff, *nota supra* 568, p. 2108.

falta de vontade do advogado em levar o caso à julgamento.[591] O advogado de defesa também pode pensar que não está bem preparado para trabalhar o caso e enfrentar um julgamento,[592] pode entender que julgamentos são demorado e com resultado sempre incerto,[593] podem se preocupar se sua reputação será prejudicada se o réu for condenado no julgamento pelo juiz ou pelo júri,[594] ou, até mesmo, podem entender que o *plea bargaining* implique em aumento de renda mais rapidamente que um julgamento completo.[595] Ainda, o advogado de defesa pode sugerir que seu cliente aceite o acordo sob pressão da promotoria e do juízo para fechar o maior número de casos o mais rápido possível.[596] Os mais variados motivos que levam os advogados de defesa a sugerirem que seus clientes aceitem acordos inadequados dão uma ideia de como o direito a uma defesa eficaz e confiável pode ser esquecido durante *o plea bargaining* e devem servir de alerta ao criar um modelo efetivo no Brasil. Em suma, o direito a uma defesa plena não pode ser submetido a pressões do sistema e aos interesses pessoais do advogado de defesa, de promotores ou juízes.[597]

Outro ponto de crítica às barganhas norte-americanas baseia-se na chamada renúncia de direitos. Avaliando o modelo vigente nos Estados Unidos, este estudo identificou que, embora seja aceito que

---

591. Idem, p. 2115.

592. Idem.

593. Cammack, *nota supra* 412, p. 274.

594. Idem, p. 275.

595. Alschuler, *nota supra* 588, p. 1179.

596. Idem, p. 1237.

597. *Sobre:* Brandon Buskey, *When Public Defenders Strike: Exploring How Public Defenders Can Utilize the Lessons of Public Choice Theory To Become Effective Political Actors*, 1 Harv. L & Pol'y Rev. 533 (2007) (cita a reação dos Defensores Públicos de St. Louis à prática chamada de "meeting and pleading", na qual os advogados de defesa sugerem a aceitação de acordo para seus clientes momentos depois de conhecê-los – sem sequer ter uma conversa apropriada e sem tampouco trabalhar minimamente no caso. A baixa remuneração do advogado dativo é uma das razões para um comportamento tão indesejável, já que um pagamento ruim incentiva a prática da advocacia nos mesmos termos. No mesmo sentido, Chester Mirsky, *Lawyering for the Poor in New York City's Criminal Courts* Michael Mcconville*, 12 Holdsworth Rev 22, 58 (1987). Como uma nota à parte, no Brasil, os defensores públicos recebem uma renda mensal 10-20% menor do que a paga aos Juízes Estaduais ou Federais, o que é considerado justo.

os réus devem ceder alguns direitos ao aceitar um acordo com a acusação, os ordenamentos estaduais e o federal estão longe de serem unânimes em definir o rol de direitos renunciáveis no procedimento de *plea bargaining*. Embora muitos Tribunais em todo o país usem um formulário com uma renúncia detalhada de direitos, tal característica não foi classificada como central na barganha norte-americana – ela estava presente em menos de vinte dos modelos estudados.[598] Como dito anteriormente, este estudo usou normas estaduais e federais bem como regimentos de tribunais para identificar os sete traços principais do *plea bargaining*. Assim, embora seja possível que a renúncia de direitos se seja atrelada à característica de tomar uma decisão voluntária e consciente (esta sim uma característica nuclear do *plea bargaining*), este estudo encontrou menção formal à renúncia de direitos por parte do réu em menos de vinte dos modelos verificados, o que levou a sua não classificação como traço central.

Tal conclusão não nega a importância da renúncia a direitos como etapa da barganha nos EUA, mas apenas a distingue dos traços essenciais, devido ao critério adotado nesta obra. Outra explicação possível para a não aparição da renúncia como regra expressa na maioria dos modelos de *plea bargaining* é o fato de que se entenda que renunciar a alguns direitos[599] é inerente à natureza da barganha como um acordo, e os estatutos e normas não deveriam estabelecer o óbvio, assim como ocorre na inexistência de se classificar a negociação como um traço expresso do *plea bargaining*. Acrescente-se, por fim, outro fator preponderante. A soberania dos estados nos EUA também pode explicar por que há grande variação nos direitos renunciados entre as jurisdições.[600]

Apesar dessas considerações, os acadêmicos norte-americanos criticam a prática de réus renunciarem a direitos para receberem um tratamento mais indulgente da promotoria ou do juiz. Donald

598. *Ver supra* seção 4.4 sobre as principais características da barganha processual.

599. Por exemplo, como o direito de ir a julgamento e a exigência de prova para além de uma dúvida razoável.

600. Pode haver grandes variações na prática, mesmo na mesma jurisdição geral. Em grandes estados, como o Texas e a Califórnia, as práticas variam não apenas de condado para município, mas também de tribunal para tribunal.

A. Dripps argumenta que um direito constitucional não pode ser dispensado sob a pressão de ameaças coercivas,[601] nem poderia a acusação tornar a renúncia do direito ao julgamento uma condição para a barganha, ou acusar excessivamente o réu como retaliação para o exercício do direito a um julgamento pelo júri ou por um juiz.[602] No mesmo sentido, Langbein defende que as salvaguardas não devem ser renunciadas, pois a renúncia a direito constitui uma forma de coagir o réu a confessar um crime em troca da benevolência da acusação.[603] Taslitz complementou esta crítica afirmando que a voluntariedade da renúncia é mais geral, o que significa que o réu tem uma ideia sobre a existência de seus direitos, ao invés de um conhecimento real sobre a aplicação desses direitos fundamentais.[604]

Apesar das opiniões sobre a legitimidade da renúncia a direitos, a Suprema Corte dos EUA afirmou tal prática como completamente constitucional, pois o réu faz a escolha de abrir mão de direitos voluntariamente, com base em informações precisas fornecidas pelo advogado de defesa e pelo magistrado.[605] Neste ponto, seria melhor se a Suprema Corte dos Estados Unidos considerasse inconstitucional qualquer cláusula de renúncia que não fosse necessária, mas os promotores geralmente as inserem em acordos como condições para o *plea bargaining*. Uma dessas inserções indesejáveis em muitos acordos judiciais é a renúncia ao direito de apelar.

No entanto, uma vez que a Suprema Corte dos EUA não abordou núcleo de direitos renunciáveis, pelo menos para fins de salvaguarda formal, o advogado de defesa tem o dever de alertar o réu de que essa renúncia importa em abdicar do núcleo dos direitos

---

601. Donald A. Dripps, *Guilt, Innocence, and Due Process in Plea-Bargaining*, 57 Wm. & Mary L. Rev. 1343, 1349 (2015).

602. Idem, p. 1349.

603. Langbein, *nota supra* 336, p. 14.

604. Andrew E. Taslitz, *Prosecutorial Preconditions to Plea Negotiations-Voluntary Waivers of Constitutional Rights*, 23 Crim. Just. 14, 19 (2008). *Veja também:* Stephanos Bibas, *Designing Plea Bargaining from the Ground Up: Accuracy and Fairness Without Trials as Backstops*, 57 Wm. & Mary L. Rev. 1055, 1072–1075 (2016).

605. Maximo Langer, *Rethinking Plea Bargaining: The Practice and Reform of Prosecutorial Adjudication in American Criminal Procedure*, 33 Am. J. Crim. L. 223, 229 (2006).

constitucionais: julgamento por um júri ou juiz, confrontamento e inquirição das testemunhas adversas, proibição de apresentação de provas e de arrolar testemunhas, sem esquecer a desnecessidade de que a acusação prove culpa a do réu além de um dúvida razoável (*beyond reasonable doubt*).[606] Na audiência de declaração de culpa e de aceitação do acordo, o juiz dirige-se pessoalmente ao réu, não ao advogado, verificando se o acusado fez uma escolha voluntária e consciente de renunciar a seus direitos antes de aceitar ou rejeitar o acordo firmado pelas partes.

A avaliação da renúncia de direitos do réu leva naturalmente às críticas feitas sobre o papel do juiz no processo de negociação judicial. Como dito anteriormente neste estudo, a consideração judicial desses acordos não foi classificada como uma característica essencial do *plea bargaining* porque não estava presente em mais da metade dos modelos analisados.[607] A participação judicial em procedimentos de barganha não tem como preocupação a avaliação feita da base fática do caso, mas sim a necessidade da supervisão do juiz sobre a legalidade e justiça do contrato proposto.[608] Ao estudar como foi regulamentada a participação judicial e a supervisão de acordos de confissão, foi possível identificar que os estatutos americanos e as regras de processo penal agiram com timidez ao definir o papel das autoridades judiciais. Normalmente, os juízes americanos demonstraram um comportamento bastante condescendente e passivo em favor da barganha.[609] No ponto, Bibas afirma que os juízes não gostam de analisar a culpa durante a audiência de confissão porque não se sentem à vontade e estão acostumados a deixar esse fardo nos promotores e advogados de defesa.[610] Alguns autores ainda afirmam que os juízes nem sequer avaliam com precisão o acordo para garantir que as salvaguardas

606. Idem, p. 229.

607. *Sobre: supra* seção 4.4.

608. William F. McDonald, Plea Bargaining: Critical Issues and Common Practices 1, 109 (1985).

609. Hessick & Saujani, *nota supra* 423, p. 221.

610. Bibas, *nota supra* 403, p. 1065.

do réu foram observadas,[611] ou não demonstram preocupação pelas justificativas postas nos acordos de barganhas.[612]

É claro que os juízes não devem participar das negociações[613] por dever de manutenção da imparcialidade como uma característica central de um sistema acusatório.[614] No entanto, juízes não devem priorizar a eficiência adotando o *plea bargaining* sem uma avaliação cuidadosa das circunstâncias apresentadas ao juízo, sugerindo que os acusados aceitem os acordos a qualquer custo.[615] O papel de um juiz no procedimento de *plea bargaining* deve ser completamente imparcial, sem qualquer interferência durante as negociações entre o Ministério Público e a defesa, supervisionando apenas a legalidade do acordo tal como apresentado no tribunal.[616]

O juiz também deve avaliar se todos os parâmetros constitucionais foram observados, permitindo que o réu confesse sua culpa somente se a autoridade não houver dúvida de que o acusado tomou uma decisão efetiva, voluntária e consciente baseada em todas as circunstâncias do caso, bem ciente das consequências diretas advindas da aceitação do acordo com a acusação.[617] Outra ação significativa a qual seria muito bem-vinda no processo penal norte-americano e já bastante difundida no Brasil é um controle eficaz dos requisitos para aceitar as acusações apresentadas pela promotoria,[618] o que aumenta a imparcialidade dos procedimentos de barganha.[619]

---

611. Hessick & Saujani, *nota supra* 423, p. 189-190.

612. Milton Heumann, Plea Bargaining: The Experience of Prosecutor, Judges and Defense Attorneys 148–149 (1981).

613. Apesar da afirmação, alguns autores defendem um papel mais ativo dos juízes na barganha dos EUA. *Sobre:* Hessick & Saujani, *nota supra* 420, p. 239 (afirma que "o aumento do envolvimento de juízes diminuirá a condenação de réus inocentes" em processos de barganha). *Neste sentido,* Alschuler, *nota supra* 522, p. 1060 (observa que " o processo de barganha pode operar de maneira mais justa e direta quando os juízes participam ativamente").

614. Hessick & Saujani, *nota supra* 423, p. 222–223.

615. Idem, p. 227.

616. Alschuler, *nota supra* 525, p. 1147.

617. Idem.

618. Efetivamente rejeitando acusações que não cumprem as normas legais, ordenando a emenda pela acusação.

619. Alschuler, *nota supra* 525, p. 1147.

Outro ponto crítico quanto ao *plea bargaining* norte-americano é o chamado *trial-tax* ("imposto" por escolher ir a julgamento), que significa que os réus que exercem seu direito de ir a julgamento, se condenados, geralmente recebem punições mais severas do que aqueles que decidem aceitar a oferta do promotor para confessar sua culpa.[620] Sanborn Jr. afirma que a barganha funciona para penalizar o exercício do direito de ser julgado em um processo regular.[621] Confirmando tal teoria, em um estudo particularmente inovador, Dervan e Edkins descobriram que os participantes que foram informados sobre as condições mais duras de uma sentença futura nos julgamentos estavam dispostos a declarar-se culpados em porcentagens mais altas do que aqueles que não eram aconselhados sobre tal possibilidade.[622] Como ser submetido a um julgamento justo (*fair trial*) é um direito constitucional nos EUA, os réus não deveriam ser ameaçados pelo fantasma de uma condenação mais severa por decidirem exercer um direito.

Aqui, parece que o problema do *plea bargaining* volta à divulgação de evidências por parte da promotoria. Se o réu tiver o direito efetivo de conhecer todas as provas que a acusação possui contra ele, o advogado de defesa pode oferecer um conselho melhor sobre aceitar o acordo proposto ou seguir para o julgamento. Não obstante, se a defesa teve acesso prévio a todas ou algumas provas, o réu jamais deveria ser penalizado por exercer seu direito de ir a julgamento. No entanto, a prática nos tribunais norte-americanos mostrou o contrário.

A discussão sobre a crítica ao *plea bargaining* termina com algumas reflexões sobre como a transformação da barganha em uma prática jurídica que nega a história dos fatos. Ou seja, a barganha no processo penal norte-americano como uma prática de negar a busca pela "verdade real".[623] Como já dito várias vezes

---

620. Hessick & Saujani, *nota supra* 423, p. 210.

621. Sanborn Jr., *nota supra* 334, p. 34.

622. Lucian E. Dervan & Vanessa A. Edkins, *The Innocent Defendant's Dilemma: An Innovative Empirical Study of Plea Bargaining's Innocence Problem*, 103 J. Crim. & Criminology 1, 38–43 (2013).

623. Casara, *nota supra* 213, p. 190 (afirma que a punição na justiça consensual desconsidera a verdade e coloca a vontade das partes em primeiro lugar).

nesta obra, o processo penal não deve ser mais que um instrumento para proteger os cidadãos contra a voracidade do Estado para punir quem cometeu um delito. Seguindo tal premissa, normas de direito processual penal devem servir como um caminho obrigatório para garantir que os réus sejam punidos somente se a acusação provar sua culpa além de qualquer dúvida razoável (*beyond reasonable doubt*), sempre obedecendo ao princípio do devido processo legal (*due process clause*) e cláusula de um julgamento justo (*fair trial*).

Além disso, apenas juízes, não promotores, deveriam aplicar punições aos réus, como o resultado de uma avaliação precisa de todas as provas trazidas pelo Ministério Público e pelo advogado de defesa.[624] Dessa forma, a condenação e a punição seriam a consequência natural da verdade construída sobre o material probatório apresentado por ambas as partes envolvidas no caso. Cada julgamento criminal é mais do que apenas um procedimento formal; é um enigma delicado no qual a promotoria e a defesa estão tentando reconstruir a história com base nas evidências apresentadas do órgão julgador. Geralmente, os processos de barganha nos EUA demonstram preocupação com os termos dos acordos e não com os fatos.[625] Assim, alguns acordos de confissão podem resultar na aplicação de uma punição baseada não na história ou na verdade dos fatos ocorridos, mas apenas na vontade das partes em não levar o caso a julgamento. Como observado anteriormente nesta obra,[626] as necessidades de um sistema de justiça criminal utilitarista colocaram a eficiência em um lugar privilegiado, apagando o passado, a história e a verdade dos fatos no processo penal norte-americano. Nesse sentido, o *plea bargaining* é uma prática negadora da história.

---

624. Lopes Jr., *nota supra* 165, p. 1060 -1061.

625. A Suprema Corte dos EUA e muitos estatutos determinam a base factual como um requisito essencial para o plea. No entanto, a presença de tal exigência não significa que a história real dos fatos foi a descrita no caso. Os julgamentos são a manifestação mais completa da busca pela verdade. É o lugar em que a acusação e a defesa devem agir igualmente – trazendo evidências, questionando testemunhas e reconstruindo a história dos fatos. Só assim o júri ou juiz pode concluir o que realmente aconteceu.

626. *Ver supra* seção 4.3.

4.6. *Plea bargaining* e direitos humanos

Esta obra tem frequentemente afirmado que procedimentos criminais foram criados com o objetivo principal de proteger os direitos dos réus contra a voracidade do Estado de usar seu *jus puniendi*. Além disso, este estudo afirmou que os processos criminais são justos somente se os direitos fundamentais dos réus forem sempre observados. Tendo em mente essas diretivas, é hora de avaliar a compatibilidade entre *o plea bargaining* e os direitos humanos dos réus. Duas das mais importantes convenções internacionais sobre o assunto foram usadas como parâmetros de comparação – a Declaração Universal dos Direitos Humanos (DUDH) e a Convenção Americana sobre Direitos Humanos (Pacto de San José). A seção aborda a importante diferença entre expressões similares (direitos humanos e direitos fundamentais) e identifica as características essenciais dos direitos humanos. Além disso, avalia como a teoria geral dos direitos humanos e a DUDH tratam os direitos do réu em julgamentos criminais, passando pelo exame dos direitos dos acusados previstos no texto do Pacto de San José. Posteriormente, discute-se a diferença entre a assinatura e a ratificação de convenções de direitos humanos, esclarecendo como tais questões têm um impacto direto nas práticas de barganha nos Estados Unidos, bem como o impacto potencial no modelo proposto de julgamento sumário para o sistema jurídico brasileiro. Por fim, oferece-se algumas alegações sobre a (in)compatibilidade do *plea bargaining* com os direitos humanos relacionados ao réu no âmbito do processo penal.

A. A universalização dos direitos humanos dos réus

Embora a Magna Carta (em 1215), a Declaração dos Direitos do Homem e do Cidadão (em 1789), e o *Bill of Rights* (em 1791) sejam considerados alguns dos marcos mais importantes para o desenvolvimento dos direitos humanos em todo o mundo ocidental, o processo de universalização[627] desses direitos também pode ser

---

627. A universalização dos direitos humanos não significa que eles sejam uniformes em todo o mundo. *Ver* Antônio Augusto Cançado Trindade, 3 Tratado de Direito Internacional dos Direitos Humanos 30 (2003).

identificado com a criação das Nações Unidas, no período pós Segunda Guerra Mundial.[628] A promulgação da DUDH, em 1948, é vista como uma referência notável na tentativa de criar um padrão universal de proteção aos direitos humanos.[629] Não há dúvida de que o contexto pós-Segunda Guerra Mundial foi a oportunidade mais adequada para estabelecer convenções sobre direitos humanos, considerando a morte de milhões de civis inocentes durante os seis anos do conflito multilateral mais brutal da história humana.[630]

A universalização dos direitos humanos consagrou os direitos essenciais e inalienáveis de qualquer indivíduo que estão ligados à sua condição de ser humano, independente de nacionalidade, religião, condição social, etc.[631] O processo de universalização dos direitos humanos levou em consideração o indivíduo que merece igual atenção na sociedade e deve ser profundamente respeitado em relação ao seu direito de desenvolver livre e autonomamente sua personalidade enquanto pessoa.[632] Cercada por uma perspectiva de inclusão e não-discriminação, a DUDH enfatiza a primeira vez em que o mundo levou a sério um documento em que os direitos humanos eram tratados como garantias universais. Considerando que os réus eram, e ainda são, a parte mais estigmatizada de qualquer sociedade, necessitando da devida proteção de seus direitos contra a avidez do *jus puniendi* do Estado, a DUDH incorporou algumas disposições necessárias sobre os direitos dos acusados em processos criminais.[633]

No entanto, antes de avaliar o texto da DUDH e os direitos dos réus, é importante esclarecer uma diferença terminológica essencial

628. *Sobre:* Fabaiano Melo Gonçalves de Oliveira, Direitos Humanos 46–47 (2016).

629. *Cf.* Valério de Oliveira Mazzuoli, Curso de Direitos Humanos 83-85 (4ª ed. 2017) (explicando que a DUDH era responsável pela disseminação da proteção dos direitos humanos em escala global. De fato, os Estados Unidos e o Brasil são parte dos quarenta e oito países que originalmente aprovaram e assinaram a DUDH).

630. *Sobre:* Fábio Konder Comparato, A Afirmação Histórica dos Direitos Humanos 228 (2ª ed. 2001).

631. Ramos, *nota supra* 113, p. 82. *Neste sentido,* Mazzuoli, *nota supra* 635, p. 84.

632. Daniel Sarmento, Flávia Piovesan & Daniela Ikawa, Igualdade, Diferenças e Direitos Humanos X (2010).

633. Mazzuoli, *nota supra* 635, p. 84. *Cf.* Oliveira, *nota supra* 634, p. 4-5.

que pode causar alguma confusão quando o leitor não está familiarizado com a direitos humanos no contexto internacional. Embora as expressões "direitos humanos" e "direitos humanos fundamentais" ou "direitos fundamentais" possam parecer idênticas, elas não têm o mesmo significado. Ao abordar os direitos universais inerentes à qualidade do ser humano, independentemente da nacionalidade, sexo, religião, etc., a expressão direitos humanos é o termo mais adequado.[634] Por outro lado, a expressão "direitos humanos fundamentais" ou "direitos fundamentais" tem um significado distinto.

Se o texto identifica os direitos humanos que foram reconhecidos como cláusulas essenciais de proteção por uma Constituição, tornando-se uma norma cogente dentro dos limites do sistema legal do país, a expressão "direitos fundamentais" deve ser empregada.[635] Assim, no contexto internacional, os direitos humanos são a melhor expressão a ser usada, enquanto os direitos humanos fundamentais ou direitos fundamentais refletem os direitos internos que os Estados consideram essenciais e são consagrados nos ordenamentos jurídicos nacionais, mais frequentemente nas Constituições.[636] Além disso, para diferenciar ainda mais os direitos humanos e os direitos fundamentais, é possível identificar alguns traços ou características essenciais dos direitos humanos, segundo os estudiosos brasileiros.

Os acadêmicos geralmente identificam algumas qualidades vitais dos direitos individuais e coletivos para melhorar a compreensão da importância e da natureza jurídica dos direitos humanos. Portanto, é possível mencionar pelo menos as seguintes características como inerentes aos direitos humanos: universalidade, inalienabilidade,[637] irrenunciabilidade,[638] indivisibilidade, indispensabilidade;[639]

634. Mazzuoli, *nota supra* 635, p. 23.

635. Idem, p. 27.

636. Ramos, *nota supra* 113, p. 77.

637. Mazzuoli, *nota supra* 635, p. 32-34 (os direitos humanos são inerentes e não podem ser declinados).

638. Idem, p. 32-34.

639. Emerson Malheiro, Curso de Direitos Humanos 42-43 (3d ed. 2016) (direitos humanos são provisões indispensáveis para se viver em uma sociedade justa).

historicidade,[640] imprescritibilidade,[641] e proibição de retrocesso (não entrincheiramento).[642]

Entender a abordagem universal dos direitos humanos e suas características permite a análise das disposições da DUDH estritamente vinculadas ao processo penal. Nessa avaliação, os artigos 2º, 3º, 5º, 7º, 8º, 9º e 10º são os que mais recebem atenção. O artigo 2º delineia o direito à igualdade; ou seja, os réus devem receber tratamento igual, acesso à justiça e à defesa, independente da nacionalidade, orientação sexual, raça, religião, etc.[643] O artigo 3º da DUDH confere o direito à liberdade e à vida como os direitos humanos mais primários do homem que devem ser observados pelo Estado ao criar um estatuto penal. O direito à vida e à liberdade constituem regras gerais, e qualquer restrição a tais direitos pode ser interpretada como uma medida excepcional tomada por um Estado. Por exemplo, como consequência lógica do princípio da legalidade, somente a Constituição ou a lei nos EUA podem criar restrições ao direito à vida e à liberdade da pessoa.[644] Apenas as leis formais podem também criar responsabilidade criminal individual dentro de um sistema democrático regido pelo estado de Direito, como o sistema legal norte-americano.[645] Artigo 5º da DUDH estabelece o que os estudiosos brasileiros chamam de princípio da

640. Oliveira, *nota supra* 634, p. 12 (explica que os direitos humanos foram gradualmente conquistados ao longo da história).

641. *Idem, p.* 14 (sugere que os direitos humanos não devem ser diminuídos, uma vez que um estatuto de limitações não é aplicado aos direitos humanos).

642. Ramos, *nota supra* 113, p. 89 (explica que as disposições mínimas de direitos fundamentais não podem ser eliminadas ou diminuídas por estatutos posteriores ou interpretações judiciais para preservar a sociedade).

643. Por exemplo, um estrangeiro que cometer um crime no Brasil deve receber o mesmo tratamento que os réus brasileiros durante julgamentos criminais. Nesta situação, se o réu não fala a língua oficial do Brasil, como corolário do direito de igualdade, o Estado deve fornecer um intérprete para propiciar o contato com o advogado de defesa, bem como durante todos os processos judiciais.

644. Greco, *nota supra* 112, p . 125-127 (explicando o contexto do princípio da legalidade no direito penal).

645. No entanto, algumas jurisdições dos EUA ainda têm crimes de direito comum. Veja-se: Michael Conant, *Federal Common-Law Crimes and Non-Statutory Crimes against the Law of Nations*, 24 Anglo-Am. Rev. 456 (1995).

humanidade,[646] observando que ninguém deve ser submetido à tortura, penas desumanas, degradantes ou cruéis. Aqui, é possível identificar a existência de alguma controvérsia entre países sobre a interpretação desta cláusula, pois algumas legislações nacionais, como a dos Estados Unidos, ainda permitem a pena de morte como punição pelo cometimento de crimes.[647] Em seguida, o artigo 7º da DUDH constitui uma consagração da cláusula de proteção igualitária, abordando a proibição de qualquer forma de discriminação. Embora de amplo alcance, as disposições são relevantes para os processos penais, considerando o âmbito do princípio do julgamento justo.[648] O artigo 8º da DUDH tem uma relação direta com os procedimentos criminais, pois fornece a base para os Estados estabelecerem remédios constitucionais internos em caso de qualquer ameaça contra o direito à liberdade. Um exemplo do regulamento interno de tal provisão, é o direito de apresentar uma petição de *Habeas Corpus* em caso de qualquer abuso contra a liberdade do indivíduo de livre circulação. O artigo 9º da DUDH pode ser visto como uma extensão do direito à liberdade, porque limita o poder do Estado em questões de prisões individuais, exílio e detenções. Já o artigo 10 delineia os fundamentos de um julgamento justo em processos penais, seguido pelo artigo 11, que consagra a presunção de inocência e o princípio da não retroatividade do direito penal.[649]

Esses são os principais direitos dos réus em julgamentos criminais estabelecidos no texto da DUDH, passando-se ao contexto dos direitos dos réus no continente americano.[650]

---

646. João Paulo Orsini Matinelli & Leonardo Schimitt de Bem, Lições Fundamentais de Direito Penal: Parte Geral do Código Penal 166-169 (2016).

647. *Sobre:* Restrições à Pena de Morte (Arts. 4 (2) e 4 (4) da Convenção Norte-americana sobre Direitos Humanos), Opinião Consultiva OC-3/83, Inter-Am. Ct. HR (ser. A) No. 3 (8 de setembro de 1983) (explica a opinião da Corte Internorte-americana de Direitos Humanos sobre a adoção da pena de morte pelas Partes da DUDH).

648. *Sobre: Supra* secção 3.4.

649. Matinelli & Bem, *nota supra* 652, p. 194. De acordo com o princípio da não retroatividade, um indivíduo só pode estar sujeito a responsabilidade criminal se seu comportamento foi considerado ilegal por uma lei aprovada antes da ação ou omissão ter ocorrido.

650. Para o propósito desta obra, o continente americano engloba a América do Norte, a América Central e a América do Sul.

B. Direitos humanos dos réus e o Pacto de San José de Costa Rica

Como dito anteriormente, a DUDH é considerada uma referência no processo de reconhecimento internacional dos direitos humanos.[651] Como consequência natural, o mundo testemunhou uma propagação de tratados sobre direitos humanos através de sistemas regionais. Em tal âmbito, citem-se o europeu,[652] africano[653] e sistemas americanos de direitos humanos.[654] Enquanto isso, os países do Oriente Médio e as nações asiáticas ainda estão lutando para construir um sistema regional para proteger os direitos humanos em tais partes do mundo.[655] No continente americano, os membros da Organização dos Estados Americanos (OEA) assinaram o Pacto de San José da Costa Rica em 1969. No entanto, o tratado só ganhou eficácia em 1978, após atingir o número mínimo de ratificações.[656]

Seguindo as premissas criadas pela DUDH, o Pacto de San José estabelece os direitos humanos essenciais que devem ser observados em todo o continente americano, principalmente por seus signatários. Neste contexto, os direitos dos réus ligados à processos penais foram devidamente contemplados nos artigos 1-11, 14, 24 e 25. Entre outros, o Pacto de San José protege o direito dos réus à vida, liberdade pessoal, ao julgamento justo, tratamento humano, privacidade, liberdade de efeito leis criadas após a ocorrência do fato (*facto a posteriori)* e compensação em caso de erro judiciário. Comparando o conteúdo da DUDH com o que afirma o Pacto de San José, ambos os instrumentos fornecem aos réus direitos indispensáveis para um julgamento justo, mas o Pacto de San José oferece um catálogo mais detalhado de direitos em seu corpo.

---

651. Comparato, *nota supra* 636, p. 226-227 (explica que a abordagem comum das provisões da DUDH como "soft law" é uma visão muito conservadora dos direitos humanos).

652. Mazzuoli, *nota supra* 635, p. 135-137.

653. Idem, p. 156-159.

654. *Idem*, p. 142–156. Neste sentido: Oliveira, *nota supra* 634, p. 151-213.

655. Mazzuoli, *nota supra* 635, p. 163–165.

656. Oliveira, *nota supra* 634, p. 163.

Não obstante a existência da DUDH e do Pacto de San José, a proteção efetiva dos direitos humanos dos réus varia entre a legislação nacional dos signatários, dependendo de como cada Estado-membro aderiu ao conteúdo desses instrumentos. A razão para tal discrepância na proteção dos direitos humanos é simples: alguns países americanos simplesmente não ratificaram o Pacto de San José.[657] Neste caso, o tratado não obriga o Estado a aderir às regras da Convenção. Outros membros da OEA assinaram, mas não ratificaram a Convenção, criando uma implementação não obrigatória dos direitos humanos em suas legislações nacionais.[658]

A explicação para tal fato é que, de acordo com o direito internacional dos direitos humanos, um tratado multilateral sobre o assunto deve ser aprovado, assinado e ratificado pelas partes antes de entrar em vigor (*hard law*). Caso contrário, se um país não cumprir o processo de ratificação desejado, o tratado só pode ser interpretado como uma diretriz moral ou ética (*soft law*). Alguns autores[659] afirmam que a DUDH não preenche os requisitos necessários previstos na Convenção de Viena sobre o Direito dos

---

657. O Canadá é um dos países que não assinou nem ratificou o Pacto de San José. *Cf. Signatários e Ratificações do Pacto de San José,* OEA, http://www.oas.org/dil/treaties_B-32_American_Convention_on_Human_Rights_sign.htm (última visita em 25 de janeiro de 2018).

658. Os Estados Unidos assinaram, mas não ratificaram o Pacto de San José, enquanto o Brasil não assinou, mas ratificou o Pacto em 1992. *Cf. identidade.* Alguns autores afirmam que os países com dívidas em relação ao devido respeito aos direitos humanos dentro de seu sistema jurídico interno geralmente não ratificaram a Convenção Norte-americana sobre Direitos Humanos. *Por exemplo:* Lauri R. Tanner, *Interview with Judge Antonio A. Cançado Trindade, Inter-American Court of Human Rights,* 31 Hum. Rts. Q. 985, 995 (2009).

659. Malheiro, *nota supra* 636, p. 146 (explica que alguns estudiosos consideram que as disposições da DUDH são "soft law". No entanto, esta opinião não é unânime, porque também existem estudiosos que afirmam que a DUDH deve ser considerada *jus cogens,* com preenchimento obrigatório e disposições irrevogáveis no contexto do direito internacional dos direitos humanos). *Veja também* A. Bianchi, *Direitos Humanos e a Magia de Jus Cogens,* 19 Eur. J. Int. Lei 491, 492, n.3 (2008) (definindo jus cogens como uma categoria de lei no campo do direito internacional, bem como afirmando que os direitos humanos definitivamente devem ser incluídos nessa categoria de normas imperativas).

Tratados (VCLT) e, portanto, não deveria ser interpretada como uma norma imperativa.[660]

Com todo o respeito, esta é uma avaliação imprecisa. Devido ao seu caráter de essencialidade, a DUDH requer interpretação como diretriz universal para a proteção dos direitos humanos, pois suas regras são imperativas e irrevogáveis (*jus cogens*).[661] Analisando o contexto da OEA, dezenove dos trinta e quatro Estados-Parte assinaram o Pacto de San José e vinte e cinco países ratificaram o tratado multilateral, conferindo à Convenção uma importância indiscutível na proteção dos direitos humanos, pelo menos no continente americano. No entanto, como já foi dito, alguns países, como os Estados Unidos, apenas assinaram, mas não ratificaram o tratado.[662] Devido à sua não-ratificação, por exemplo, os EUA não incorporaram todas as disposições estabelecidas no texto do Pacto de San José ao seu sistema legal. Além disso, o governo dos EUA não reconhece a jurisdição da Corte Interamericana de Direitos Humanos, o que, por si só, já constitui uma limitação extrema ao alcance dos direitos humanos dentro do território norte-americano, pois réus condenados nos Estados Unidos são incapazes de apelar à Corte Interamericana de Direitos Humanos (IACtHR).[663] Tendo em mente essas peculiaridades, a subseção a seguir aborda a com-

---

660. Os Estados Unidos não assinaram nem ratificaram o VCLT, mas consideram muitas de suas disposições normas costumeiras do direito internacional. *Sobre:* U.S. Department of State, Treaty Affairs, F.A.Q., Vienna Convention on the Law of Treaties (Jan. 26, 2018, 3:38 PM), https://www.state.gov/s/l/treaty/faqs/70139.htm. *Cf.* Compiled by the Treaty Affairs Staff, Office of the Legal Adviser, Treaties in Force: A List of Treaties and Other International Agreements of the United States in Force on January 1, 2017 551 517–518 (2017), https://www.state.gov/documents/organization/273494.pdf. *Neste sentido:* Vienna Convention on the Law of Treaties, May 23, 1969, 1155 U.N.T.S. 331.

661. *Sobre:* Comparato, *nota supra* 636, pp. 226-228. Mazzuoli, *nota supra* 632, pp. 88-89 (explicando que a DUDH deveria ser interpretada como jus cogens no contexto dos direitos humanos internacionais).

662. Sobre: *Os Signatários e Ratificações sobre o Pacto de San José, nota supra* 665.

663. Tanner, *nota supra* 665, p. 996 (declara que os países que não ratificaram a CIDH podem "aparecer apenas perante a Comissão InterAmericana de Direitos Humanos, não com base na Convenção, mas apenas com base na CIDH sobre os Direitos e Deveres do Homem de 1948, juntamente com as Disposições sobre Direitos Humanos da Carta da OEA.").

patibilidade dos procedimentos de barganha com essas convenções de direitos humanos.

C. Comparando o *plea bargaining* com a DUDH e o Pacto de San José

Este estudo encontrou poucos materiais que abordam, de maneira clara, a compatibilidade das práticas do sistema de justiça criminal dos EUA com a DUDH e o Pacto de San José.[664] Assim, a verificação da compatibilidade entre as práticas levadas a cabo no *plea bargaining* nos Estados Unidos com a DUDH e Pacto de São José mostra-se de suma importância, no intuito de se efetuar uma contribuição real para a melhoria dos processos de negociação de penas. Além disso, uma avaliação mais precisa da barganha dos EUA significaria um modelo melhor ou mais desejável de barganha processual para o Brasil. Analisar a adequação dos processos de barganha sob a visão da DUDH e do Pacto de San José exigiu uma divisão dos direitos dos réus em duas partes: o primeiro grupo inclui o direito à vida e à proteção contra a ultra-atividade de leis malignas (*facto a posteriori*). Os direitos relacionados à julgamentos justos, como o direito à liberdade pessoal, o tratamento humano, a presunção de inocência, etc., estão no segundo grupo.

O ponto inicial nesta análise de compatibilidade é comparar o direito à vida com o *plea bargaining* e os direitos humanos. Não há dúvida de que o direito à vida é o mais importante direito humano, mas pode ser relativizado em poucas e cruciais situações, como em casos de aborto, guerra declarada ou pena de morte, citando a legislação do Brasil como exemplo.[665] A relevância da proteção à vida é tamanha que, a Corte Interamericana de Direitos Humanos, no Parecer Consultivo OC 03/83, declarou que, sob as premissas dos direitos humanos, a aplicação da pena de morte deve ser restrita aos delitos mais graves de um ordenamento jurídico e os Estados que abolirem tal pena não podem adotá-la novamente na legislação

---

664. Johnson, *nota supra* 116.

665. De acordo com a teoria moderna dos direitos humanos e o princípio da proporcionalidade, não há direito absoluto. Para mais informações, veja Alexy, *nota supra* 574.

nacional.[666] A Corte também considerou que, se um Estado-parte mantivesse a pena de morte em seu sistema legal, deveria ser dirigida apenas aos crimes mais graves.[667] Além disso, concluiu que a adoção da pena de morte por qualquer signatário depois da eficácia do Pacto de San José não é compatível com as normas do sistema interamericano de direitos humanos.[668]

Por muito tempo os crimes envolvendo a aplicação da pena de morte constituíam um aspecto compassivo e distinto do sistema legal dos EUA em comparação ao Brasil, e esse traço do sistema de justiça criminal norte-americano está estritamente relacionado aos procedimentos de barganha. Ao contrário do Brasil, a pena de morte não é proibida pela Constituição dos Estados Unidos, e alguns estados ainda aplicam a punição definitiva para crimes graves.[669] Atualmente, a pena de morte ainda é um possível resultado de condenações criminais em trinta e um estados e no sistema federal,[670] o que totaliza mais da metade dos cinquenta estados dos EUA.

Dito isso, não obstante ao fato de o governo dos EUA não reconhecer a jurisdição da Corte Interamericana de Direitos Humanos, os juízes e tribunais daquele país devem sempre considerar as opiniões da CIDH sobre questões relacionadas à aplicação dos direitos humanos ao impor punições a réus. Considerando o direito à vida com a natureza jurídica do *jus cogens*, os Estados Unidos só deveriam permitir a aplicação da pena de morte no caso de crimes contra a vida. Portanto, o ideal é que somente casos envolvendo a ocorrência de homicídio, genocídio e terrorismo permitissem a aplicação da pena de morte nos EUA. Além disso, tendo em mente a natureza imperativa do direito à vida e a liberdade das leis *ex-post*

---

666. Parecer Consultivo OC-3/83, *nota supra* 654.

667. Idem p. 20.

668. Idem p. 15-16, 20.

669. Sobre: U .S. Const. Emenda V (estabelece que ninguém será acusado de um crime capital, "a menos que em uma acusação perante um júri, exceto em casos relacionados a conflitos armados em tempo de guerra ou perigo público. "). *Da mesma forma,* Fisher, *nota supra* 19, p. 32-35 (afirma que as negociações de confissão em casos de assassinato não foram claramente encontradas nos registros do tribunal antes de 1841).

670. *Estados com e sem a Pena de Morte*, Death Penalty Information Center, https://deathpenaltyinfo.org/states-and-without-death-penalty (última visita 26 janeiro de 2018).

facto, defende-se, ainda, outra limitação para a aplicação da pena de morte.[671] Lançando mão de uma interpretação *pró-Direitos Humanos*, a pena de morte dentro do território norte-americano só seria válida se a legislação que instituiu a pena capital tenha entrado em vigor antes que o Pacto de San José ganhasse eficácia.[672] Como decorrência lógica, se um estado ou o próprio Congresso dos EUA promulgou alguma lei permitindo a aplicação da pena de morte após 1978, eventuais condenações em julgamentos sob tais condições deveriam ser invalidadas, tendo em vista sua incompatibilidade com a natureza inerente do *jus cogens*, que caracteriza o direito à vida e o direito à liberdade diante de leis *ex-post facto*.

Da mesma forma, os acordos de confissão (*plea bargaining*) entre a acusação e a defesa efetuados para se evitar a aplicação da pena de morte deveriam ser anulados, ao mesmo tempo em que devem eliminados todos os seus efeitos, no caso de as disposições sobre a pena capital terem entrado em vigor após 1978. A conclusão é de que acordos de confissão realizados entre o réu e a acusação para evitar a aplicação da pena de morte nos tribunais dos EUA só são compatíveis com a DUDH e o Pacto de San José, no que diz respeito ao direito à vida e à liberdade diante de leis *ex-post facto*, se o acordo for baseado em legislação que entrou em vigor anterior ao ano de 1978.

Dito isso, e mudando o foco para os direitos relacionados a um julgamento justo (*fair trial*),[673] a compatibilidade do *plea bargaining* com o Pacto de San José torna-se substancialmente mais controversa.

---

671. *Por exemplo*, em *Coker v. Georgia*, o Supremo Tribunal considerou que a aplicação da pena de morte pela violação de uma mulher era inconstitucional. Coker v. Georgia, 433 US 584 (1977).

672. Embora a doutrina internacional dominante de Direitos Humanos afirme que uma convenção produz efeito no sistema legal interno somente após a ratificação pelo Estado, este estudo não considera tal argumento como uma desculpa para aplicar a pena de morte. *Sobre*: Johnson, *nota supra* 116, p. 587 (explica que uma punição que desumaniza é em si um crime). Além disso, este estudo concorda com a doutrina de Cançado Trindade de que é possível dar uma interpretação concomitante das disposições de Direitos Humanos em diferentes tratados ou instrumentos sobre o assunto, aplicando o resultado mais favorável à proteção dos mesmos. *Sobre*: Cançado Trindade, *nota supra* 633, p. 46-47.

673. *Por exemplo*, direito à liberdade pessoal, tratamento humano, proibição de tortura, etc.

Baseando-se na avaliação anterior das principais críticas ao modelo norte-americano, a principal queixa contra tal prática foi no sentido de que a barganha no processo penal não segue as regras de julgamentos justos, porque a acusação geralmente ameaça o acusado com acusações excessivas de forma a compeli-lo à aceitar o acordo, o que constitui um tipo moderno de tortura.[674] Além disso, alguns estudiosos consideram a possibilidade de barganhar injusta sob a ótica da cláusula de proteção igual, uma vez que policiais visam principalmente minorias raciais e imigrantes no momento das prisões.[675] O princípio da paridade de armas tampouco seria observado, porque a acusação tem mais poder e recursos em comparação com a maioria das defesas.[676] Ainda, as barganhas nunca deveriam derrogar o direito fundamental de ser julgado por um juiz ou júri em um processo, sendo o *plea bargaining* visto como uma subversão completa do processo penal, tornando-se um instrumento de pressão ao invés de um direito de estabelecer limites ao *jus puniendi* do Estado.[677]

Abordando a crítica de que a barganha processual nega ao réu o exercício do direito de ir a julgamento, em teoria, não há incompatibilidade entre essa prática e as disposições dos Direitos Humanos dos réus. Em primeiro lugar, é um princípio geral dos Direitos Humanos que qualquer interpretação que induza a restrição de um direito fundamental deve ser evitada.[678] Sob este primeiro filtro, a barganha não é uma restrição ao direito de ser julgado por um júri, pelo contrário, é uma alternativa nas mãos dos réus, e só eles podem escolher entre exercer o seu direito de fazer um acordo com a acusação ou ir a julgamento.[679] Embora nem o texto original da Constituição dos EUA e tampouco o *Bill of Rights* estabeleçam o *plea bargaining* como um procedimento criminal, a referida prática

---

674. Langbein, *nota supra* 336.

675. Bruce Western & Becky Pettit, *Incarceration & Social Inequality*, 139 Daedalus, Summer 2010, p. 8, 9–11.

676. Hessick & Saujani, *nota supra* 423, p. 189.

677. John H. Langbein, *On the Myth of Written Constitutions: The Disappearance of Criminal Jury Trial*, 15 Harv. J.L. & Pub. Pol. 119, 123–124 (1992).

678. Convenção Norte-americana sobre Direitos Humanos, *nota supra*, art. 29.

679. Ken Strutin, *Truth, Justice, and the American Style Plea Bargain*, 77 Alb. Rev. 825, 831 (2014).

jurídica foi incorporada e regulamentada pelo sistema de justiça norte-americano como um procedimento preventivo para uma rápida resolução de casos, o que constitui uma adição ao direito de ir a julgamento. Por isso, a ideia de escolha voluntária e informada que governa a barganha não é errada ou incompatível com o Pacto de San José de Costa Rica.[680]

Por outro lado, uma conclusão completamente diferente surge quando a barganha se torna um instrumento busca da eficácia e condenações mais rápidas, nas quais uma pressão desproporcional é direcionada aos réus, obrigando-os a aceitar acordos. O adjetivo desproporcional foi usado para qualificar a palavra pressão porque algum tipo de estresse é completamente habitual em casos criminais, sejam nos procedimentos de barganha ou nos julgamentos pelo tribunal do júri ou por um magistrado. A Suprema Corte já decidiu no caso *United States v. Mezzanatto* que *o plea bargaining* exerce pressão sobre os réus para que se declarem culpados e abandonem uma série de direitos fundamentais, mas Corte repetidamente sustentou que o governo pode encorajar uma confissão, oferecendo benefícios substanciais em troca da autoincriminação do réu.[681]

O clima de negociação na barganha judicial é altamente variável. Pode alternar de cooperativo e amigável à barganha dura e altamente antagônica,[682] pela simples razão de que alguém pode acabar na condenado a uma pena privativa de liberdade.[683] O órgão acusatório busca ofertas que melhor se ajustem às circunstâncias do caso, considerando, entre outros, os interesses das vítimas, a segurança pública e a situação pessoal do acusado. Réus, com base no conselho de seus advogados, sempre querem fazer um acordo em que possam negociar por um número mínimo de acusações e também consequências mais tênues advindas da sentença.

680. Idem, p. 829.

681. United States v. Mezzanatto, 513 US 196, 209-210 (1995)

682. Sobre: Alkon, *nota supra* 343, p. 597 (afirma que a barganha pode às vezes ser uma negociação cooperativa; em outras ocasiões, pode ser altamente contraditória).

683. *Sobre:* Andrea Schneider, *Shattering Negotiation Myths: Empirical Evidence On The Effectiveness Of Negotiation Style*, 7 Harv. Negotiation L. Rev. 143 (2002). *No mesmo sentido,* Andrea Schneider, *Cooperating or Caving In: Are Defense Attorneys Shrewd or Exploited in Plea Bargaining Negotiations?*, 91 Marquette L. Rev. 145 (2007).

Por um lado, os promotores são particularmente pressionados pelo número de casos a seu encargo, bem como pela família das vítimas, pela mídia, pela opinião pública, etc. Por outro lado, os próprios réus podem se sentir pressionados pela possibilidade da pena de morte, do encarceramento prolongado, da perda de família, emprego, reputação etc. Portanto, o *plea bargaining* envolve uma pressão natural em ambos os lados, o que é esperado e usual.

Contudo, não é normal nem aceitável que promotores ameacem os réus com acusações excessivas para que aceitem acordos indevidos. Além disso, Tribunais e juízes norte-americanos aplicando sistematicamente punições mais duras aos réus,[684] não devido ao crime cometido, mas sim porque o acusado exerceu o seu direito de ir a julgamento, é algo inadmissível. Essas ações constituem uma forma de coerção moral ou tortura psicológica, e não devem ser toleradas, tendo em vista sua incompatibilidade com as regras básicas de proteção dos Direitos Humanos e julgamentos justos.[685]

Embora seja inquestionável que essas circunstâncias sejam tentativas deploráveis de reduzir os direitos dos réus, não é possível condenar e rejeitar o *plea bargaining* como um método de resolução de casos criminais. Avaliando o cerne da crítica à barganha norte-americana, apesar da existência de questões relacionadas à participação de advogados de defesa,[686] provas,[687] e outros, é factível afirmar que críticas primárias estão mais relacionadas às práticas cotidianas das promotorias,[688] dos juízes e tribunais[689] do que a falhas relacionadas ao processo de barganha em si. Isto indica que a verificação da compatibilidade entre a barganha processual e os Direitos humanos

684. *Sobre:* Discussão *supra* Seção 4.5, abordando as críticas à barganha norte-americana.

685. Langbein, *nota supra* 336, p. 16.

686. *Por exemplo*, defensores públicos sobrecarregados por centenas de casos sem oportunidade de apresentar uma defesa eficaz para seus clientes. Além disso, uma variedade de maneiras de denunciar o mesmo ato pode levar a essas práticas problemáticas com base nos diferentes Códigos Penais através dos modelos Estaduais e Federal nos Estados Unidos.

687. *Por exemplo*, limitação às regras de divulgação.

688. *Por exemplo*, acusar excessivamente os réus.

689. Ameaçando e aplicando sentenças mais duras aos réus que decidem exercer seu direito de ir a julgamento.

(DUDH e Pacto de San José) não deve ser feita sistematicamente, mas sim em uma base caso a caso.

Um exemplo de como a promotoria pode agir nos EUA esclarece a afirmação acima. Suponha que um homem tenha sido preso nas ruas e os policiais tenham encontrado duas gramas de cocaína em seu bolso. Após os procedimentos regulares no Departamento de Polícia, o preso confessou que era viciado em cocaína e que havia adquirido a droga para usá-la como dose diária de "felicidade". A investigação concluiu que a confissão do homem era verdadeira e que ele havia comprado a droga antes de uma festa de um indivíduo não identificado. Depois de avaliar as evidências, o promotor classificou o episódio como um simples caso de comportamento de abuso de drogas e decidiu acusar o homem de posse de drogas com intenção de uso, o que é um crime de menor potencial na comarca do promotor.

Posteriormente, a promotoria ofereceu um acordo recomendando apenas três meses de serviço comunitário em troca da confissão do preso e do testemunho contra o fornecedor das drogas. Durante a reunião entre a acusação e a defesa, a promotoria não apresentou mais considerações. O preso era um corretor respeitado em Nova York e, devidamente aconselhado por seu advogado, aceitou o acordo proposto, encerrando o caso o quanto antes a fim de evitar qualquer dano à sua reputação. O juiz avaliou as cláusulas do acordo e as aceitou, sentenciando o réu a três meses de serviço comunitário em uma clínica especializada para alcoólatras.

Agora, veja-se um cenário diferente baseado nos mesmos fatos. Ao invés de propor um acordo recomendando o serviço comunitário, o promotor adotou uma abordagem diferente. Ele diz ao advogado de defesa que, se o réu não identificar e testemunhar contra seu fornecedor de drogas, apesar de saber que o caso envolve simples situação de abuso de drogas, a promotoria acusaria o homem de posse de drogas com intenção de venda e distribuição, entre outras coisas, o que levaria a pelo menos cinco anos de prisão, segundo o Código Penal local. No entanto, caso o preso confessasse, identificasse o distribuidor de drogas e testemunhasse em favor da acusação, a Promotoria recomendaria três meses de serviço comunitário. Apesar de saber que o réu não cometeu as acusações alegadas pelo promotor, o réu foi aconselhado por seu advogado a aceitar o acordo. Pressionado pela ameaça e pela má orientação do advogado, o preso aceitou o "acordo".

Analisando o exemplo anterior, não há dúvida de que o segundo cenário representa uma violação completa dos Direitos Humanos do réu, mostrando que o "acordo" foi o resultado de pressões indevidas e feito sob a declaração involuntária de culpa de uma pessoa coagida pela acusação. De fato, o exemplo demonstra que somente depois de avaliar uma situação concreta é possível ponderar se o *plea bargaining* é ou não compatível com as disposições da DUDH e do Pacto de San José.

Com base na avaliação acima, entende-se comprovada a alegação de que o modelo de barganha norte-americano, por si só, não constitui uma afronta aos direitos humanos. Não é possível afirmar que tal prática no âmbito de procedimentos criminais caracterize uma violação direta da DUDH ou do Pacto de San José sem antes examinar cada situação concreta. Por outro lado, é possível afirmar que práticas indevidas durante o procedimento *do plea bargaining*, como as mencionadas no exemplo, são inadequadas às disposições de Direitos Humanos e devem ser anuladas. No entanto, considerando que o governo dos EUA não reconhece a jurisdição da Corte Interamericana de Direitos Humanos, há um obstáculo evidente e sério à superação das violações dos Direitos Humanos dos réus ocorridas no território norte-americano. Felizmente, como o Brasil adota uma abordagem completamente diferente do reconhecimento doméstico dos direitos humanos dos réus, o controle da compatibilidade entre um eventual modelo de barganha processual com a DUDH e o Pacto de San José é possível no país, como mostra o capítulo seguinte.

Capítulo 5

AVALIANDO A BARGANHA E A JUSTIÇA CONSENSUAL NO PROCESSO PENAL BRASILEIRO

O atual capítulo começa com uma avaliação de como o sistema legal brasileiro aborda os direitos humanos dos réus à luz da DUDH e do Pacto de San José. Pontua-se como o Novo Projeto de CPP planeja introduzir a barganha no Brasil como o novo rito sumário em julgamentos criminais, seguido de uma avaliação do nível de conhecimento e aceitação do novel instituto entre juízes e membros do ministério público. A seção termina com o exame de críticas acadêmicas à provável adoção da barganha no processo penal pátrio. Há também uma seção contendo uma breve explicação sobre as raízes da justiça consensual no processo penal e as três práticas comuns de justiça consensual descritas na Lei Federal nº 9.099/1995, que não podem ser classificadas como barganha processual. Ao final, apresentam-se algumas considerações sobre a prática da chamada delação premiada ou colaboração premiada, avaliando a alegação feita por alguns estudiosos no Brasil que a comparam o *plea bargaining* norte-americano, bem como são pontuadas as inovações trazidas pela Lei n. 13.964/2019, que formalmente introduziu o chamado acordo de não persecução penal no art. 28-A do atual Código de Processo Penal.

5.1. A Constituição brasileira e os direitos humanos

Como esta obra mostrou no Capítulo 3, desde 1988, foi inaugurado no Brasil um regime de estado democrático de direito, com a Constituição no topo do sistema legal.[690] Uma vez que a

690. Constituição Federal, preâmbulo e art. 1.

nova ordem democrática sucedeu um longo período de ditadura no Brasil, esperava-se a existência de muitas normas sobre direitos fundamentais no corpo da Constituição, tendo o legislador constituinte deixado capítulo específico, mas não exclusivo dedicado aos direitos fundamentais individuais. Isso porque o STF decidiu que direitos fundamentais não são apenas os descritos no artigo 5º da Carta Maior, como também todas as disposições sobre direitos individuais essenciais que aparecem em qualquer parte do seu texto. Por exemplo, o Tribunal considerou que a norma inserida no artigo 150 da Constituição, estabelecendo limitações ao poder de tributação do governo, é um direito fundamental individual, apesar de sua colocação no capítulo que regulamenta as normas gerais do Sistema Tributário Nacional.[691]

Ainda, é importante ressaltar que o sistema legal brasileiro tem uma interpretação ampla tanto da DUDH como do Pacto de San José. O Brasil reconhece, inclusive, direitos que não estão previstos no corpo da Constituição como direitos fundamentais, desde que haja a previsão de tais direitos em Convenções sobre Direitos Humanos em que o Brasil seja parte, ou a aceitação de que os direitos estão estritamente relacionados aos princípios democráticos adotados pela Constituição.[692] Além disso, a Constituição proíbe alterar, abolir ou restringir o alcance dos direitos fundamentais.[693] Por fim, cumpre informar que os tratados de direitos humanos podem receber o *status* de normas constitucionais no Brasil. Para tanto se faz necessária a aprovação em dois turnos de votação em cada casa (Câmara dos Deputados e Senado Federal), com maioria de dois terços de seus membros, ocasião em que tais tratados receberão o *status* de Emendas à Constituição.[694]

691. STF, ADI 939-7 / DF – Distrito Federal, Tribunal Pleno, Relator: Mín. Sydney Sanches, 15/12/1993, 1737-02, Diário Oficial, 18.03.1994, 5165. Neste sentido, Luciano Felicio Fuck, Supremo Tribunal Federal e a Concretização dos Direitos Fundamentais no Sistema Tributário Brasileiro. Concretização dos direitos fundamentais no sistema tributário brasileiro] (2014). (Explica como os direitos fundamentais e o sistema de tributação estão relacionados).

692. Constituição Federal, art. 5, p 2

693. *Idem*, art. 60, § 4.

694. *Idem*, art. 5, § 3.

Não obstante as disposições detalhadas da Constituição, o Brasil também reconhece oficialmente a jurisdição da Corte Interamericana de Direitos Humanos e é uma parte efetiva do sistema americano de direitos humanos.[695] De fato, o Brasil tem aparecido várias vezes perante a Corte devido às supostas violações de direitos humanos em seu território, realizadas por agentes públicos. Em alguns casos, a CIDH reconheceu as violações aos direitos humanos cometidas no Brasil, ordenando reparações imediatas. Por exemplo, em 2014, depois de analisar o caso da situação dos presos no Complexo Penitenciário de *Curado* 2, a CIDH considerou que o Brasil não cumpriu sua obrigação com relação ao direito à vida e ao tratamento humano dos presos. Em seguida, a Corte exigiu que o Estado adotasse imediatamente todas as medidas necessárias para proteger efetivamente a vida e a integridade pessoal de todas as pessoas privadas de liberdade no complexo *Curado*, e de qualquer pessoa que esteja nesse estabelecimento, incluindo guardas prisionais, funcionários e visitantes.[696]

Portanto, diferentemente do que acontece nos Estados Unidos, cujo governo não reconhece nem aceita a jurisdição da CIDH, o Brasil busca seguir e cumprir[697] as resoluções e recomendações daquele organismo internacional. O reconhecimento brasileiro de tal jurisdição torna-se ainda mais essencial no contexto dos direitos dos acusados, porque o Sistema Americano de Direitos Humanos[698]

695. Ratificações da Convenção Norte-americana sobre Direitos Humanos, Pacto de San José, http://www.cidh.org/Basicos/English/Basic4.Amer.Conv.Ratif.htm#4 (última visita em 19 de janeiro de 2018).

696. Provisional Measures Regarding Brazil Matter of the Penitentiary Complex of Curado2, 12 (2014), Inter-Am. Ct. H. R. Order Provisional Measures Curado 2, 2014.

697. *Por exemplo*, no caso Favela *Nova Brasília v. Brasil*, a Corte reconheceu a responsabilidade do Brasil por não respeitar os direitos fundamentais das vítimas de um homicídio em massa em 1994, determinando que o país reabrisse a investigação e pagasse reparações às famílias das vítimas. *Sobre:* Nova Brasília v. Brazil, Merit, Reparations and Costs, Judgment, Inter-Am. Ct. H. R. (ser. C) No. 333, at 1, "Decides" (17 de fevereiro de 2017).

698. Composta pela Comissão Interamericana de Direitos Humanos (CIDH) e pela Corte Internorte-americana de Direitos Humanos (CtIDH), a Comissão tem autoridade administrativa para receber e avaliar as comunicações de violações aos direitos humanos feitas por indivíduos ou ONGs contra qualquer um dos países que sejam parte do Pacto de San José e seus protocolos adicionais. Por outro lado, a Corte tem o poder de opinar sobre consultas e jurisdição para determinar a responsabilidade internacional de um membro da OEA por violar direitos humanos em seu território. *Sobre:* Malheiro, nota 642, 283–284.

pode ser a tentativa final de anular ou reverter uma condenação que não respeitou os direitos básicos de um réu durante o processo penal no Brasil.

No ponto, importante mencionar que a CIDH não analisa o aspecto material de uma sentença de condenação proferida no Brasil, mas apenas sua substância, verificando se o julgamento criminal seguiu os parâmetros internacionais de direitos humanos para alcançar um resultado válido. Tendo em mente a avaliação acima sobre como o sistema legal brasileiro lida com os Direitos Humanos, é possível afirmar que, em casos de violação, o Brasil possui um sistema mais adequado à proteção dos direitos humanos em comparação com EUA.[699] Se as autoridades brasileiras, no curso de um processo criminal, seja durante a instrução ou durante a fase de investigações, desrespeitarem os direitos dos réus ou dos investigados, é sempre possível recorrer à CIDH. Essa gama mais ampla de proteção dos direitos do acusado no Brasil certamente exercerá um impacto interessante na adoção barganha processual, considerando que é uma limitação natural do poder de punir do Estado.

5.2. A Barganha no Novo Código de Processo Penal

A presente seção avalia o Projeto de Novo CPP, na parte em que se busca introduzir o *plea bargaining* em julgamentos criminais brasileiros. Avalia-se o que os profissionais da área jurídica pensam sobre o modelo de barganha proposto pelo anteprojeto do CPP, com base em respostas a uma pesquisa feita com juízes federais, juízes estaduais, defensores públicos federais, advogados, promotores de

---

699. *Sobre:* Tanner, *nota supra* 665, p. 995 (resume a resposta de um ex-presidente da CIDH sobre as consequências da não-ratificação do Pacto de San José de Costa Rica pelos EUA e sua resposta de que "os países que ainda não ratificaram a Convenção Interamericana têm uma dívida histórica com o sistema, e eles deveriam aceitar essa dívida, porque poderiam fortalecer muito o sistema de proteção se estivessem dentro da Convenção Interamericana". Neste sentido, John Quigley, *Human Rights Defenses in U.S. Courts*, 20 Hum. Rts. Q. 555, 591 (1998) (explica que "Quaisquer que sejam as razões da relutância judicial em implementar os direitos baseados em Tratados, o resultado é que os Estados Unidos correm o risco de se tornar uma espécie de atraso na execução de direitos" e "dificilmente pode pretender ser um líder em questões que tratam de Direitos Humanos uma vez que se recusam a aplicar os padrões legais pelos quais responsabiliza outras pessoas.").

justiça e procuradores da república. Examinam-se as disposições e requisitos necessários para garantir um acordo válido entre os réus e promotores. Por fim, apresentam-se as críticas mais latentes ao modelo de barganha delineado no anteprojeto do CPP.

A. A Barganha Processual como um Novo Procedimento Sumário

O Projeto de Novo CPP, no Título II (Processos Criminais), em seu Capítulo III (Ritos Sumários), pretende introduzir a barganha processual nos julgamentos criminais brasileiros como uma alternativa ao rito comum.[700] O artigo 283 do projeto esboça a base do procedimento e os dez parágrafos seguintes estabelecem o arcabouço para que esta nova prática seja promulgada em breve no Brasil. A seguinte estrutura é fornecida para o novo rito sumário:

> Art. 283. Até o início da instrução e da audiência a que se refere o art. 276, cumpridas as disposições do rito ordinário, o Ministério Público e o acusado, por seu defensor, poderão requerer a aplicação imediata de pena nos crimes cuja sanção máxima cominada não ultrapasse 8 (oito) anos.
>
> § 1º São requisitos do acordo de que trata o *caput* deste artigo:
>
> I – a confissão, total ou parcial, em relação aos fatos imputados na peça acusatória;
>
> II – o requerimento de que a pena privativa de liberdade seja aplicada no mínimo previsto na cominação legal, independentemente da eventual incidência de circunstâncias agravantes ou causas de aumento da pena, e sem prejuízo do disposto nos §§ 2º e 3º deste artigo;
>
> III – a expressa manifestação das partes no sentido de dispensar a produção das provas por elas indicadas.
>
> § 2º Aplicar-se-á, quando couber, a substituição da pena privativa de liberdade, nos termos do disposto no art. 44 do Código Penal, bem como a suspensão condicional prevista no art. 77 do mesmo Código.

700. *Sobre: supra* Seção 3.5 (explica as diferenças entre os processos criminais ordinários, sumários e sumaríssimos no Brasil).

> § 3º Mediante requerimento das partes, a pena aplicada conforme o procedimento sumário poderá ser, ainda, diminuída em até 1/3 (um terço) do mínimo previsto na cominação legal, se as condições pessoais do agente e a menor gravidade das consequências do crime o indicarem.
>
> § 4º Não se aplica o disposto no § 3º deste artigo se incidir no caso concreto, ressalvada a hipótese de crime tentado, outra causa de diminuição da pena, que será expressamente indicada no acordo.
>
> § 5º Se houver cominação cumulativa de pena de multa, esta também será aplicada no mínimo legal, devendo o valor constar do acordo.
>
> § 6º O acusado ficará isento das despesas e custas processuais.
>
> § 7º Na homologação do acordo e para fins de aplicação da pena na forma do procedimento sumário, o juiz observará o cumprimento formal dos requisitos previstos neste artigo.
>
> § 8º Para todos os efeitos, a homologação do acordo é considerada sentença condenatória.
>
> § 9º Se, por qualquer motivo, o acordo não for homologado, será ele desentranhado dos autos, ficando as partes proibidas de fazer quaisquer referências aos termos e condições então pactuados, tampouco o juiz em qualquer ato decisório.
>
> Art. 284. Não havendo acordo entre acusação e defesa, o processo prosseguirá na forma do rito ordinário.[701]

Estudando a legislação proposta e tendo em mente as discussões anteriores realizadas nesta obra, a primeira conclusão óbvia é que o Rito Sumário no projeto de Novo CPP é um modelo autêntico de *barganha processual (plea bargaining)*, embora o projeto de lei não tenha usado tal terminologia. De fato, esta é a primeira falha do esboço; que deveria referir-se expressamente ao termo "barganha" ou "barganha processual" no texto. Ao invés de nomear e definir a barganha processual no corpo do novo esboço do CPP, a primeira menção explícita à expressão "barganha" no sistema legal brasileiro é encontrada no Projeto de Novo Código Penal. Isso evidencia um erro técnico por parte dos legisladores brasileiros, uma vez que questões

701. Propostas de Emendas ao Projeto de Novo Código de Processo Penal, *nota supra 6.*

envolvendo procedimentos criminais, como a barganha processual, devem ser explicitamente incluídas no anteprojeto do CPP, e não no anteprojeto do Código Penal.[702]

A seção 4.1 já conceituou a barganha tanto em sentido restrito quanto amplo. A primeira abordagem definiu-a como um procedimento preliminar pelo qual um indivíduo formalmente acusado de cometer um crime negocia uma confissão com a acusação em troca de algum benefício, como o abrandamento das acusações, uma recomendação para uma sentença leniente, ou ambos. Além disso, um conceito mais amplo de barganha inclui a fase da negociação de confissão em que o réu, em audiência pública, confessa voluntariamente, de forma livre e consciente, a autoria do crime ou não contesta a acusação (*nolo contendere*), na expectativa de receber algum benefício da acusação, do Juiz ou de ambas as autoridades.

Comparando esses conceitos com as disposições do Projeto de Novo CPP (Art. 283) e do Projeto de Novo CP (Art. 105), não há dúvida de que o "rito sumário" corresponde à barganha processual. De fato, o projeto de Novo do Código Penal afirma que a acusação e o réu podem exigir a aplicação imediata de uma punição condicionada à confissão do réu, bem como uma declaração manifesta para renunciar ao direito do réu de apresentar provas. Ambos os projetos de Códigos também afirmam que a punição aplicada deve ser sempre no mínimo legal em troca da confissão, e que a aprovação do acordo significaria a condenação do réu. Portanto, não há dúvida de que o modelo proposto pelo projeto de Novo CPP é, essencialmente, a barganha (*plea bargaining*).

Classificar a barganha como um tipo de processo, ao invés de um procedimento pré-processual, poderia ser apenas uma questão de semântica em certos sistemas legais, mas não no Brasil. Sendo caracterizado como um procedimento de barganha, o modelo de julgamento sumário delineado no anteprojeto do CPP tem alguns traços peculiares em relação à prática usada no sistema de justiça criminal dos EUA.

---

702. Projeto de Lei nº 236/2012 (Novo Código Penal), art. 105, https://legis.senado.leg.br/sdleg-getter/documento?dm=3515262&disposition=inline.

A primeira diferença está no título, já que no Código brasileiro, a referência ao procedimento de barganha processual se dá como "Rito Sumário".

Na Seção 5.3 (B), esta obra explica que a composição civil dos danos e a transação penal são instrumentos para evitar um julgamento em situações relacionadas a crimes de menor potencial ofensivo. Além disso, na Seção 5.3 (D), afirma-se que, atualmente, as maneiras pelas quais um réu pode evitar um julgamento criminal no Brasil são restritas às hipóteses previstas na Lei 9.099/1995,[703] (através da composição civil de danos, transação penal, ou suspensão condicional do processo) e da inovação trazida pelo novo art. 28-A do CPP (acordo de não persecução penal).

A colocação da barganha como um dos vários procedimentos de julgamento criminal no Projeto de Novo CPP demonstra obediência ao princípio constitucional da presunção de inocência. No Brasil, como explicado anteriormente, uma pessoa só é considerada culpada depois que uma sentença final é proferida, sem mais oportunidades de recorrer da condenação.[704] Se o Projeto de Novo CPP considerasse a barganha como um procedimento pré-processual, a provisão seria atacada devido a sua clara inconstitucionalidade. A possível introdução do *plea bargaining* como um tipo de procedimento penal preenche, pelo menos teoricamente, o papel de uma condenação efetiva em um ambiente em que o réu exerce voluntariamente o direito de tomar decisões autônomas de acordo com a exigência constitucional de um julgamento final. Este ponto será retomado posteriormente nesta obra, apresentando e debatendo críticas ao modelo de barganha brasileiro.

No entanto, apesar da afirmação de que a barganha processual, como parte de um procedimento penal, respeitaria a Constituição, é necessário avaliar se as normas e etapas do procedimento em si também são compatíveis com a Constituição Brasileira. Independente das extensas críticas à adoção da barganha no Brasil por parte de estudiosos, alguns argumentos são favoráveis à sua aplicação em

---

703. Na próxima seção, esta obra define os crimes menores, que são aqueles em que a punição máxima delineada para o crime não é mais do que dois anos de prisão.

704. *Sobre: Supra* seção 3.4 (B), sobre a presunção de inocência.

julgamentos criminais. Flávio Andrade, por exemplo, defendeu a ideia de que o consenso em julgamentos criminais não é criado para diminuir os direitos fundamentais dos acusados.[705] Segundo Andrade, a ideia é incentivar as partes a encontrarem uma solução mais rápida e satisfatória para os casos criminais, facilitando a reabilitação do réu, reestabelecendo a paz e a ordem na sociedade.[706] O autor também apontou que os riscos ou perigos da justiça penal consensual podem ser drasticamente reduzidos por uma legislação eficaz sobre a barganha, limitando o alcance do consenso e dos poderes dos promotores, exigindo desempenho mais efetivo da defesa e do juiz.[707] Andrade concluiu seu raciocínio afirmando que a assistência efetiva do advogado e o pleno exercício do controle judicial são essenciais para assegurar uma declaração voluntária e consciente do réu ao aceitar ou rejeitar um acordo.[708] Da mesma forma, Jivago Ulguim e outros afirmaram que a barganha processual seria útil para julgamentos criminais brasileiros se aplicada de acordo com os direitos e garantias da Constituição.[709] Endossando a aplicação da barganha no Brasil, o Conselho Nacional de Procuradores-Gerais informou que sua utilização poderia reduzir significativamente o número de casos pendentes,[710] Além disso, o relatório afirma que a barganha processual seria uma solução alternativa em que uma pena não privativa de liberdade (por exemplo, restrição de alguns direitos) é aplicada no início do procedimento, em homenagem a uma visão restaurativa e transacional da justiça criminal.[711]

705. Flávio da Silva Andrade, *A Ampliação dos Espaços de Consenso no Processo Penal*, 184-185 (dissertação de mestrado não publicada, UFMG, 2017) (em arquivo com o autor). Após a publicação da primeira edição deste livro, a referida dissertação de mestrado tornou-se livro e foi publicada pela editora Jus Podivm, cujos créditos se seguem: ANDRADE, Flávio da Silva. Justiça Penal Consensual: controvérsias e desafios. Salvador: JusPodivm, 2018.

706. Idem.

707. Idem.

708. Idem.

709. Jivago Pizarro Schulte Ulguim e outros, *O PL 8045/2010 e o Acordo em Matéria Processual Penal: Da Matricial Onto-Antropológica de Faria Costa à Detração Penal. Possibilidades e Reflexões*, 10 Interfaces Acadêmica 110, 121 (2015).

710. Análise do Projeto de Lei nº 156/2009 do Senado (PL 8045/2010 da Câmara), Que Institui o Novo Código Do Processo Penal 58 (2011), http://paginasdeprocessopenal.com.br/wp-content/uploads/2015/02/cpp-reforma-mj.pdf.

711. Idem.

B. A Aprovação da Barganha entre Juízes, Promotores públicos e Defensores Públicos

Antes de introduzir mudanças em qualquer campo profissional, é necessário compreender o nível de familiaridade e endosso de uma nova prática entre os profissionais que interagem diariamente com o que será modificado. Conforme mencionado no Capítulo 4, a barganha processual (*plea bargaining*) é uma prática estrangeira que o Brasil pretende importar, seguindo o exemplo de muitos outros países que já incorporaram o procedimento nos respectivos Códigos de Processo Penal ou legislação processuais interna.[712] No entanto, os resultados em muitos países não têm sido satisfatórios devido à falta de endosso da barganha entre os profissionais da área jurídica, principalmente Promotores e Juízes.[713] Como a futura adoção da barganha processual no Brasil pode enfrentar reações semelhantes de profissionais da área jurídica, este estudo apresenta os resultados de uma pesquisa criada para avaliar o nível de conhecimento de profissionais que trabalham com julgamentos criminais, para determinar o que pensam sobre o modelo proposto pelo Projeto do Novo CPP. O público alvo englobou Juízes Federais, Juízes Estaduais, Procuradores da República e Promotores Estaduais, além de Defensores Públicos e advogados.

Antes de explicar os resultados da pesquisa, é importante entender as informações nela contidas. A primeira parte explanou o tópico e incluiu todo o texto do Projeto de Novo CPP relacionado ao Rito Sumário, apresentando aos participantes as normas do modelo de barganha que o referido projeto de lei pretende implantar no Brasil. A segunda parte foi composta por oito questões relacionadas à ocupação do participante, sua percepção sobre os desafios no atual sistema de justiça criminal, opinião sobre o motivo da crise no sistema de justiça criminal e, por fim, acerca do conhecimento do participante sobre o modelo de barganha proposto.

---

712. *Sobre:* Fair Trials, The Disappearing Trial: Towards a Rights-Based Approach to Trial Waiver Systems, *nota supra* 326, p. 23–32.

713. Alkon, *nota supra* 66, p. 408–411 (aproximando-se do fracasso da barganha na Moldávia). *Neste sentido,* Cynthia Alkon, *Introducing Plea Bargaining into Post-Conflict Legal Systems* (INPROL, Memorando de Pesquisa, 2014).

A divulgação da pesquisa teve o auxílio da Associação dos Juízes Federais do Brasil (AJUFE), do grupo de Juízes Federais com Jurisdição Criminal do Tribunal Regional Federal da 1ª Região (TRF1), de Procuradorias Públicas (notadamente dos estados do Rio de Janeiro, Goiás e Minas Gerais), da Procuradoria-Geral da República, da Defensoria Pública da União (DPU) e de advogados que acessaram e responderam voluntariamente à pesquisa. Aos participantes foram dados noventa dias para acessar a pesquisa, entre maio e agosto de 2017. No total 303 profissionais responderam às perguntas: 80 Juízes, 29 Defensores Públicos e advogados e 194 membros do ministério público.

A análise dos resultados da pesquisa fornece dados interessantes.[714] A primeira pergunta questionava se os participantes concordavam que o Sistema de Justiça Criminal brasileiro está enfrentando uma crise séria. Surpreendentemente, 96,4% dos entrevistados afirmaram que o sistema de justiça criminal está em grave crise, enquanto apenas 3,6% não encontraram grandes problemas com o atual modelo de justiça criminal. Tais dados já confirmam uma das assertivas essenciais feitas no início desta obra – que há absolutamente errado com o modelo atual de justiça criminal no Brasil.

A segunda questão pediu aos participantes que escolhessem duas das dez possíveis explicações sobre a natureza ou causa da crise: prisões superlotadas, lentidão dos processos criminais, impunidade, condenações injustas, elevado número de presos temporários e provisórios, alto custo dos presos, número insuficiente de prisões, execuções da condenação que começam somente depois do trânsito em julgado ou influência negativa da mídia.

Mais uma vez, os resultados foram surpreendentes, atestando outra importante afirmação feita nesta obra: a crise decorre de uma falta de legitimidade baseada na ineficácia dos julgamentos criminais. As duas principais respostas indicaram que as causas centrais da crise do sistema criminal brasileiro estão relacionadas à lentidão e à impunidade nos julgamentos criminais. Entre as respostas, uma maioria surpreendente de 59,1% afirmou que a lentidão dos julgamentos

714. *Veja o* Apêndice II para os gráficos de amostra de perguntas e respostas.

é a principal causa da crise, seguida por 55,4% que consideraram a impunidade um fator decisivo na diminuição de confiança no sistema de justiça criminal brasileiro. A terceira resposta mais comum foi a superpopulação de presídios (43,9% dos participantes), confirmando outra alegação feita no início da publicação sobre as causas dos problemas de justiça criminal no Brasil.

Nenhuma das alternativas remanescentes acerca das causas prováveis da crise no sistema de justiça criminal brasileiro recebeu um alto número de respostas, ratificando a hipótese inicial: os problemas de justiça criminal no Brasil estão relacionados principalmente ao encarceramento em massa e à ineficácia do processo penal.

Estreitando o foco no procedimento criminal, a pesquisa solicitou aos participantes que dessem sua opinião sobre a compatibilidade da transação penal e a suspensão condicional do processo, delineadas na Lei Federal nº 9.099/1995, com a Constituição de 1988. A intenção era identificar o nível de endosso para a justiça consensual[715] entre profissionais do direito. Os participantes escolheram entre quatro opções, com a maioria (51,6%), respondendo que o modelo atual é compatível com a Constituição e indispensável à justiça criminal. Mais de um terço dos participantes, aproximadamente 37%, disseram que as normas atuais de justiça consensual são compatíveis com a Constituição, mas não necessariamente levaram à eficácia e rapidez dos julgamentos criminais. Quase 10% dos participantes consideraram essas práticas constitucionais, mas não essenciais ao sistema, e, por fim, apenas 1,3% dos entrevistados discordaram das práticas de justiça consensual nos julgamentos criminais brasileiros. Os resultados corroboram os argumentos já expostos: enquanto a justiça consensual é compreendida como o futuro da resolução em julgamentos criminais, o atual modelo delineado na Lei Federal nº 9099/1995 é insuficiente para resolver problemas relacionados ao ritmo lento e à ineficiência dos julgamentos criminais.

A pergunta subsequente questionou se os participantes acreditavam que os julgamentos criminais poderiam ser permeados de eficácia e celeridade ao mesmo tempo. Mais de 98% dos respondentes

---

715. *Sobre: infra* Seção 5.3 para a definição e outras questões relacionadas à justiça consensual em julgamentos criminais brasileiros.

entendem que sim, mas impressionantes 73,8% indicaram que não acreditavam que tal resultado fosse possível com base no atual sistema de justiça criminal. Por outro lado, 77% dos que responderam entendem que o processo penal pode ser célere e eficaz sem desrespeitar os direitos fundamentais. As conclusões das respostas informam que o modelo atual de justiça criminal não tem incrementado a velocidade e ou a eficácia em julgamentos criminais. Todavia, pelo teor das respostas, os profissionais do direito entendem que qualquer alteração na legislação deve incorporar o respeito incondicional aos direitos fundamentais dos réus como princípio orientador.

Duas outras perguntas da pesquisa foram elaboradas para determinar a familiaridade dos participantes com o modelo de barganha processual (*plea bargaining*) proposto no projeto de novo CPP e sua compatibilidade com a Constituição Brasileira. A maioria dos participantes, em torno de 57%, não estava familiarizada com o conteúdo do projeto de novo CPP. Mais de 50% dos participantes, no entanto, consideraram o rito sumário proposto totalmente compatível com a Constituição e com os tratados de direitos humanos que vinculam o Brasil. Quase um terço dos entrevistados, 29%, acreditava que a barganha era compatível com as normas e princípios da Constituição, mas que a proposta requeria consideração adicional, discussão e melhor entendimento do projeto antes de entrar em vigor, a fim de se evitar restrições indevidas aos direitos fundamentais. Outros 16% dos participantes ainda não tinha opinião sobre o assunto, e apenas 4% considerou o modelo inconstitucional.

As respostas a estas questões indicam que os debates sobre a introdução da barganha processual devem continuar antes de entrar em vigor qualquer nova legislação regulando o procedimento. Esta conclusão baseia-se não apenas no elevado número de participantes que não estavam familiarizados com o modelo delineado pelo Projeto de Novo CPP, mas também na considerável porcentagem, quase 30%, de entrevistados que não acreditavam que o modelo atual poderia ser introduzido sem prejudicar os direitos fundamentais do réu.

A última pergunta da pesquisa pediu aos participantes que opinassem sobre o modelo de barganha delineado pelo projeto de novo CPP, assumindo que não houvesse preocupação com sua constitucionalidade. A maioria, 79,2%, respondeu que a barganha ajudaria a resolver problemas relacionados à eficácia dos julgamentos criminais brasileiros. Essa maioria foi então dividida entre aqueles que acreditavam que o procedimento reestabeleceria decisivamente a confiança na justiça criminal (43,9%) e aqueles que viam o *plea bargaining* apenas como uma solução parcial para o problema (35,3%). Outros 15% dos participantes não tiveram opinião sobre o assunto, e apenas 2,6% se preocupavam com a possibilidade de os julgamentos criminais serem piores após a introdução da barganha processual no Brasil.

Os resultados da pesquisa confirmaram, portanto, algumas das hipóteses feitas no início desta obra, mostrando como os problemas no sistema de justiça criminal brasileiro estão relacionados à ineficiência do processo penal. Esses resultados também endossaram o argumento de que, embora o modelo atual de justiça consensual delineado pela Lei Federal nº 9.099/1995 apresente alguns resultados positivos, não bastou para resgatar a confiança no sistema de justiça criminal. Assim, faz-se necessária a introdução de uma nova legislação para melhorar a questão da velocidade e eficácia dos julgamentos. Além disso, os resultados demonstraram que o Brasil precisa de uma discussão mais aprofundada acerca da barganha processual antes de introduzir o novo Rito Sumário em julgamentos criminais. Somente após discussões frutíferas e uma melhor compreensão das particularidades associadas aos direitos fundamentais dos réus, deve ser implementado um modelo competente de barganha no Brasil.

C. Normas de Barganha no Projeto do CPP

Após o exame acerca do conhecimento e o nível de endosso da barganha processual proposta pelo projeto de novo CPP, é hora de comentar o conteúdo do procedimento que se buscar implantar no processo penal pátrio. A presente seção analisará particularmente todas as provisões do Projeto de Novo CPP relacionadas à barganha processual.

Embora o Projeto de Novo do Código de Processo Penal estabeleça uma série de requisitos e etapas para o procedimento de barganha, sendo teoricamente compatível com a Constituição, esta seção busca demonstrar que as normas delineadas no projeto enviado ao congresso não refletem as reais necessidades em um julgamento criminal em que se respeite os direitos fundamentais dos réus. O modelo de barganha do novo CPP não inclui algumas provisões importantes. Ao invés disso, insere medidas desnecessárias no texto, transformando o futuro rito sumário em um procedimento disforme. Se promulgado sob sua redação atual, a barganha provavelmente produzirá mais problemas do que trará soluções ao já problemático sistema de justiça criminal brasileiro. Dito isso, passa-se a explorar como o projeto de barganha no novo CPP: a) delineia o conjunto de deveres do juiz, o elegendo como a autoridade responsável pela aprovação do acordo; b) estabelece deveres para as partes envolvidas nas negociações; c) inclui disposições considerando a natureza dos crimes; e, d) descreve outros requisitos, como o prazo para celebrar um acordo, a renúncia aos direitos e os requisitos de disposição direitos e conhecimento das condições do acordo por parte dos réus.

As Partes Processuais e o Modelo Brasileiro de Barganha (plea bargaining) Prevista no Projeto de Novo CPP

De acordo com as provisões do projeto de Novo CPP, a acusação e o réu, representado por um advogado, poderão apresentar uma petição solicitando ao juiz a aplicação de uma punição imediata ao réu dispensando qualquer outro procedimento. Tal disposição, à primeira vista, não mostra inovação quando comparada à barganha norte-americana. Importante aqui frisar que o texto do Projeto de CPP reconhece claramente que uma petição para barganhar deve ser apresentada em juízo pela Promotoria e pelo advogado de defesa, lembrando que os réus não têm direito à autorrepresentação no Brasil, salvo se advogados inscritos na OAB.[716]

Aqui, já se identifica a primeira falha do projeto. Seria mais adequado se houvesse norma específica sobre como o réu poderia participar das negociações. No ponto, sugere-se a inserção de disposição permitindo que o réu interaja diretamente com o Ministério

716. *Sobre: supra* seção 3.4 (C), comparando o direito à paridade de armas e à defesa total com o sistema adversarial americano.

Público, desde que na presença de seu advogado constituído ou assistido pela defensoria pública. Ressalte-se, ainda, que o papel do advogado não se limita a aconselhar o réu sobre o acordo colocado pela acusação, mas também sugerir alterações à proposta da promotoria, sempre de em atenção aos melhores interesses do acusado.

No Projeto do CPP, ainda não está claro se o requerimento deve ser feito por petição ou se pode ser admitido o pedido verbal para entrar em negociações de confissão. Ademais, nada foi posto se a manifestação deve ser feita conjuntamente ou se qualquer uma das partes pode tomar uma iniciativa solicitando que a outra parte inicie as discussões.

Sobre tais aspectos, há vozes afirmando que o acusado deveria ser o legitimado exclusivo para solicitar a aplicação da barganha ao seu caso, logo após o recebimento da denúncia.[717] Por outro lado, outros autores defendem que ambas as partes devem ter o poder de fazer uma proposição inicial, seja em conjunto ou separadamente.[718] Considerando que o Ministério Público detém o poder quase exclusivo sobre a ação penal, não se recomenda a criação de disposição legal que permita somente à defesa a iniciativa de solicitar a aplicação da barganha ao processo penal. Transferir tal iniciativa apenas para a defesa significaria inverter os papéis em processos criminais. Isso porque o Ministério Público possui legitimidade constitucional para ajuizar ações penais, sendo a propositura da barganha uma decorrência lógica de tal poder e não um direito do réu. **Mais uma vez é importante entender o instituto que se busca importar, pois, conforme já assentado no ordenamento norte-americano, o *plea bargaining* não é um direito do acusado, mas uma alternativa que o réu tem de evitar o processo através da confissão imediata, desde que haja a proposta de acordo pela acusação.**

Não obstante a aversão à posição exclusiva do réu de iniciar a barganha, seria perfeitamente possível, e desejável, oferecer à defesa legitimidade complementar para solicitar para a aplicação

---

717. *Cf.* Vasconcellos, *nota supra* 14, p. 358.

718. *Por exemplo,* Rafael Paula Parreira Costa, *Barganha no Projeto do Novo Código de Processo Penal,* 18 Rev. Jus Navig. (2013), https://jus.com.br/artigos/25927/a-barganha-no-projeto-do-novo-codigo-de-processo-penal.

do rito sumário. No entanto, tal alternativa seria possível somente se a acusação não manifestasse expressamente a recusa de oferecer um acordo, aplicando-se a mesma sistemática da vedação do arquivamento indireto. Ainda, a lei dever arrolar que o juiz tenha a obrigação de informar as partes sobre a possibilidade de aplicação da barganha sempre que, após o recebimento da denúncia, verificar nem a acusação ou a defesa mencionaram tal peculiaridade do caso. Em tal situação, o juiz não faria mais do que exercer o papel de guardião constitucional e não violaria princípio da imparcialidade. Portanto, a falta de uma disposição clara sobre quem pode solicitar a barganha é a primeira falha considerável do rito sumário na citada nova versão do CPP.

Como Requerer a Aplicação da Barganha Processual Penal?

O Novo Projeto também é impreciso sobre a maneira correta de provocar o juiz a iniciar um processo de barganha. O ideal seria uma previsão no sentido de que a denúncia deveria vir acompanhada de cota com a manifestação expressa da acusação sobre o cabimento ou recusa caso a caso. Do mesmo modo, recomenda-se a criação de dispositivo permitindo que a defesa requeira a aplicação da barganha, em caso de omissão do Ministério Público, sempre por ocasião da primeira manifestação nos autos.

De qualquer forma, como mencionado anteriormente, a defesa só poderia agir no caso de a acusação não ter rejeitado expressamente a proposição da barganha. Seguindo o mesmo padrão adotado pela Lei dos Juizados Especiais,[719] o Novo Projeto do CPP deve observar que petições por escrito são necessárias apenas em situações que lidam com delitos cujo tempo mínimo de punição é maior do que dois anos de prisão. Alternativamente, deve-se exigir que, se uma das partes fizer uma solicitação verbal durante a audiência, o Juiz deve inserir a solicitação em ata, ouvir os argumentos da outra parte e decidir imediatamente se é cabível ou não aplicar a barganha processual ao caso em exame.

---

719. *Sobre: infra* Seção 5.3.

Como nota final sobre a legitimidade para participar do procedimento de *plea bargaining*, defende-se que as vítimas devem ter o direito de se participar do procedimento, mas apenas em casos relacionados a crimes contra o patrimônio,[720] que envolvem situações em que é possível chegar a uma reparação civil de danos.[721] Somente em tais hipóteses, a vítima, na acompanhada de um advogado, deve comunicar-se diretamente com o Ministério Público para entabularem os termos do acordo a ser apresentado ao réu. Lembrando que os interesses da vítima devem ser somente patrimoniais, sob pena de se estimular a vingança privada.

O Controle da Discricionariedade do Ministério Público e o Conteúdo do Acordo de Barganha

A provisão inaugural da barganha no projeto CPP foi estabelecida sobre a premissa de que, em situações envolvendo crimes com pena máxima de até oito anos de reclusão, as partes podem solicitar ao Juiz que aplique uma sentença de condenação na qual a punição será o tempo mínimo de prisão previsto em lei para o

720. A opção por crimes contra o patrimônio justifica-se porque a vítima tem interesse direto em readquirir a propriedade danificada ou roubada em tais tipos de delitos e pode estar disposta a negociar o pagamento como indenização. Alguns autores também defendem a possibilidade de participação em crimes relacionados à honra, como a difamação.

721. Este estudo compreende as alegações de que as vítimas devem estar mais envolvidas em julgamentos criminais, monitorando os procedimentos para limitar possíveis conluios entre o processo e o suposto agressor. No entanto, defende a ideia de que o poder de aplicar uma punição penal e perseguir a condenação de um delinquente deve ser exclusivamente inserido na jurisdição do Estado para evitar o uso de julgamentos criminais como vingança pessoal. O artigo 268 do atual CPP permite que a vítima, representada por um advogado, seja admitida como assistente de acusação, principalmente quando há interesse patrimonial. Além disso, o sistema legal brasileiro já forneceu alguns remédios – o mandado de segurança, a exceção de impedimento ou suspeição do membro do Ministério Público ou do juiz, etc.- para os casos em que a acusação se envolve em conluio com o réu para evitar a responsabilidade criminal ou o juiz não está disposto a avançar com o processo. Além disso, a vítima pode provocar a ação do Conselho Nacional de Justiça ou do Conselho Nacional do Ministério Público denunciando qualquer mau comportamento ocorrido durante um julgamento. Como último recurso, o Brasil é membro do Sistema Americano de Direitos Humanos e a vítima pode apresentar uma petição à Comissão Inter-americana de Direitos Humanos pedindo justiça.

crime, independentemente da existência de quaisquer circunstâncias agravantes ou outros motivos que possam majorar a reprimenda. Isso significa que, em teoria, apenas somente *o sentencing bargaining* ou a barganha de sentenças será aceita no Brasil. De fato, tal provisão exercerá dois papéis fundamentais no futuro do modelo brasileiro.[722] Em primeiro lugar, será um instrumento importante para limitar a discrição da acusação durante as negociações. Se o réu preencher os requisitos legais, objetivos e subjetivos, a acusação deve oferecer um acordo em que a pena a ser aplicada será a mínima abstratamente prevista para o crime, sem possibilidade de majoração alguma. Ao contrário do amplo poder discricionário do promotor nas barganhas norte-americanas, o anteprojeto do CPP pretende limitar a discrição do ministério público quanto à aplicação de punições.

De fato, essa limitação é bem-vinda, considerando que tal norma, pelo menos em teoria, permitirá um controle da discrição do Ministério Público mais eficaz do que se verifica no modelo norte-americano de *plea-bargaining*.[723] Por um lado, constituirá um mecanismo essencial para limitar os poderes da acusação. Noutro giro, oferecerá um fator pressão considerável sobre os réus para entrarem em acordos de confissão. Por exemplo, imagine um caso sobre corrupção passiva. A pena para tal delito varia de dois a doze anos de reclusão, de acordo com o artigo 317 do Código Penal Brasileiro. Se o réu confessar e fizer um acordo, a acusação será obrigada a defender a aplicação de apenas dois anos de prisão, independentemente da gravidade do crime. Sem dúvida, proibir a aplicação de qualquer punição superior ao mínimo para um crime é um fator que pesará consideravelmente na decisão do réu de aceitar um acordo com a promotoria.

---

722. A despeito das limitações ao MP e judiciário no modelo brasileiro de barganha, haveria espaço para negociações sobre as penas alternativas quando a sentença mínima fosse de quatro anos ou menos, conforme os artigos 43 e 44 do Código Penal Brasileiro.

723. O Novo CPP: Propostas para uma Efetiva Reforma no Código de Processo Penal 77 (Gustavo Peçanha Velloso e outros; eds., 1ª ed. 2016) (critica a aplicação de apenas a punição mínima sob o argumento falho de que limita a autonomia das partes para negociar os termos do acordo. Tal conclusão é equivocada, uma vez que o anteprojeto do CPP estabelece limites não ao réu, mas à discrição da Acusação).

Dito isso, ainda é importante explicar como o *plea bargaining* no Brasil será aceitável em situações que envolvam concurso de crimes. De acordo com o Código Penal Brasileiro, um indivíduo pode ser acusado de três maneiras diferentes quando tiver incorrido em múltiplas infrações (concurso formal, material ou crime continuado).[724] No entanto, o Projeto de Novo CPP não é claro se o *plea bargaining* deverá considerar a pena de cada delito ao apresentar um acordo ou se a negociação deve considerar o valor total da punição potencial para múltiplos delitos, de acordo com as regras dos artigos 69, 70 e 71 do Código Penal.

O Código Penal estatui que uma pessoa pode responder por acusações múltiplas,[725] com a punição para cada crime sendo aplicada cumulativamente ou não (concurso material ou formal).[726] Alternativamente, o réu pode ser acusado apenas pelo crime mais grave, pedindo à promotoria para aplicar a pena aumentada em uma fração de 1/6 a 2/3, dependendo do número de crimes cometidos (crime continuado).[727] De fato, a pena final pode ser superior a oito anos de prisão, variando de acordo com quantos crimes são incluídas na denúncia, o que impediria o réu de entrar em um procedimento de barganha caso o Novo CPP seja aprovado com atual redação de seu texto.

Tendo em mente as disposições pouco claras do Código Penal e do Código de Processo Penal sobre a aplicação de penas em procedimentos de justiça consensual, o STF já considerou que o juiz pode aplicar a suspensão condicional do processo criminal quando vários delitos são cometidos simultaneamente. O STF decidiu que o juiz não deve considerar o montante mínimo da pena a cada crime para determinar a suspensão condicional do processo.[728] Ao

724. Código Penal [CP], arts. 69-71.

725. Idem.

726. Por exemplo, um indivíduo rouba um item de uma casa e, horas depois, rouba um carro. Ele vai enfrentar uma acusação de furto e roubo com a aplicação da regra do concurso material.

727. Imagine uma situação em que o mesmo indivíduo roube uma mochila de um estudante que volta da escola em dez dias consecutivos. Ao invés de ser acusado dez vezes por furto, a pessoa enfrentará apenas uma acusação de furto, mas a penalidade será aumentada para dar conta dos dez itens roubados, como hipótese clara de continuidade delitiva.

728. STF, Súmula 723 – Supremo Tribunal Federal, Tribunal Pleno, 26.11.2003, Diário da Justiça, [11.11.2003, 1].

contrário, a suspensão de um processo só será possível se o resultado do tempo mínimo de pena adicionado pela fração de 1/6 a 2/3 (dois terços) não for superior a um ano de prisão, no caso do crime continuado, por exemplos.[729] Em palavras mais simples, antes de aplicar a suspensão condicional do processo, o juiz deve verificar a possível pena considerando o número total de infrações penais e não cada crime isoladamente.

O mesmo raciocínio, portanto, poderia ser usado para futuros procedimentos de *plea bargaining*, proibindo sua aplicação em situações de concurso de crimes quando o tempo máximo de prisão delineado para o número total de crimes for maior do que oito anos. Contudo, tal conclusão significaria uma restrição ao direito do réu e é contrária à aplicação da analogia in *malam partem*. Mais uma vez, uma norma específica que abordasse este ponto ou uma norma geral sem restrição de tempo máximo de pena seria mais indicado.

Seguindo, é imprescindível ter em mente que o artigo 383 do CPP dá ao Juiz o poder de alterar a classificação dos crimes descritos na acusação para adequá-los à realidade jurídica.[730] A *emendatio libelli*,[731] aplicada diariamente nos Juízos criminais brasileiros e endossado pelo STF,[732] é uma barreira à aplicação do que os americanos *charging bargaining* ou barganha quanto à classificação do crime. Isso porque, o réu, em processos penais no Brasil, se defende dos fatos descritos na denúncia e não a classificação que o Ministério Público dá a esses fatos.[733] Por exemplo, suponha que um indivíduo subtraia para sim, sem violência ou grave ameaça, um carro estacionado em uma rua e seja acusado de roubo, crime descrito no art. 157 do Código Penal, com pena que pode chegar a

729. Idem.

730. O artigo 383 do CPP permite que o juiz, sem alterar a descrição dos fatos contidos na acusação, forneça uma definição legal diferente, ainda que, como consequência, deva aplicar uma penalidade mais grave.

731. Uma expressão latina que significa "alterar a denúncia".

732. STF, HC 113598 / PE – Habeas Corpus, Segunda Turma, Relator: Mín. Gilmar Mendes, 15.12.2015, 122, Diário do Judiciário Eletrônico [DJe], 14.6.2016, 1 (Braz.).

733. *Sobre:* Pacelli, *nota supra* 101, p. 279. *Em sentido contrário,* Stefano Ruggeri, Audi Alteram Partem in Criminal Proceedings: Towards a ParticipatoryUnderstanding of Criminal Justice in Europe and Latin America 657 (2017) (criticando os sistemas legais que permitem tal prática).

trinta nos de reclusão, no caso de latrocínio. Embora o juiz receba a denúncia pelos fatos, ao julgá-lo, irá considerar o histórico de fatos e provas, devendo reclassificar o crime como furto (art. 155), em razão da ausência de violência ou grave ameaça, cuja pena será de até oito anos, se qualificado o furto. Como a *emendatio libelli* ocorre, em regra, durante a sentença, em futuros procedimentos de *plea bargaining*, o juiz deverá aplicar a referida norma antes de aceitar o acordo apresentado pelas partes. Se acusação e defesa não concordarem com a definição legal dada pelo juiz, elas podem apelar. No entanto, não se permitirá *plea bargaining* com base em uma definição legal diferente do que os fatos mostram.

Nesse ponto, o modelo brasileiro é mais restritivo do que o modelo norte-americano, criando outra limitação importante na discrição da promotoria durante a barganha processual. Naturalmente, como consequência, a negociação no *plea bargaining* será muito limitada na maioria dos casos no Brasil. Contudo, tal característica representará uma barreira saudável, e não um aspecto negativo do modelo de barganha processual. De fato, as partes ainda terão considerável autonomia para negociar o acordo em situações que concurso de crimes e naquelas relacionadas ao crime organizado, regidas pelas disposições da Lei n. 12.850/3013.

Além disso, é importante mencionar que as partes não terão poder para negociar em a duração da punição, pois será sempre o tempo mínimo estabelecido no tipo penal, mas terão flexibilidade para acordar como a pena será executada. Por exemplo, a defesa e o Ministério Público podem negociar o montante das multas, as condições de pagamento, se o tempo de pena privativa de liberdade pode ser comutado para prisão domiciliar após algum período, serviço comunitário, etc.

Em resumo, o membro do Ministério Público deverá pautar sua atuação para o oferecimento da barganha processual e a celebração de acordos em matéria criminal na natureza e consequências do crime, primariedade do acusado na necessidade de resposta célere e adequada ao comportamento criminoso e na possibilidade de reparação do dano ou ressarcimento do prejuízo causado pela prática do crime.

Produção Probatória e Barganha no Processo Penal Brasileiro

Uma vez que a barganha é uma alternativa ao julgamento, a avaliação das provas da acusação e as possibilidades de absolvição são fatores que certamente influenciarão a decisão do réu. O Projeto de Novo CPP delineia que ambas as partes devem renunciar ao seu direito de produzir qualquer prova depois de firmado o acordo. Em outras palavras, o réu decide se deve ou não confessar os fatos descritos na denúncia bem como se irá aceitar o acordo com base nas provas produzidas e apresentadas. Nenhuma surpresa pode ocorrer porque a acusação deve divulgar todo o arcabouço probatório disponível antes de apresentar o acordo.

O projeto também estabelece uma norma benéfica para o réu, permitindo que os detalhes do acordo sejam selados entre as partes e apresentados para avaliação judicial até o início da audiência instrução e julgamento. Nesse ponto, as barganhas brasileiras serão perfeitamente compatíveis com o direito à ampla defesa. Se nenhum acordo for alcançado entre a acusação e a defesa, a acusação pode coletar provas adicionais, testemunhos, documentos, etc. Uma vez que os testemunhos são tomados após o início da audiência de instrução e julgamento, a oportunidade de aceitar quaisquer acordos anteriormente oferecidos restará preclusa, devendo-se prosseguir com o julgamento deve continuar.

É importante também salientar que basta à defesa renunciar ao direito de produzir provas. Os Juízes também devem certificar e registrar que o réu demonstrou compreensão deliberada e clara dos termos e consequências da aceitação do acordo, e optou de forma voluntária e consciente em confessar o crime e ser condenado.

A Barganha Processual e a Natureza do Crime Cometido

O projeto de Novo CPP optou por aplicar o procedimento de barganha apenas em casos em que o tempo máximo da pena não é superior a oito anos de prisão, exigindo que o Juiz verifique se a punição pelo delito está dentro do patamar definido antes de homologar o acordo firmado entre a acusação e a defesa. No Brasil, infrações com pena de até oito anos de reclusão são consideradas crimes de nível médio, em contraste com delitos de menor potencial ofensivo e as infrações graves.[734] Como consequência, se o Congresso aprovar o texto atual do projeto de CPP, a barganha excluiria de seu escopo crimes como roubo, tráfico de drogas, extorsão, homicídio, corrupção e muitos outros delitos importantes. Como a Seção 5.3 explica mais detalhadamente, a Lei Federal nº 9099/1995 permite que as partes efetuem acordos usando uma composição civil de danos e transação penal para delitos que cominem pena privativa de liberdade até dois anos. Os réus também podem aceitar a suspensão condicional do processo quando o tempo mínimo de prisão cominada ao crime não seja superior a um ano. Ademais, com a introdução do art. 28-A no CPP, operada pela Lei n. 13.964/2019, não sendo caso de arquivamento e tendo o investigado confessado formal e circunstancialmente a prática de infração penal sem violência ou grave ameaça e com pena mínima inferior a 4 (quatro) anos, o Ministério Público poderá propor acordo de não persecução penal, desde que necessário e suficiente para reprovação e prevenção do crime.

Assim, o *plea bargaining* no Brasil teria impacto quase que exclusivamente nas situações em que a suspensão condicional do processo e o acordo de não persecução penal não são cabíveis ou quando revogados por descumprimento de condições.

A escolha do legislador de excluir crimes graves do leque abrangido pela barganha processual provavelmente resultaria em uma das duas consequências seguintes. A impunidade dos "crimes de colarinho branco" continuará a ser uma marca dos julgamentos criminais no Brasil, uma vez que o projeto de Novo CPP quase não alterou o atual rito ordinário para tais crimes e não os incluiu nos procedimentos de barganha. Sob tal cenário, a barganha provavelmente será apenas uma ferramenta direcionada a alvos já conhecidos e afetados pelo atual sistema de justiça criminal (compostos principalmente por minorias raciais e sociais, com ínfimo acesso à educação). Noutro giro, é uma alternativa possível o cenário em que o número de casos criminais seja drasticamente reduzido após a utilização da barganha processual em casos envolvendo infrações de

734. Sobre: *supra* secção 3.4.

baixa e média gravidade, contribuindo para decisões mais rápidas em processos relacionados à crimes graves, como "crimes de colarinho branco", corrupção, etc.[735] O problema com o segundo cenário é que as consequências almejadas são mais uma aposta dos legisladores do que uma escolha racional e fundamentada em se excluir infrações graves do alcance do procedimento de *plea bargaining*.

Ademais, há outro problema sobre a limitação do alcance do *plea bargaining* somente a crimes com pena de até oito anos de prisão. Como mencionado na Seção 3.5, os julgamentos por júri são exceção no Brasil, de acordo com uma norma constitucional no Artigo 5º, XXXVIII. Em todos os casos envolvendo crimes dolosos contra a vida, o rito a ser seguido é o procedimento do Tribunal do Júri regulado pelo atual CPP.[736] O Código Penal Brasileiro descreve

---

735. Analisando dados sobre a população carcerária brasileira em 2016, constata-se que mais de 120.000 dos 720.000 presos foram condenados ou acusados por crimes cujo tempo máximo de prisão era de oito anos ou menos. Assim, a aplicação da barganha para estes casos reduziria a carga processual em 15-20%. *Sobre:* DEPEN, *nota supra* 45, p. 41–42, 65. *Em sentido contrário, The Micro and Macro Causes of Prison Growth*, 28 Ga. St. U. L. Rev. 1239, 1273 (2012) De fato, a população é maior agora do que no passado e ainda está crescendo em ritmo acelerado. Além disso, com as novas tecnologias, a polícia e os promotores agora podem investigar os casos adequadamente e apresentar mais acusações em menos tempo. Por exemplo, sem computadores, uma pessoa poderia escrever uma petição em um ou dois dias. Agora, é possível fazer isso em poucas horas. A tecnologia ajudou os promotores a elucidarem e promoverem mais acusações. Assim, a conclusão de Pfaff não deve ser tomada como verdade absoluta.

736. O Júri no Brasil é um processo dividido em duas fases, de acordo com os Arts. 406-497 do CPP. A primeira fase é semelhante a um julgamento comum: o promotor apresenta uma denúncia que imputa ao réu um crime contra a vida; o juiz aceita a denúncia e ordena a citação do réu para apresentar sua defesa. Depois de analisar a defesa, o juiz decide se o caso avança, agendando uma audiência de julgamento em que as testemunhas e o réu darão seu depoimento, seguida da apresentação de memoriais. Se o Juiz entender que há provas suficientes para enviar o réu à sessão do júri, a autoridade judicial pronuncia o acusado ao júri, que é o último passo da primeira fase. A segunda fase do Júri é quando o réu é julgado pelos jurados. O Júri é composto por sete cidadãos escolhidos entre aqueles que são selecionados para participar de cada sessão do júri. O presidente do Júri é um Juiz que pode ser o mesmo que pronunciou o acusado. Após a formação do conselho da sentença (composto pelos sete jurados e pelo juiz), o promotor apresenta a acusação aos jurados, seguida da defesa. Então, as testemunhas e o réu dão seu testemunho, seguido pelos argumentos orais finais. Se os jurados se sentirem aptos a decidir, eles vão para uma sala secreta e o juiz apresenta perguntas sobre se eles acham o réu culpado ou não, bem como outras questões relacionadas às circunstâncias que cercam a acusação. As respostas sobre cada quesito são colocadas em uma cédula e a decisão é alcançada após quatro votos serem direcionados a uma opção. Uma

os seguintes comportamentos como delitos contra a vida: Homicídio Simples (Art. 121), Homicídio Qualificado (Art. 121, parágrafo 2º, IV), Feminicídio (Art. 121, parágrafos 2, VI e VII), Induzimento, Instigação ou Auxílio ao Suicídio ou Automutilação (Art. 122), Infanticídio (Art. 123), Aborto (Art. 124), Aborto Provocado por Terceiro sem o Consentimento da Gestante, e Aborto Provocado por Terceiro com o Consentimento da Gestante (Art. 126). Qualquer um dos crimes mencionados acima invoca a jurisdição exclusiva do Tribunal do Júri para julgar, condenar ou absolver réus.

À primeira vista, poder-se-ia afirmar que o *plea bargaining* seria aplicável a alguns crimes contra a vida, porque a punição máxima para algumas dessas ofensas é inferior a oito anos de prisão[737]. No entanto, essa conclusão não é tão simples. Primeiro, a provisão do Tribunal do Júri é uma garantia constitucional e um direito fundamental do acusado que não pode ser limitado ou abolido por uma lei federal.[738] Somente após um procedimento especial para emendar a Constituição é que se pode falar em possível alteração da competência do tribunal do júri para crimes dolosos contra a vida. O projeto de Novo CPP, se aprovado, se tornará uma lei federal sem poderes para alterar a Constituição. Portanto, em tese, o *plea bargaining* não poderia ser aplicado para evitar os procedimentos do Tribunal do Júri sem uma emenda à Constituição Brasileira. Ademais, ainda que se houvesse a citada Emenda, a aplicação da barganha em casos de crimes contra a vida sofreria críticas ferrenhas de defensores dos Direitos Humanos. O seu principal desacordo estaria relacionado à proibição de alterações que eventualmente venham a diminuir ou abolir os fundamentais.[739]

---

vez que o Juiz tenha o veredicto, ele tem autoridade exclusiva para definir o tipo e a dosimetria da pena para o réu, seguindo os parâmetros das Arts. 59-68 do CPP.

737. Induzimento, Instigação ou Auxílio ao Suicídio ou Automutilação (Art. 122) tem pena máxima seis anos de reclusão. O infanticídio (art. 123) também tem pena máxima de seis anos de reclusão. O aborto provocado pela gestante ou com seu consentimento (Art. 124) prevê três anos de prisão como a penalidade máxima e o aborto provocado por terceiro com o consentimento da gestante (Art. 126) prevê prisão máxima de quatro anos em caso de condenação.

738. *Sobre:* Malheiro, *nota supra* 646, p. 43.

739. Ramos, *nota supra* 113, p. 531-534.

Todavia, contradizendo tal potencial argumento, é possível que a barganha possa ter aplicação compatível com casos de competência do júri. Como afirmado no Capítulo 4, a barganha deve ser entendida como uma alternativa ao julgamento com base na autonomia humana dos réus e no livre arbítrio para decidir o que for do seu melhor interesse. Se o projeto de Novo CPP entrar em vigor sem uma emenda constitucional que permita a barganha processual em crimes contra a vida, existe uma possível solução para evitar o julgamento sem remover a jurisdição do Tribunal do Júri. O texto da Constituição Brasileira apenas declara que o Tribunal do Júri tem competência para decidir casos envolvendo crimes contra a vida, mas deixa à lei o poder de regulamentar o procedimento penal do Júri. Assim, para resolver esta questão, apenas se exigiria a inserção de uma norma específica que permitisse a aplicação de barganha em crimes relacionados à jurisdição do Tribunal do Júri no corpo do Projeto de Novo CPP. A norma também deveria prever caber ao juiz sumariante a autoridade para aceitar ou rejeitar o acordo. Por fim, ainda que nenhuma das soluções propostas seja adotada, ainda seria possível aplicar a técnica de interpretação extensiva do artigo 283 do projeto para os processos do Tribunal do Júri, considerando a aplicação do princípio geral da utilização da analogia *in bonan partem*.[740]

Ora, se a pena de um crime está dentro do alcance do *plea bargaining* não importa se o delito é contra a propriedade, a vida, etc.[741] O réu deve ter a oportunidade de escolher entre aceitar acordo

740. *Sobre:* Gabriel Adeleye e Kofi Acquah-Dadzie, World Dictionary of Foreign Expressions: A Resource for Readers and Writers 411, 179 (1999) (*In bonam partem* é definido como "de maneira favorável". Se existir uma ambiguidade ou obscuridade, o estatuto deve ser interpretado *in bonam partem* do acusado.)

741. Uma questão interessante é a aplicação, ou não, de procedimentos de barganha a crimes graves como genocídio, crimes de guerra, crimes contra a humanidade, escravidão, tortura, etc. Além de crimes contra a vida, apenas o genocídio, delineado no art. 1 (a) da Lei Federal nº 2889/1956, estaria excluído das barganhas. A justificativa é simples – todos os outros crimes não estão restritos à jurisdição do Júri e não há nenhum obstáculo para aplicar a barganha a eles, pelo menos em teoria. Além disso, embora o Brasil tenha promulgado o Decreto Federal nº 8.767 / 2016 (incorporando ao sistema jurídico brasileiro a Convenção das Nações Unidas sobre o Assunto dos Desaparecimentos Forçados), não há nenhuma definição na legislação federal sobre o crime e a pena por desaparecimento forçado, que não estende a barganha a este crime devido à obediência ao princípio da legalidade em matéria de direito penal.

proposto pelo Ministério Público ou passar por um julgamento do Tribunal do Júri. A exclusão de crimes contra a vida do alcance da barganha processual significaria um tratamento desigual entre os réus, sob a ótica da analogia *in bonan partem*. Lembre-se de que o *plea bargaining* deve ser vista e usada como uma alternativa a um julgamento completo. Em suma, uma versão ideal do projeto de Novo CPP não deveria pena máxima como um requisito para aplicar procedimentos de barganha, bem como seria de bom tom trazer norma específica da barganha como alternativa ao julgamento do Tribunal do Júri.

Prazos para entrar no Procedimento de Barganha

Outra peculiaridade interessante do modelo de barganha do Brasil é a possibilidade dada pelo projeto de Novo CPP para que as partes deem início ao processo de negociações até o início da audiência de instrução e julgamento (AIJ).[742] Como afirmado no Capítulo 3, a AIJ é designada após o exame da resposta à acusação, não tendo o magistrado verificado a possibilidade de absolvição sumária do acusado. Permitir que as partes possam engajar-se no procedimento de barganha até tal estágio da ação penal leva alguns estudiosos e advogados a sugerir que o *plea bargaining* no Brasil, se adotado, não será um processo de julgamento autônomo, mas sim uma alternativa incidental ao rito ordinário.[743] No entanto, este não é um argumento eficaz. Processos de barganha não podem ser considerados incidentes ao rito ordinário apenas porque as partes têm a oportunidade de usar seu poder para entrar em um acordo até o início da audiência do julgamento.

Na realidade, a permissão de o réu aceitar o acordo até a audiência de instrução e julgamento tende a aumentar a legitimidade da barganha, ao invés de desfigurar o rito sumário. Se os acusados tiverem mais tempo para analisar a proposta e as provas coletadas, sua decisão provavelmente será mais bem embasada do que se ti-

742. *Sobre: supra* seção 3.5.

743. Fábio Moreira Ramiro, *O Procedimento Comum, no* Código de Processo Penal 339, 352 (Leonardo Barreto Moreira Alves e Fábio Araújo Roque eds., 2012).

vesse sido feita por ocasião da resposta à acusação ou da audiência de custódia, por exemplo. Inobstante à previsão do projeto de novo CPP, defende-se aqui a criação de prazo específico antes da audiência para as partes manifestarem predileção pelo rito da barganha em relação ao rito ordinário.

Estabelecer o prazo de alguns dias antes da audiência de instrução e julgamento ou uma data específica após a citação do réu para aceitar o acordo proposto pela acusação economizaria tempo e dinheiro para o Tribunal, para o Ministério Público, para a defesa, testemunhas, etc. Lembre-se, a introdução da barganha no Brasil visa produzir uma resolução mais rápida de processos sem infringir os direitos fundamentais dos réus. Tendo em mente este objetivo, sugere-se como termo final para a aceitação do acordo e sua proposição perante o juízo o prazo de trinta dias após o oferecimento da proposta pela Acusação ou trinta dias após a citação pessoal do acusado, quando a proposta constar junto com a denúncia. Em casos nos quais o tempo entre a proposta do MP, a citação do réu e a audiência seja inferior a trinta dias, sugere-se o prazo de quarenta e oito horas antes do início da AIJ como o termo final para se aceitar o acordo de barganha.[744] Além disso, uma disposição legal que faculte ao juiz permitir exceções ao prazo para finalizar o acordo seria bem-vinda para lidar com situações inesperadas, como a descoberta de novas provas, a saúde do réu, etc.

O Papel do Juiz no Plea Bargaining Brasileiro

Um dos componentes mais importantes quando se fala em *plea bargaining*, mas que no modelo norte-americano fica relegado a segundo plano, está relacionado ao comportamento do magistrado no procedimento. O juiz é obrigado a certificar se o réu confessou, total ou parcialmente, os fatos descritos na acusação antes de aprovar o acordo. A barganha no processo penal pátrio contará com a autoincriminação do réu como seu elemento central e, neste ponto, não

744. *Em sentido contrário*, Andrade, *nota supra* 709, p. 176 (afirmando que o prazo para aceitar o acordo deve ser de até dez dias após a decisão do juiz de receber a denúncia contra o réu).

haverá diferença em relação à barganha norte-americana. Apesar da importância da confissão do réu como etapa da aceitação do acordo por parte do juízo, o projeto do CPP não descreveu os passos dessa ação, não fornecendo nenhuma norma para regular como a confissão deve ocorrer para obter efeito legal. Para resolver o problema, é necessário consultar a doutrina do processo penal brasileiro sobre as atuais confissões em julgamentos criminais.

Atualmente, a confissão pode ser feita por uma petição ao juízo, assinada pelo réu e pelo advogado de defesa, detalhando os termos da declaração.[745] Vídeos ou registros que acompanham a autorização do réu também são um meio eficaz para validar uma confissão. Pacelli explica que uma confissão pode ser feita fora do interrogatório em juízo, desde que se crie um registro judicial que comprove os termos e condições da confissão do réu.[746] Por outro lado, Aury Lopes Jr. argumenta que as confissões só são válidas se feitas por réus em audiência perante um magistrado.[747] Tendo vista que os direitos fundamentais do arguido e o entendimento prevalecente de que as confissões precisam de ser feitas perante um Juiz para serem validadas, um Novo CPP deveria incluir uma norma definindo quando o acusado deve confessar os fatos que lhe são imputados, preferencialmente antes que o Juiz comece a analisar os outros componentes do acordo. A avaliação judicial da confissão deve ser feita antes dos outros requisitos. Se não houver confissão, não há acordo viável e o juiz deve rejeitá-lo. No Brasil, não será possível aplicar a barganha sem confessar um crime, porque a confissão é um requisito obrigatório e um pronunciamento *nolo contendere* não se mostra útil às tradições do direito processual penal pátrio.[748]

O projeto de Novo CPP exige que o magistrado aprove o acordo, o que equivale à condenação do réu,[749] após a verificação do

---

745. Código de Processo Penal [CPP], arts. 197-200 (1941).

746. Pacelli, *nota supra* 101, p . 413.

747. Lopes, *nota supra* 165, p. 647.

748. Como direito fundamental no Brasil, o silêncio do réu não pode ser utilizado contra o réu.

749. Ao contrário do sistema legal brasileiro, a negociação judicial norte-americana também permite o que é chamado de adjudicação diferida, que é a rejeição de algumas garantias

cumprimento de todos os requisitos. Caso o juiz não homologue o acordo, deverá fundamentar os motivos da recusa. Nesta situação, as partes poderão voltar às tratativas para adequar o acordo aos apontamentos judiciais. Caso contrário, elas podem recorrer ao tribunal competente para anular a decisão do Juiz e homologar o acordo.[750] Essa modalidade de apelação é particularmente interessante e é um componente inovador que a legislação vindoura pretende introduzir nos julgamentos criminais brasileiros. No entanto, o projeto é silente quanto à situação potencial em que o réu cumpre os requisitos formais, mas o Ministério Público se recusa a oferecer um acordo. O réu não deve ser penalizado devido ao humor do Promotor ou da falta de conhecimento sobre as circunstâncias do caso. A acusação só deve se recusar a propor um acordo nos casos em que faz uma declaração baseada em provas de que o réu não cumpre os requisitos legais necessários para participar de barganhas.

O STF tem precedentes consolidados determinando que situações envolvendo a justiça consensual têm natureza transacional inerente, e neste sentido, o MP pode se recusar a oferecer a suspensão condicional do processo se o motivo pelo qual o réu não merece o benefício é razoavelmente justificado.[751] A conclusão lógica da posição do STF é que, se os Promotores não têm motivos para negar o acordo, mas se recusam a oferecê-lo devido a alguma animosidade subjetiva, tal ação poderia ser corrigida por um controle judicial preciso. Ponderando ainda sobre o silêncio do Novo CPP quanto a este tema, uma vez que a barganha deve ser interpretada como uma alternativa dos réus ao julgamento, este estudo sugere uma norma complementar que permita ao réu solicitar o controle judicial da discrição do Órgão Ministerial caso cumpra os requisitos legais para receber uma proposta.

---

ou consequências diretas da condenação pelo cumprimento de algumas condições. *Por exemplo,* Texas Crim. Code Proc.Arte.42A.101. art. 42A.111

750. Projeto de Novo Código de Processo Penal [novo anteprojeto CPP], art. 653 (XII), https://legis.senado.leg.br/sdleg-getter/documento?dm=2966191&disposition=inline (última visita em 28 de fevereiro de 2018).

751. STF, HC 129346 / ES – Espírito Santo, Segunda Turma, Relator: Mín. Dias Toffoli, 04.05.2016, 94, Diário da Justiça Eletrônico [DJe], 11.05.2016, 1 (Braz.).

Provisões Diversas no Projeto do Novo CPP sobre a Barganha

O projeto de Novo CPP também define que, em caso de acordo entre as partes, o réu está isento das custas do processo. Todavia, deve arcar com multas e outras despesas incluídas nos termos do acordo.[752] Embora a norma pareça estranha, ela funcionaria mais como um incentivo colateral para que os réus se engajem em acordos de confissão; no entanto, como a maioria da população carcerária no Brasil já é composta por pessoas pobres e desempregadas, sem capacidade para pagar as custas processuais, tal provisão beneficiará basicamente os réus ricos.

Noutro giro, é preciso notar que a falta de técnica legislativa ao elaborar o Projeto de Novo CPP levou à inclusão de algumas provisões completamente fora do contexto de um estatuto processual penal. Dentre elas, há disposição autorizando o magistrado a substituir a pena privativa de liberdade por uma punição alternativa, de acordo com os artigos 44 e 77 do Código Penal.[753] Embora a intenção seja louvável, questão de diretrizes de condenação só deveria ser delineada no Código Penal, uma vez que normas que estabeleçam estrutura para aplicação de penalidades não deveriam ser incluídas no Código de Processo Penal. Isso porque um código processual deve ter apenas normas de caráter instrumental que guie o procedimento de julgamentos criminais, resultando na absolvição ou condenação de um acusado.

O artigo 283 do projeto de Novo CPP comete erro semelhante nos parágrafos 3º e 4º, estabelecendo disposições para reduzir a penalidade aplicada em certas circunstâncias. Além disso, o parágrafo 5º do artigo 283 inclui uma disposição redundante, declarando que se a pena de multa for prevista no tipo penal cumulativamente à prisão, o valor deve ser mínimo e incluído nos termos do acordo. Se a pena privativa de liberdade deve ser fixada no mínimo, por óbvio mesmo destino terá a pena de multa. Em suma, um modelo

---

752. As custas processuais são diferentes das multas e outras despesas. Por exemplo, existe uma taxa judicial para apresentar recursos, emitir intimações, para pagar peritos legais, etc. As multas são incorridas por desobediência a um estatuto ou regra e podem ser incluídas como parte do acordo.

753. Código Penal (CP).

eficaz de barganha processual deve suprimir parágrafos do modelo proposto pelo Projeto de Novo CPP; e em decorrência disso, pelo menos seus parágrafos 3 e 4 devem ser incluídos no Código Penal.

Um ponto de grande relevância do procedimento de barganha diz respeito às consequências da homologação do acordo por parte do juiz. O projeto de CPP, em seu artigo 282, parágrafo 9º, exige a aprovação judicial do acordo e sua homologação, cuja consequência direta é a de que o réu é considerado culpado e condenado para todos os efeitos. Por exemplo, os direitos políticos do sentenciado são suspensos até a extinção da responsabilidade criminal (depois de cumprir a sentença); o condenado tem a obrigação de reparar o dano causado e não pode discutir a sua existência em no juízo cível; a condenação será considerada um registro criminal e poderá ser usada para identificar a reincidência, etc. Embora o projeto de Novo CPP pretenda introduzir a barganha processual como um método alternativo para aumentar a velocidade do julgamento e evitar uma sentença potencialmente mais longa, os efeitos da condenação são os mesmo de um julgamento regular.

O artigo 284 do projeto de Novo CPP, por sua vez, traz norma vital às barganhas brasileiras, proibindo o uso de qualquer discussão, confissão ou negociação, como prova se um acordo não for alcançado e o julgamento ocorrer sob o rito ordinário.[754] Embora ideal na teoria – para proteger os réus do uso de uma confissão ou de qualquer outra prova auto-incriminatória produzida com o único propósito de alcançar um acordo de confissão – o projeto cometeu um sério erro quanto à participação judicial nos acordos.

Uma vez que o réu confesse ou apresente qualquer evidência auto-incriminatória em juízo, se nenhum acordo for alcançado, o Juiz que ouviu a prova ou a confissão provavelmente será tendencioso. Assegurar a imparcialidade judicial é essencial para a legitimidade de um julgamento criminal, e o projeto de Novo CPP deve acrescentar uma norma determinando que, em caso de não acordância entre as partes, mas havendo confissão, o Juiz que participou do procedimento de barganha não deve ser mantido no caso de um

754. Projeto de Novo Código de Processo Penal, art. 284.

eventual julgamento.[755] No entanto, tal substituição só ocorre se o Juiz tiver tido contato prévio com a confissão do réu ou qualquer outra prova auto-incriminatória produzida com o único propósito de chegar a um acordo de confissão. Provas que já foram inseridas nos autos juntamente à denúncia são insuficientes para violar a imparcialidade de um juiz, em caso de não acordo entre as partes.

D. Críticas à barganha brasileira

Após a visão geral sobre os possíveis parâmetros de barganha processual aos quais o projeto de Novo CPP busca introduzir no sistema legal pátrio, passa-se a expor a visão acadêmica acerca da provável adoção de tal prática em processos criminais. Os resultados da pesquisa analisados neste capítulo mostraram que Juízes e Promotores[756] estão dispostos a abraçar a barganha – no entanto, não necessariamente a delineada no Novo Projeto do CPP – como uma alternativa adequada para resolver problemas relacionados à celeridade e eficácia de julgamentos criminais. Todavia, entre acadêmicos e autores existe uma resistência considerável à adoção de mais um modelo de justiça consensual, agora baseado no padrão do *plea bargaining*.

Em 2015, Vinícius Vasconcellos[757] escreveu um dos estudos mais completos no qual o autor critica ferrenhamente modelos de justiça consensual. Vasconcellos dividiu seu argumento em seis partes. Afirmou que: a) uma barganha expandiria o direito penal e atuaria como um obstáculo ao devido processo; b) a barganha distorceria os fundamentos de um processo penal democrático; c) a barganha certamente levaria à inocentes confessando crimes e recebendo condenações injustas; d) a justiça consensual é uma regressão a um passado indesejável no qual a confissão era a prova mais importante, prejudicando o direito de defesa e a igualdade de tratamento entre as partes; e) a acusação ganharia amplo poder influenciando

---

755. *Sobre:* Andrade, *nota supra* 712, p. 179.

756. O número de advogados de defesa que responderam à pesquisa não fornece informações suficientes para embasar qualquer conclusão sobre esse ponto.

757. Este livro de Vasconcellos é o resultado de sua dissertação de mestrado na PUC-RS.

o princípio da paridade de armas e assumindo atribuições judiciais; f) o julgamento e o direito de defesa desapareceriam com base na alegada autonomia dos demandados a renunciar a esses direitos.[758]

Em 2016, Vasconcellos e Lippel defenderam que a adoção do modelo de *plea bargaining* significaria um aumento exponencial do risco de condenação de um inocente pelo sistema de justiça criminal, oportunidade em que argumentaram ter sido o fato comprovado por estudos empíricos. Ambos justificaram suas conclusões referenciando o poder de intimidação da barganha processual, fundamentalmente determinado pelo agravamento da punição pela recusa do réu de negociar. Para Vasconcellos e Lippel, os mecanismos de justiça consensual não são aplicados apenas ao acusado que seria condenado de qualquer forma após um julgamento, mas também seriam aplicados contra réus inocentes, criando uma questão permanente em casos envolvendo negociações na justiça criminal.[759]

Nicolás Garcia também se opôs à barganha, afirmando que, embora a prática em países como os Estados Unidos tenha mostrado algumas vantagens (economizando tempo e dinheiro), as desvantagens pesam mais na escala, indicando que a negociação não é a melhor solução para julgamentos criminais.[760] O referido autor considera as principais desvantagens da barganha: a) a falta de responsabilidade do promotor; b) a intenção de evitar julgamento sob o argumento de alegados benefícios para ambas as partes; c) autoincriminação sem pleno conhecimento das provas; d) o tratamento leniente com a aceitação do acordo; e) punição mais severa para aqueles que recusarem um acordo; e f) a condenação de inocentes.[761] Garcia terminou sua crítica afirmando que os valores de uma sociedade capitalista podem não ser aplicados à administração da justiça criminal, convertendo o número de condenações em uma medida da eficácia do processo penal.[762]

---

758. Vasconcellos, *nota supra* 15, p. 143–145.

759. Vasconcellos & Lippel, *nota supra* 09, p. 1756.

760. Nicolás Rodriguez Garcia, *A Justiça Penal e Formas de Transação no Direito Norte-Americano: Repercussões,* 4 Rev. Bras. C. Crim. 79, 90-92 (1996).

761. Idem, p. 90-92.

762. Idem.

Emilia Giuliani[763] afirmou que, antes de promulgar a barganha processual no Brasil, é necessário refletir sobre os valores que o processo penal e a Constituição Brasileira visam proteger.[764] Com base em práticas de barganha estrangeiras, segundo Giuliani, ainda existem algumas questões sobre se a celeridade e a eficácia de um julgamento criminal podem ocorrer sem desrespeitar os direitos fundamentais dos réus.[765]

Aury Lopes Jr. argumentou que a adoção de barganha no Brasil atacaria o mais importante dos direitos de todos os réus: o julgamento justo.[766] Jéssica Freitas afirmou que o modelo proposto de barganha processual é resultado de legisladores que responderam às demandas populares, amplificadas pela colaboração da mídia, para aumentar o poder estatal punitivo e sua eficácia, sob a bandeira da celeridade e do combate à criminalidade.[767] Freitas afirma que a barganha só encobria os problemas ao invés de resolvê-los, devido ao desrespeito de alguns importantes direitos fundamentais de réus.[768] Apesar de sua oposição ao modelo de barganha delineado no anteprojeto do CPP e à justiça consensual, Freitas acredita que a introdução de tal prática é inevitável no Brasil.[769] Coelho Filho também rejeitou o atual modelo de barganha no Brasil, afirmando que os padrões de justiça penal para um julgamento justo não podem ser diminuídos pela ideia capitalista de economizar tempo e reduzir custos em julgamentos.[770]

---

763. Mestre em Direito e doutorando na Pontifícia Universidade Católica, PUC-RS.

764. Emília Merlini Guiliani, *Mecanismos de Consenso no Processo Penal Brasileiro e o Projeto de Código de Processo Penal, em* Direito Penal, Processo Penal e Constituição 440–442 (1ª ed. 2015).

765. *Idem, p.* 440-442.

766. Aury Lopes Jr., *Justiça Negociada: Utilitarismo Processual e Eficiência Antigarantista, em* Diálogos Sobre a Justiça Dialógica: Teses e Dissertações sobre os Processos de Informalização e Privatização da Justiça Penal 99, 126 (2002).

767. Jéssica Oníria Soares Freitas, *PLS 156/07 e o Acordo para a Aplicação da Pena* 3 e, *em* Processo & Efetividade 7, 23-25 (2012).

768. Idem, p. 23-25.

769. Idem.

770. Paulo Sérgio de A. Coelho Filho, *Barganha Penal: Perigo Iminente,* O Estado de São Paulo, 11 de julho de 2012,

Analisando as críticas acima, é possível agrupá-las em quatro tipos principais: crítica social, econômica, legal e pragmática. A crítica social baseia-se na ideia de que o modelo proposto de barganha seria apenas mais um fator para aprisionar os pobres, as minorias não instruídas e para incrementar as disparidades raciais. O procedimento se aplicaria basicamente aos crimes de menor potencialidade, excluindo os réus ricos acusados de cometerem crimes de colarinho branco, corrupção, etc. O grupo de críticas econômicas à barganha argumenta que o Estado não pode tratar os réus como um mero instrumento para economizar tempo e dinheiro. Os réus devem ser vistos como seres humanos com direitos inalienáveis, e o Estado deve respeitar esses direitos em todas as situações, especialmente quando se trata do direito à liberdade em processos criminais. A crítica legal é misturada à crítica econômica, baseando-se no argumento de que o direito a um julgamento é inerente à cláusula do devido processo legal e *plea bargaining* não poderia suprimir tal direito sem infringir a Constituição Brasileira. A crítica pragmática engloba argumentos que rejeitam a adoção de barganha porque seria outra legislação inútil sem uma real contribuição para aumentar a legitimidade dos julgamentos criminais.

Embora as críticas à adoção do *plea bargaining* no processo penal brasileiro apresentem argumentos razoáveis, este estudo não os considera convincentes. De início, a introdução da barganha processual não significaria a expansão do direito penal ou a quebra do devido processo legal, pois o procedimento não se destina a criar novos delitos – é uma alternativa que os réus podem usar para evitar um julgamento demorado com disposições bem definidas em na respectiva norma penal incriminadora. Se o Brasil ou os Estados Unidos criminalizaram inúmeras ações ou comportamentos nas últimas três décadas, isso é uma questão de política criminal. A barganha é uma alternativa para resolver o problema causado pelo número excessivo de casos no Brasil, e não para ampliar o raio de ação do Direito Penal.[771]

771. Embora, neste momento, o que este estudo sugira seja verdadeiro com base nos resultados mostrados através de seu desenvolvimento, também é possível que a introdução barganha leve às consequências não intencionais, o que poderia mudar a lei penal subjacente e tornar mais fácil processar mais pessoas por mais delitos. Uma verificação em potencial para evitar que isso aconteça seria limitar a aplicação

Além disso, quando a Constituição de 1988 estabeleceu que nenhum réu pode ser condenado ou considerado culpado antes do trânsito em julgado de uma sentença penal condenatória, seguindo as regras de um julgamento justo, isso não excluiu o poder discricionário dos legisladores de criar procedimentos criminais de acordo com os parâmetros constitucionais. Portanto, a barganha processual não significa necessariamente uma quebra da cláusula do devido processo legal. Flávio Andrade defendeu a ideia de que aceitar um acordo não é o mesmo que abrir mão da cláusula do devido processo.[772] Segundo Andrade, o projeto de Novo CPP delineia as normas em que há uma acusação formal e as partes podem encontrar uma solução consensual ou negociada.[773] O réu, devidamente auxiliado por um advogado, pode querer confessar e optar por uma resolução consensual e antecipada do caso.[774] Trata-se, na verdade, de um processo legal, mas com a possibilidade de adotar um procedimento simplificado e mais rápido, baseado em um acordo assinado após a confissão do acusado.[775] Assim, a barganha processual não elimina necessariamente o respeito à cláusula do devido processo.

Seguindo o contraponto às críticas à adoção do *plea bargaining* no Brasil, o argumento de que tal prática corromperia os papéis judiciais e de acusação em julgamentos criminais é mais retórico do que baseado em provas. O Capítulo 1 já apresentou o número absurdo de ações penais em tramitação no Brasil. A falta de recursos humanos e financeiros diminui ainda mais as chances de um julgamento rápido. Mesmo aplicando a barganha em alguns casos, o atual clima que rege os processos criminais permanecerá caótico pelo menos nos próximos anos – talvez décadas. A alegação de que juízes, promotores e advogados de defesa querem a introdução da barganha para que se diminua a carga de trabalho não é factível. Não importa se um juiz julgue casos pelo rito ordinário diariamente ou se

---

da barganha a processos onde a pena é de oito anos ou menos. No entanto, não há fonte confiável ou dados para confirmar tal assertiva no momento.

772. Andrade, *nota supra* 712, p. 159.

773. Idem.

774. Idem.

775. Idem.

homologa trinta acordos de confissão no mesmo período, porque a carga de trabalho é a mesma. A realidade é que juízes sempre servirão guardiães da constituição e do ordenamento jurídico, rejeitando acordos com cláusulas que não respeitem os direitos constitucionais, ao mesmo tempo em que exercerão o controle da discricionariedade da acusação, avaliando a correção da denúncia e se as provas para sustentar a acusação são suficientes para embasar seu recebimento. Por fim, os juízes também deverão verificar se a confissão do réu foi voluntária e consciente, antes de homologar o acordo.

Assim, o Juiz, e não o promotor, será a figura central para assegurar a justiça de um modelo futuro de barganha brasileira. Não existe nenhum problema real com um juiz presidindo mais de vinte confissões de culpa em um dia, desde que todos os direitos dos acusados sejam observados.

Ainda, este estudo não endossa a crítica de que a adoção da barganha no Brasil como um julgamento sumário induziria a condenação de inocentes, com base nos resultados da experiência norte-americana. Como já foi dito ao longo desta obra, o sistema legal brasileiro tem muitas diferenças com o sistema de justiça criminal dos EUA, que levariam a um padrão mais apurado de barganha. O Brasil tem um envolvimento judicial mais efetivo e ativo durante o processo penal e os réus brasileiros terão acesso a mais provas do caso antes de aceitar o acordo, quando comparados aos réus nos Estados Unidos.[776] No Brasil, a acusação não pode ocultar qualquer evidência, seja ela exculpatória ou não, indicando menos discrição do Ministério Público do que nos Estados Unidos. Outra diferença crucial, com provável reflexão nos acordos de confissão, é o fato de que um Juiz brasileiro não pode condenar os réus usando o padrão além de uma dúvida razoável (*beyond a reasonable doubt*). Se o Juiz não tiver certeza de que o réu é o autor, ele deve absolver o acusado.[777]

O modelo proposto de barganha limita as ofertas do Ministério Público e requer previsão de punições mínimas no acordo, indican-

776. *Por exemplo*, United States vs. Ruiz, 536 US 622 (2002).

777. Código de Processo Penal [CPP], art. 386 (V), (VII).

do que os legisladores brasileiros estavam cientes da necessidade de limitar a discrição da acusação. Analisando como o sistema legal brasileiro limita o papel da acusação, bem como estabelece os deveres dos juízes, o resultado de tal equação é uma probabilidade menor de condenar inocentes por meio de barganhas processuais. Afirmar que as críticas à barganha norte-americana ocorrerão no Brasil é uma aposta inconsequente. A condenação de inocentes nos Estados Unidos depende de muitos fatores diferentes e não é razoável culpar a barganha por todas as mazelas do sistema norte-americano.[778]

Além disso, antes de afirmar que as barganhas processuais levariam à condenação de inocentes no Brasil, os acadêmicos deveriam avaliar os resultados das práticas internas de justiça consensual. Inocentes são forçosamente envolvidos em transações penais, suspensões condicionais de processos ou composições civis de danos? Não há dados verificados para se afirmar que inocentes foram forçados a aceitar acordos indevidos no Brasil, sob a roupagem atual da justiça consensual no processo penal. As condenações injustas são inaceitáveis em qualquer sistema penal, mas podem ocorrer devido à falibilidade dos seres humanos – não necessariamente devido à prática da barganha. Fatores que possam levar a tal resultado devem ser identificados e corrigidos para se propor um modelo adequado de *plea bargaining*. No entanto, as particularidades do sistema legal brasileiro – principalmente a discricionariedade limitada do MP, o ativismo judicial, e o maior acesso às provas coletadas- são fatores relevantes que tendem a evitar a condenação de inocentes em decorrência da aplicação da barganha em um processo criminal.[779]

Outro ponto de discordância entre a ideia exposta nesta obra e a de boa parte dos estudiosos brasileiros diz respeito à afirmação de que adotar *o plea bargaining* resultaria em um retorno às práticas

---

778. Barry Scheck, Peter Neufeld & Jim Dwyer, Actual Innocence: When Justice Goes Wrong and How Make It Right (2003) (apresenta diferentes fatores que levaram a condenações injustas nos Estados Unidos, como acordos descumpridos, raça, assistência ineficaz, etc).

779. Os movimentos de revisão de penas não são generalizados no Brasil. O atual CPP fornece um recurso chamado Revisão Criminal no Art. 621. Este é um procedimento pelo qual após a condenação final, o condenado pode questionar sua condenação total ou parcialmente devido à descoberta de qualquer nova evidência que possa provar sua inocência.

inquisitoriais, colocando as confissões como o objetivo final da acusação. Práticas de inquisição foram baseadas em tortura para extrair confissão do acusado, resultando em julgamentos abreviados.[780] Não há como comparar as atrocidades cometidas durante a Inquisição com confessar ou negar uma acusação em audiência pública, assistido por um advogado. Se os réus não se auto-incriminarem na barganha brasileira, um julgamento regular ocorrerá, o que não é de forma alguma comparável à tortura.

Pressões indevidas para confessar e aceitar acordos não ocorrerão no Brasil porque a acusação terá apenas um tipo de acordo a oferecer: a punição mínima para o delito. Essa limitação na discrição da promotoria aniquila o poder de exercer pressão sobre os réus para aceitarem acordos. Os réus primários, por exemplo, aceitam acordos considerando que a punição regular nesses casos quase nunca ultrapassa o mínimo. De fato, os acordos de confissão no Brasil serão mais úteis para os réus primários que entendem que as provas contra eles são fortes o suficiente para levar a uma condenação e para casos envolvendo concurso de crimes,[781] delitos qualificados ou com circunstâncias agravantes, em que a privação de liberdade atingiria reprimendas mais duras do que em tipos básicos. Como explicado anteriormente, pressão durante o procedimento de barganha é natural. Se o acordo pode ser proposto durante o julgamento, o Juiz tem a obrigação de verificar

780. Lopes Jr., *nota supra* 165, p. 126.

781. O Código Penal Brasileiro trata da aplicação de punições em casos de infrações concomitantes nos arts. 69-71. O sistema legal brasileiro divide as infrações concorrentes em três grupos: a) concurso material, nas quais o perpetrador comete mais de uma infração com mais de um comportamento – por exemplo, um homem que roubou um carro e minutos depois violou uma mulher; b) concurso formal, em que o agressor comete mais de um crime com um único comportamento, por exemplo, um homem que mata seu alvo e uma terceira pessoa com apenas um tiro de sua pistola; c) crimes continuados, que ocorrem em situações que envolvem a prática de múltiplas infrações da mesma natureza, com um padrão similar de execução e um curto período de tempo entre elas. Por exemplo, um homem que rouba sete casas num bairro, em um período de duas semanas, usando um martelo para quebrar a fechadura em todos eles. A punição por crimes materiais é geralmente a soma da penalidade para cada ofensa individual. Em concurso formal de crimes, a punição normalmente leva em consideração a penalidade prevista para o crime mais grave cometido, aumentando o resultado por uma fração. Por fim, a punição um crime continuado é baseada na aplicação de apenas uma penalidade aumentada por uma fração. Para mais informações, consulte Matinelli & Bem, *nota supra 649*, p. 753-777.

se todas as provas obedeceram aos padrões constitucionais antes de homologar qualquer acordo entre a acusação e a defesa, verificando, inclusive, que o réu, por meio de seu advogado, teve acesso a todas as provas antes de fazer uma confissão.[782]

Por fim, o argumento de que aceitar um acordo com a acusação implicaria na renúncia ao direito de um julgamento e à ampla defesa é impreciso. Como já foi exposto por diversas vezes, a barganha não será mais do que outra modalidade de procedimento criminal no Brasil. A Constituição estabeleceu o direito ao devido processo como uma garantia fundamental, mas deixou o poder de regulamentar o processo para a legislação específica. Sendo a barganha processual uma mera alternativa ao rito ordinário, não haverá dano à Constituição nem à cláusula do devido processo legal. É importante lembrar que a transação penal e a suspensão condicional do processo também são alternativas ao julgamento no Brasil e o STF aceitou essas práticas sem declará-las inconstitucionais, reconhecendo que a Constituição permite que Juizados Especiais utilizem a justiça consensual e transações penais como alternativas aos procedimentos regulares.

Seguindo a mesma lógica, não há inconstitucionalidade preliminar na barganha judicial como procedimento criminal. Na verdade, é hora de abandonar a visão paternalista de que os réus são incapazes de tomar decisões autônomas, seja confessando ou negando a prática de crimes. Os réus devem ser tratados como seres humanos com autonomia e personalidade desenvolvida o suficiente para decidir e compreender o que é de seu interesse ou não. Se o acusado, depois de devidamente orientado por seu defensor, nomeado ou constituído, quiser evitar o julgamento e fazer um acordo com o Ministério Público, nenhuma inconstitucionalidade ocorre em um procedimento que permita esse resultado. Os direitos humanos são inalienáveis, mas podem ser renunciados em algumas situações.[783]

---

782. As regras de exclusão já fazem parte do sistema processual penal brasileiro (art. 157 do CPP, por exemplo), e há reivindicações em muitos países sobre sua eficiência nas práticas cotidianas dos tribunais. No entanto, essa questão está além do objetivo deste estudo e requer uma análise aprofundada.

783. Ramos, *nota supra* 113, p. 83 (afirmando que os direitos humanos são inalienáveis e irrenunciáveis, mas o indivíduo pode optar voluntariamente por não exercer alguns direitos).

Quando os réus decidem parar ou evitar um julgamento por meio de um acordo de barganha homologado judicialmente, há o efetivo exercício de outro direito constitucional, que é a liberdade de expressão sobre sua vontade e pensamentos.[784]

De fato, em caso de colisão entre o direito a um julgamento justo e o direito de autonomia, deve-se aplicar a teoria de Robert Alexy sobre a ponderação de princípios mencionados na Seção 4.5 (B).[785] Assim, é necessário determinar qual princípio constitucional deve ser prevalecer, desconsiderando-se os outros que com ele conflitarem no caso específico. Tal resultado não significa revogar o princípio enfraquecido, mas conferir uma força normativa à Constituição, aplicando-se o princípio da proporcionalidade. Portanto, o direito do acusado de tomar uma decisão autônoma de renunciar ao direito ao julgamento é aceitável pelo sistema legal brasileiro. Além disso, optar pelo procedimento do *plea-bargaining* não significará renunciar ao direito ao julgamento, porque a barganha processual será apenas mais um tipo de procedimento criminal, como esta obra repetiu exaustivamente. O direito de defesa não será renunciado porque os acordos somente serão aceitos se os réus avaliarem as provas e discutirem com os advogados, identificando se a barganha é a melhor escolha para a sua situação.

Em suma, as críticas ao modelo proposto de barganha processual no Brasil são quase um espelho daquelas feitas ao modelo vigente nos Estados Unidos. Por um lado, é importante aprender com a experiência estrangeira antes de adotar práticas semelhantes. Por outro lado, os pontos fracos e os erros identificados na prática a ser importada devem servir como alerta para a criação de um modelo mais adequado às particularidades dos julgamentos cri-

784. *Sobre:* Andrade, *nota supra* 712, p. 160 (defendendo a negação de uma solução consensual para casos criminais sob o argumento de que violar os direitos dos réus de produzir provas corresponderia a implicar que eles têm a obrigação de sempre se opor à acusação, em vez de cumprir e buscar a solução processual que melhor se adapte aos seus interesses).

785. *Sobre: supra* seção 4.5 (B) sobre acusações, audiências preliminares e sua influência sobre acordos de confissão. *Neste sentido,* Alexy, *nota supra* 574, p. 68 (afirmando que não é possível ter um catálogo de direitos fundamentais sem nenhum tipo de colisão entre eles).

minais no Brasil, evitando-se perspectivas tendenciosas contra sua adoção. A barganha, se bem delineada, não é contrária aos princípios constitucionais do contraditório e da ampla defesa, uma vez que o acusado, com a assistência de seu defensor, decide livremente se concorda com os termos do acordo proposto pelo Ministério Público.[786] A mera repetição de críticas ao modelo norte-americano não ajudará o Brasil a resolver seus problemas relacionados à ineficácia dos julgamentos criminais. É hora de propor alternativas mais eficazes para a justiça criminal brasileira.

5.3. O atual parâmetro de justiça consensual no processo penal brasileiro

Esta seção avalia ideias gerais acerca da justiça consensual no processo penal brasileiro, iniciando-se pela definição de justiça consensual e a exposição de suas principais características. Após, analisa-se como a Lei Federal nº 9.099/1995 (Lei dos Juizados Especiais) incrementou as práticas de justiça consensual no Brasil, seguida de uma avaliação de seus principais componentes – a composição civil de danos, transações penais e suspensão condicional do processo.

A. Ideias preliminares sobre a justiça consensual no Brasil

Este primeiro tópico tem como objetivo explorar a justiça consensual no Brasil, focando em três pontos: a definição, como o sistema legal brasileiro delineia a prática e sua diferença em relação à barganha processual. Em primeiro lugar, este estudo define a justiça consensual como o procedimento criminal em que um acusado, ou suspeito, voluntariamente e conscientemente, negocia com a acusação para chegar a um acordo e abreviar o julgamento, resultando na aplicação imediata de uma punição (que não a prisão)[787] e potencial reparação de danos do crime. Em segundo lugar, avalia três leis federais que traçam a justiça consensual no Brasil. Por

786. Antonio Henrique Graciano Suxberger & Dermeval Farias Gomes Filho, *Funcionalização e Expansão do Direito Penal: O Direito Penal Negocial*, 13 Rev. Direito Int. 376, 389 (2016).

787. A seção a seguir explica como a Lei Federal nº 9099/1995 definiu os limites da justiça consensual em julgamentos criminais brasileiros sem impor nenhuma prisão ou a

último, defende a ideia de que a justiça consensual é diferente da barganha processual, porque nunca resulta em uma confissão real e não há condenação.

O termo justiça consensual ganhou especial atenção no Brasil após a entrada em vigor da Lei Federal nº 9.099/1995 (Lei dos Juizados Especiais). Entre os estudiosos brasileiros, Nereu Giacomolli, um renomado especialista em processo penal, avaliou o uso de consenso em julgamentos criminais brasileiros. Segundo Giacomolli, uma solução consensual entre a acusação e a defesa pode ser o resultado de uma simples aceitação de proposta feita por uma das partes e a extinção do processo sem condenação.[788] Giacomolli também declarou que o consenso deve se basear no exercício do direito de defesa, antecipando o resultado do julgamento, aumentando a reabilitação de uma punição aceita, melhorando a eficácia do *jus puniendi* e resultando em reparações mais rápidas para as vítimas.[789] Conclui argumentando que, no Brasil, os acordos em processos criminais devem ser atos bilaterais selados durante o julgamento, como resultado de um acordo consensual entre acusação e defesa, no qual o suposto autor do fato exerce seu direito de ampla defesa e aceita voluntariamente a aplicação de uma punição que não seja a prisão.[790]

Por sua vez, Rosimeire Ventura Leite afirma que as justiças negociada e consensual não são termos semelhantes porque o acordo mútuo, inerente a uma decisão consensual, não é adequado ao processo penal.[791] Também aponta que alguns estudiosos internacionais distinguem a justiça consensual e a justiça negociada no processo penal, embora a ideia geral seja o uso intercambiável de ambos os termos.[792] Segundo Ventura Leite, aqueles que diferenciam entre essas

---

ausência de antecedentes criminais como resultado de um acordo entre a acusação e a defesa.

788. Nereu José Giacomolli, Legalidade, Oportunidade e Consenso no Processo Penal: Na Perspectiva das Garantias Constitucionais: Alemanha, Espanha, Itália, Portugal, Brasil 73 (2006).

789. *Idem, p.* 389.

790. *Idem, p.* 397.

791. Ventura Leite, *nota supra* 15, p. 21–22.

792. Idem.

expressões usam justiça consensual para designar situações em que a pessoa afetada pelo desfecho do caso deve oferecer aceitação antes da aplicação de qualquer punição.[793] A expressão justiça negociada serve a todas as situações em que o réu e a promotoria têm liberdade para discutir os pontos do acordo, com um nível mais alto de autonomia.[794] Ventura Leite finaliza seu pensamento comparando a justiça consensual com a assinatura de um contrato contendo cláusulas padronizadas (de adesão), em que o signatário (réu) só pode aceitar ou negar as proposições sem fazer ou sugerir quaisquer alterações.[795] Noutro giro, afirma que a justiça negociada seria semelhante a um contrato bilateral com cláusulas abertas discutidas antes de selar o acordo.[796] Uma vez que as partes podem negociar as condições de uma eventual punição em troca de testemunho, autoincriminação ou reparação, a negociação norte-americana é um exemplo clássico de justiça negociada em processo penal.[797]

Além da obra de Ventura Leite, Vinicius Vasconcellos publicou obra interessante e bem estruturada, avaliando a expansão da justiça negociada em processos penais. O autor considera a justiça consensual (ou negociada) como um modelo guiado pela aceitação (consenso) de ambas as partes – Acusação e Defesa – de um acordo de colaboração processual com o distanciamento do réu de sua posição de resistência.[798] Vasconcellos também defende que o consenso, em geral, resulta em uma conclusão precoce, abreviação, eliminação completa ou de alguma etapa do julgamento, fundamentalmente com o propósito de facilitar a imposição de uma sanção penal com certa porcentagem de redução, o que caracteriza o benefício para o acusado devido à renúncia ao devido processo penal com todas as garantias inerentes a um julgamento.[799] A definição de consenso de Vasconcellos em jul-

---

793. Idem, p. 22.

794. Idem, p. 22-23.

795. Idem.

796. Idem, p. 23.

797. *Idem*. A despeito da diferenciação mencionada acima, esta obra usa tanto "justiça negociada" quanto "justiça consensual" como o poder de acusação e defesa interfere no resultado de procedimentos criminais.

798. Vasconcellos, *nota supra* 15, p. 55.

799. Idem, p. 55.

gamentos criminais parte da ideia de que a justiça negociada não se preocupa com a vontade dos réus ou direitos fundamentais, uma vez que a abreviação dos julgamentos é um mero instrumento para uma imposição mais rápida de punições, mostrando que o autor citado enxerga a barganha do ponto de vista do puro utilitarismo pragmatista. Com todo o respeito a Vasconcellos, não há como concordar com tal definição, pois, conforme defendido na seção anterior, o réu deve exercer seu livre arbítrio para iniciar qualquer negociação com a acusação.[800] Caso contrário, não há acordo válido devido à ausência de componentes voluntários e conscientes, o que é inconciliável com a totalidade das cláusulas do negócio.

Rafael Serra Oliveira destaca que a justiça negociada ou consensual tem o objetivo de incentivar as partes a encontrar a melhor solução legal possível para resolver a tensão causada por interesses divergentes, criados após a prática de um crime.[801] A justiça consensual serviria para a tradicional prevenção de crimes, a reconstrução da paz social e a reabilitação do acusado alcançada em um ambiente de igualdade horizontal entre a acusação e a defesa.[802]

Embora seja correto afirmar que a justiça negociada visa resolver uma tensão causada por um crime na sociedade, a realidade mostra que no Brasil e nas Nações Unidas a reabilitação dos réus não foi abordada como um objetivo imediato no processo de justiça negociada. Flávio da Silva Andrade[803] resumiu o modelo brasileiro de justiça consensual em julgamentos criminais, observando que ela representa uma mudança de mentalidade, que rompe esquemas clássicos de Direito Processual Penal, partindo de uma concepção de participação e cooperação entre o juiz, o membro do Ministério Público e o defensor. Esses atores, cada um em seu papel, começam

---

800. *Sobre: supra* seção 4.6 sobre a compatibilidade da barganha processual com os direitos dos réus.

801. Rafael Serra Oliveira, Consenso no Processo Penal: Uma Alternativa para Crise do Sistema Criminal [76] (2015).

802. Idem, p. 76.

803. O autor é Juiz Federal no Tribunal Regional Federal da 1ª Região e estudou justiça consensual em julgamentos criminais como o principal tema de sua dissertação de mestrado na Universidade Federal de Minas Gerais (UFMG).

a buscar soluções mais rápidas e justas que melhor atendam às expectativas do Estado, da sociedade e do réu.[804]

Sem dúvida, os principais elementos de um acordo válido para resolver rapidamente um processo criminal no Brasil são o livre arbítrio dos réus em negociar os termos da proposta e o completo conhecimento das consequências de sua anuência em selá-lo. Além disso, pode-se dizer que alguns dos efeitos colaterais dos acordos em processos criminais seriam uma resolução mais rápida do caso, uma reparação mais rápida dos danos, menor chance de estigmatização dos acusados e incremento da eficácia e legitimidade da justiça penal como um todo.

B. A justiça consensual na Lei Federal nº 9.099/1995

Buscando as origens da justiça consensual no Brasil, a Lei Federal nº 9.099/1995, doravante chamada de Lei dos Juizados Especais, pode ser considerada a primeira legislação específica que trata do tema em julgamentos criminais, embora a Lei Federal nº 7.244/1984 tenha previsto anteriormente os contornos para chegar a uma solução consensual nos casos sob jurisdição Federal.

A Lei Federal nº 7.244/1984 era semelhante ao modelo norte-americano de tribunais de pequenas causas, mas apenas delineou regras para o processo civil, deixando que os julgamentos criminais seguissem as normas do CPP. Apesar da falta de aplicação a julgamentos criminais, a Lei Federal nº 7.244/1988 abriu o caminho para debater o uso de consenso para a conclusão de casos criminais, e em 1988, a Constituição criou as bases para a expansão da justiça consensual para julgamentos criminais no Brasil.

O Artigo 98, I da Constituição Federal determinou que lei federal deveria criar Juízos Estaduais e Federais Especiais com jurisdição exclusiva para julgar pequenas causas. Aqui, a Constituição não definiu o significado de "pequenas causas". Embora houvesse uma norma constitucional que regia a criação dos Juizados Especiais,

804. Andrade, *nota supra* 709, p. 38. Embora a segunda frase possa contradizer a primeira, o autor é um dos defensores da justiça consensual como uma ferramenta útil para um julgamento rápido sem negar os direitos dos réus.

o Congresso brasileiro apenas promulgou o estatuto delineando suas estruturas em 1995. A norma passou a definir a organização de Juizados Especiais Cíveis (JESP) e Criminais (JECRIM), possuindo a clara intenção de aumentar a eficácia do julgamento e a legitimidade das decisões judiciais por meio do sistema em questão, mesmo quanto a casos de repercussão social relativamente baixa.[805]

A Lei Federal nº 9.099/1995 restringiu a competência dos Juizados Especiais Criminais[806] aos processos que envolvam pequenos delitos (crimes de menor potencial ofensivo), inicialmente definidos como os delitos em que a punição máxima não fosse superior a um ano de prisão. Posteriormente, a Lei Federal nº 10.259/2001, modificou o conteúdo da Lei Federal nº 9.099/1995, englobando como delitos menores todos com pena máxima de até dois anos.[807] Assim, no Brasil, todo crime em que a pena não é superior a dois anos é decidido sob as normas da Lei dos Juizados Especais, que criou o procedimento sumaríssimo.[808] O processo é o mesmo – independentemente de ser uma infração Federal ou Estadual – e deve seguir as etapas da composição civil dos danos e da transação penal, antes que as acusações criminais sejam apresentadas. Da mesma forma, somente depois de verificar se é possível aplicar a suspensão condicional do processo, o juiz pode prosseguir para a próxima fase do julgamento sob o rito sumaríssimo ou enviar o caso para o rito ordinário, dependendo da situação.

Entre todas as disposições da Lei dos Juizados Especais, sua peculiaridade mais notável certamente está relacionada às consequências da aceitação da proposta. Não há culpado no modelo brasileiro. Nem durante a composição civil de danos, transações penais nem suspensão condicional do processo o réu será considerado culpado se concordar com a acusação e receber qualquer multa ou restrição

---

805. Ventura Leite, *nota supra* 15, p. 144-145.

806. Os brasileiros geralmente se referem a Juizados Especiais como Tribunais de pequenas causas.

807. Uma pequena parcela dos estudiosos brasileiros afirma que as ofensas com penas máximas inferiores a dois anos de prisão seriam equivalentes ao conceito de contravenções. *Por exemplo*, Antonio Sergio Altieri de Moraes Pitombo, *Direito Penal e Procedimento, em* Introdução à Lei Brasileira 207, 221 (Fabiano Deffenti & Welber Barral eds., 2011).

808. *Sobre: supra* Seção 3.5.

de direitos como penalidade.[809] Até a edição da Lei n. 13.964/2019, que introduziu no CPP o art. 28-A o chamado acordo de não persecução penal, a justiça consensual brasileira não exigia declaração de culpa ou confissão como requisito para aprovar o acordo entre a promotoria e a defesa. E mesmo esta exigência para o chamado acordo de não persecução penal mostra-se inócua e desarrazoada. Por outro lado, consoante já aborda-do no decorrer desta obra, a autoincriminação que leva à condenação dos réus é um traço essencial na barganha norte-americana.[810]

A Lei dos Juizados Especais criou três mecanismos de justiça consensual: a composição civil dos danos, a transação penal e a suspensão condicional do processo. A composição civil dos danos só pode ocorrer em crimes em que a vítima tem o poder de acusar criminalmente o agressor através de seu advogado ou nas ofensas que exigem a autorização da vítima para processar o suspeito.[811] Em uma audiência preliminar de tentativa de composição civil do dano, na presença do juiz e do Promotor, o suposto autor do crime[812] e a vítima tentarão chegar a um acordo sobre uma eventual reparação civil, resultando na suspensão das investigações, evitando-se qualquer futura responsabilidade criminal relacionada ao caso. Se o alegado perpetrador e a vítima concordarem com os termos de uma compensação civil, o juiz deve confirmar que ambos os lados estão voluntariamente e conscientemente apresentando o acordo.

809. Antônio Fernandez SCARANCE, Processo Penal Constitucional, p. 205 (6ª ed. 2010).

810. Apesar disso, em muitas jurisdições, os réus podem evitar cumprir pena na prisão ou outras consequências de uma condenação. *Cf.* Pretrial Intervention Service Center, *Legal Issues and Characteristics of Pretrial Intervention Programs*, 4 Cap. U. Rev. 37, 71 (1974).

811. *Sobre: supra* seção 3.5 (C) sobre o papel do procurador e discrição limitada. Lembre-se que, no Brasil, a regra geral é o Ministério Público, mas há algumas possibilidades em que a vítima pode processar o agressor e outras situações em que o promotor precisa da autorização da vítima para acusar o suspeito. Por exemplo, se uma pessoa cometer difamação, descrita no art. 139 do Código Penal Brasileiro, somente a vítima, como regra geral, pode processar o autor e não o Ministério Público. Além disso, de acordo com o art. 47 do Código Penal, a ação de ameaçar prejudicar uma pessoa é um tipo de crime em que os promotores podem requerer autorização prévia da vítima para apresentar acusações contra o perpetrador.

812. A presença de um advogado de defesa aconselhando o denunciado é obrigatória. *Sobre: supra* Seção 3.4 (C) sobre o princípio da paridade de armas e o direito à ampla defesa.

O juiz, então, aprovará o acordo proferindo uma sentença que encerra qualquer responsabilidade criminal do suposto agressor. Não há possibilidade de apelação desta sentença e, se algum termo do acordo não for seguido, a situação é resolvida sob as regras do processo civil.[813]

Se não houver acordo entre a vítima e o suposto agressor, o juiz avançará para a segunda etapa da justiça consensual no julgamento sumaríssimo, chamado transação penal,[814] semelhante a acordo de não persecução penal nos Estados Unidos. Nesta fase, o Promotor pode propor a aplicação de multa ou restrição alternativa de direitos que não seja a prisão. Antes de oferecer uma transação penal, a promotoria deve verificar se o suspeito já foi previamente condenado por uma sentença final[815] ou aceitou qualquer proposta de transação penal nos últimos cinco anos. Além disso, a acusação pode verificar os antecedentes criminais do suspeito – personalidade, conduta social, bem como as razões e circunstâncias dos fatos – como condições para oferecer o acordo.[816]

Se o suspeito aceitar a proposta, o juiz analisa o acordo e aprova seus termos, sentenciando o caso. Nessa situação, a aplicação de uma restrição de direitos ou multa não será considerada um registro criminal de condenação, mas apenas uma barreira a uma nova transação penal nos próximos cinco anos.[817] Também é possível recorrer da sentença. Em geral, a promotoria propõe acordos envolvendo serviços comunitários, multas ou doações para uma instituição de caridade. A proposição pode ser oferecida por escrito antes da audiência preliminar ou logo após a frustração da composição civil. O juiz geralmente intermedeia a negociação entre a acusação e o

---

813. *Sobre:* Juizados Especiais Criminais: Comentários à Lei nº 9099, de 26.09.1995, 142-143 (Ada Pellegrini Grinover et al., 5ª ed. 2005).

814. *Sobre:* Peter Zablotsky, *An Analysis of State Pretrial Diversion Statutes*, 15 Colum. JL Soc'y & Problems 1 (1979).

815. Lembre-se que, no Brasil, condenação final significa a decisão de todos os recursos e não apenas a sentença condenatória proferida pelo juiz de primeiro grau. *Veja supra a* Seção 3.4 (B) sobre a presunção de inocência e a Seção 3.5 (F) sobre sentenciamento de casos criminais e o direito de apelar.

816. Juizados Especiais Criminais, *nota supra* 819, p. 162.

817. *Idem*, p. 170-171.

suspeito, acompanhado pelo advogado de defesa.[818] O papel do juiz neste caso é rejeitar "acordos" que equivalem a condenações reais. Por exemplo, um crime específico pode ser punido com três meses a um ano de prisão e o promotor decide oferecer um "acordo" de serviço comunitário de uma hora por dia durante seis meses. O réu é primário e, caso fosse condenado, seria condenado ao mínimo penal (três meses), embora o artigo 44 do Código Penal Brasileiro autorize a conversão da pena de privação de liberdade (prisão) em uma restritiva de direitos (como serviço comunitário). Sob esta situação, o acordo é claramente pior do que uma condenação e o juiz não pode autorizá-lo. Se o advogado de defesa aconselhar o requerido a aceitar este péssimo acordo, há uma potencial assistência ineficaz da defesa e malferimento do direito à ampla defesa.

A Lei dos Juizados Especiais também criou o último recurso de justiça consensual, após a denúncia, em processos criminais denominada suspensão condicional do processo.[819] De acordo com a citada norma, se a punição mínima para o crime não é mais do que um ano de prisão, a acusação, após oferecer a denúncia, pode propor a suspensão do processo, pelo prazo de dois a quatro anos,[820] independentemente de o caso seguir o procedimento ordinário, sumário ou sumaríssimo. Importante frisar que a suspensão condicional do processo é uma norma inserida no corpo da Lei Federal nº 9.099/1995, mas aplica-se a qualquer processo criminal. O *sursis do processo* pode ser proposto mediante a apresentação de uma petição escrita endereçada ao Juízo ou por requerimento verbal feito na audiência preliminar, após a frustração da transação penal. Se o promotor apresentar denúncia oral[821], tudo será reduzido a termo, devendo o magistrado colocar no registro da audiência o teor declarações do Ministério Público e todas as condições para eventual suspensão do processo.

---

818. *Idem*, p. 102 (reforçando a diferença entre acusado e suspeito).

819. Este estudo usa a suspensão condicional do processo e deferimento condicional de forma intercambiável.

820. Juizados Especiais Criminais, *nota supra* 819, p. 251.

821. Nos Juízos Estaduais brasileiros é muito comum os promotores apresentarem denúncias verbais quando as partes não concordam com os termos da transação penal.

Proposta a suspensão do processo, o juiz verifica se a acusação cumpriu os requisitos legais e, caso positivo, recebe a denúncia. Se recebia a denúncia durante a audiência, dará o réu por citado e o indagará sobre a proposta feita pela a acusação. Poderá ainda, ordenar a citação do réu para exercer seu direito de defesa, agendando uma audiência para a próxima data possível, para que a proposta seja examinada. Há uma grande chance de negociar os termos do acordo na presença do juiz durante a audiência. Se a acusação e o réu chegarem a um acordo, o magistrado verifica as condições e pode ratificá-lo. Na ocasião, deverá alertar o réu sobre a voluntariedade em aceitar a suspensão do processo, a compreensão das condições e as consequências do o descumprimento do acordo.

A Lei Federal nº 9.099/1995 define uma série de restrições para limitar a discrição do promotor no oferecimento de acordos. Ademais, os juízes geralmente não aceitam acordos nos quais a punição alternativa é desproporcional à natureza da ofensa, da condição do réu, ou se há prescrição do feito. A suspensão é aceitável se o acusado não estiver sendo processado por outro crime e não tiver antecedentes criminais. Durante a suspensão do processo, o acusado deve preencher algumas condições[822] e pode receber penas alternativas à prisão ou multas.[823] Depois de aceitar a suspensão condicional do processo, inicia-se o período de prova.[824] Se o réu desobedecer a qualquer das condições do acordo ou a qualquer lei, o Juiz poderá revogar o benefício e decidir que o julgamento irá avançar. Caso contrário, após o prazo definido no contrato, o juiz certificará o cumprimento de todas as condições aprovadas no termo de suspensão condicional, extinguindo qualquer responsabilidade criminal relacionada ao caso em uma sentença declaratória de extinção da punibilidade. Posteriormente, o réu não terá antecedentes

---

822. *Por exemplo*, prova de que ele tem uma ocupação lícita e residência legal.

823. As mesmas restrições aplicadas à transação penal.

824. Período de prova, no Brasil, significa a quantidade de tempo que o autor do fato, réu ou condenado deve seguir as condições aceitas no acordo ou impostas na sentença antes da extinção da responsabilidade criminal.

criminais, o que é semelhante ao DPA (*deferred prosecution agreement*) nos Estados Unidos.[825]

Ainda, é importante ressaltar a existência de alguns traços semelhantes entre a barganha processual norte-americana e o procedimento de justiça consensual delineado pela Lei dos Juizados Especiais. Em primeiro lugar, a composição civil dos danos e a transação penal são procedimentos pré-processuais ou pré-denúncia. Em ambas as situações, as negociações são seladas em uma audiência preliminar programada para tentar chegar a um acordo entre a acusação e a defesa. Neste ponto, tais práticas são semelhantes a todos os procedimentos de *plea bargaining* norte-americanos. O segundo traço comum entre o modelo brasileiro de justiça consensual e o *plea bargaining* é que a composição civil dos danos ou a imposição de qualquer restrição de direitos são válidas somente se o autor voluntariamente e conscientemente aceitar os termos do acordo. O poder judiciário tem o dever constitucional de observar os direitos dos réus e apenas homologar proposta de composição civil de danos, transações penais e suspensão condicional do processo, se o juiz tiver certeza de que o suspeito, ou réu, acompanhado por um advogado, entende e quer aceitar o acordo para encerrar o caso.[826] Em terceiro lugar, a transação penal brasileira e a suspensão condicional do processo são semelhantes ao DPA (Deferred Prosecution Agreement) e NPA (Non-Prosecution Agreement), utilizadas em Juízos Federais.[827] Apesar da existência tais práticas durante décadas, DPAs e NPAs passaram a ser realmente utilizadas a partir de 2005,[828] como uma nova abordagem em todas as áreas de infrações criminais

---

825. *Sobre:* Peter Zablotsky, *An Analysis of State Pretrial Diversion Statutes*, 15 Colum. JL Soc'y & Problems 1 (1979) (afirmando que "o réu lucra porque recebe o tratamento necessário, evitando o estigma de um processo criminal e possível condenação"). *Neste sentido, Pretrial Diversion from the Criminal Process*, 83 Yale L.J. 827 (1974).

826. Lopes, *nota supra* 165, p. 957-958 (defendendo a participação ativa dos Juízes que supervisionam o processo e verificando a máxima eficácia dos direitos dos acusados).

827. *Sobre:* Corporate Charge Guidelines 9.28.1000 (explicando que "pode ser apropriado considerar um procedimento judicial de não-persecução penal ou diferimento da persecução penal com condições destinadas, entre outras coisas, a promover a conformidade com a lei aplicável e evitar a reincidência.).

828. Barr Benyamin, *Get Your Hands Off My DPA! The Proper Scope of the Judicial Supervisory Power in Deferred Prosecution Agreements*, 54 Am. Crim. Rev. 571, 571–572 (2017).

corporativas, incluindo antitruste, fraude, corrupção no âmbito de instituições privadas, evasão fiscal, violações ambientais, bem como casos de corrupção estrangeira.[829]

Em um DPA, o promotor oferece normalmente a denúncia, como ocorreria se o caso fosse ter julgamento regular.[830] Todavia, acusação e os responsáveis pela empresa concordam que o processo será suspenso até o final de certo período de tempo acertado por ambas as partes.[831] Expirado o prazo, a promotoria pedirá o arquivamento do caso, se a corporação obedecer a todos os termos do acordo.

Por outro lado, com o NPA, nenhuma acusação não há o oferecimento de denúncia. Ao invés disso, promotoria e defesa se envolvem em negociações para chegar a um acordo. Se o réu segue todas as instruções do acordo, o réu é liberado de quaisquer obrigações decorrentes do que foi firmado.[832] Quando comparados com os tradicionais acordos de acusação, os DPAs e os NPAs são mais favoráveis ao acusado porque não há culpados e, portanto, nenhum efeito colateral de condenações criminais.[833] Os NPAs são semelhantes à transação penal brasileira, exceto que nos Estados Unidos não há necessidade de o judiciário homologar o acordo entre a acusação e a defesa.[834] Noutro giro, DPAs são similares com a suspensão condicional do processo. Todavia, no Brasil há o traço distintivo de que o juiz declara a extinção da punibilidade do beneficiado após o período probatório.

As diferenças entre a justiça consensual brasileira e a barganha norte-americana, no entanto, incluem a ausência de acusações formais contra o acusado na composição civil de danos e durante

829. Cindy R. Alexander & Mark A. Cohen, Trends in the Use of Non-Prosecution, Deferred Prosecution, and Plea Agreements in the Settlement of Alleged Corporate Criminal Wrongdoing 2, 56 (2015), http://masonlec.org/site/rte_uploads/files/Full%20Report%20-%20SCJI%20NPA-DPA%2C%20April%202015%281%29.pdf.

830. Idem, p. 7-8.

831. Idem, p. 8.

832. Idem.

833. Idem, p. 7.

834. Sobre: A Resource Guide to the U.S. Foreign Corrupt Practices Act 76–77 (Criminal Division of the U.S. Department of Justice and the Enforcement Division of the U.S. Securities and Exchange Commission eds., 2012), www.justice.gov/criminal/fraud/fcpa and www.sec.gov/spotlight/fcpa.shtml.

a transação penal.[835] As partes discutem os termos do acordo confiando apenas no relatório policial que acompanha o chamado Termo Circunstanciado de Ocorrência (TCO). O objetivo desta fase preliminar é precisamente evitar acusações formais contra o acusado e as consequências de ir a julgamento. Não obstante o fato de que a composição civil dos danos e as transações penais não fazem parte de uma ação penal propriamente dita, os acordos firmados entre a acusação e o autor do fato exigem o "selo" judicial para ganhar eficácia. Outra diferença vital entre os dois sistemas de justiça consensual é que, diferentemente do *plea bargaining*, a suspensão condicional é uma fase processual da ação penal.[836] Assim, rito processual inicia-se com o oferecimento da denúncia contra o acusado e o juiz deve aceitar as acusações antes de qualquer negociação para suspender o processo. Além disso, após a ocorrência de tal suspensão, a acusação não retira as acusações, mas concorda com a extinção de toda a responsabilidade criminal,[837] devendo o magistrado sentenciar o caso, mas somente depois de confirmar que o réu cumpriu todos os requisitos durante o período probatório.

---

835. *Por exemplo,* Criminal Division of the U.S. Department of Justice and the Enforcement Division of the U.S. Securities and Exchange Commission, ed. A Resource Guide to the U.S. Foreign Corrupt Practices Act at 75 (2012), www.justice.gov/ criminal/fraud/fcpa and www.sec.gov/spotlight/fcpa.shtml.

836. A ação penal tem início quando o Juiz aceita as acusações e ordena a citação do réu para apresentar a defesa preliminar ou para estar presente na audiência de suspensão condicional do processo. Nos Estados Unidos, a barganha é chamada de procedimento pré-processual. Talvez seja apenas uma questão de semântica; no entanto, este estudo observa a diferença legal entre os dois países.

837. No Brasil, o não recebimento de uma denúncia não significa a eliminação da potencial responsabilidade criminal decorrente dos mesmos fatos. O juiz pode ou rejeitar o caso ou arquivar o caso, fazendo-se coisa julgada forma ou material. Após a extinção da responsabilidade criminal, no entanto, na coisa julgada material, o caso está definitivamente encerrado. Mesmo que o promotor encontre novas provas contra o réu, não se permitirá reabrir o caso. Por outro lado, se o juiz rejeitar um caso devido à falta de provas, o arquivamento ou rejeição da denúncia fará coisa julgada formal apenas. Assim, o promotor poderá reabrir o caso com novas provas de acordo com o prazo de prescrição do crime. Embora o art. 28 do CPP, na redação dada pela Lei n. 13964/2019, disponha que o arquivamento do IPL passará a tramitar somente entre o Ministério Público e a Polícia Judiciária, tal dispositivo teve sua aplicação suspensa por liminar concedida no âmbito das ADIs 6298, 6299, 6300 e 6305. Assim, ainda se considera vigente o texto anterior.

De fato, a Lei dos Juizados Especiais está embasada no que os estudiosos do Brasil chamam de política anti-encarceramento. Neste sentido, Ventura Leite explicou que as disposições penais do estatuto buscam resgatar os interesses das vítimas e, ao mesmo tempo, evitar consequências negativas da prisão, levando a uma resolução mais rápida dos casos criminais envolvendo delitos de menor potencial ofensivo.[838] Se há houver condenação, não há registro criminal do acusado a ser usado contra o indivíduo (maus antecedentes) e os acordos não irão agravar a situação individual se o réu cometer um delito posterior.[839] Depois de aceitar a suspensão condicional do processo, o réu inicia o período de prova. Se o réu desobedecer a qualquer uma das condições do acordo, o juiz poderá revogar o benefício e determinar que prosseguimento do julgamento.

Apesar da intenção da Lei Federal nº 9.099/1995 em aumentar a eficácia dos julgamentos criminais, ampliar a participação da vítima no processo de composição civil dos danos e evitar condenações em casos envolvendo crimes de menor potencial ofensivo, a referida norma tem recebido duras críticas ao longo dos seus vinte e cinco anos de vigência. Alguns autores argumentam que o grande número de casos em Juizados Especiais resultou em uma preferência por velocidade em se terminar o processo em detrimento de justiça.[840] Como consequência, há mais pressão para aceitar a transação penal ou os termos da suspensão condicional do processo.[841] Outros, como Giacomolli, afirmaram que a aplicação de uma punição sem condenação viola o direito a um julgamento justo,[842] e que a justiça consensual transformou a punição em um instrumento que depende apenas da vontade das partes, ao invés de ser consequência de uma condenação obtida após o exame exaustivo das provas em julgamentos criminais.[843] Ventura Leite também criticou a justiça

---

838. Ventura Leite, *nota supra* 15, p. 152–153. *Neste sentido,* Pacelli, *nota supra 101*, p. 754.

839. STF, Habeas Corpus 591.054 / SC – Santa Catarina, Plenário, Relator: Mín. Marco Aurélio, 17.12.2014, 37, Diário do Judiciário Eletrônico [DJe], 15.02.2015, 1 (Braz.) (Observando que o registro de prisões anteriores sem condenação não pode ser utilizado para majorar a punição de réus em julgamentos criminais brasileiros).

840. *Sobre:* Giuliani, *nota supra* 771, 429-430.

841. Idem, p. 431.

842. *Sobre:* Giacomolli, *nota supra* 795, p. 99.

843. Casara, *nota supra* 213, p. 190.

consensual no Brasil e afirmou a presença de práticas incomuns como: a) audiências coletivas, nas quais vários acusados recebem a proposta do promotor para uma transação penal ao mesmo tempo para acelerar o número de casos resolvidos em juízo;[844] b) falta de devida assistência ao acusado e à vítima sobre os termos e consequências de uma transação penal ou da suspensão condicional do processo; c) insuficiente investigação por parte dos departamentos de polícia e relatórios rasos sobre o caso; e, d) fraco controle judicial sobre a validade e aptidão das denúncias verbais feitas em audiência preliminar.[845]

Apesar das críticas aos mecanismos de justiça consensual delineados pela Lei dos Juizados Especiais, a transação penal e a suspensão condicional do processo não violam a presunção de inocência nem como direito fundamental, nem tampouco como espírito do sistema de justiça criminal brasileiro. Se não houver condenação ou antecedentes criminais em nenhuma dessas práticas, o indivíduo ainda é considerado um réu primário se for julgado no futuro. Além disso, o réu pode aceitar a aplicação de uma pena que não seja a prisão somente se, após avaliar os prós e contras do caso, decidir que aceitar os termos do acordo com a promotoria é melhor do que ir a julgamento. Portanto, se o suspeito ou réu estiver voluntariamente disposto a aceitar um acordo com a acusação, esta é uma manifestação eficaz do direito de defesa como uma alternativa para resolver o caso de maneira mais célere do que o habitual.[846] A lei deve respeitar a autonomia individual do réu para decidir aceitar ou rejeitar um acordo com o Ministério Público. Atacar a justiça consensual e argumentar que os réus nunca renunciariam a qualquer direito fundamental de encerrar um caso criminal é uma perspectiva paternalista, diminuindo a dignidade individual e o direito de tomar decisões autônomas. Ainda assim, é importante lembrar que há outro ponto importante ligado à disposição dos réus em aceitar acordos: a estigmatização de um julgamento criminal. Além disso, se

844. Críticas similares ocorrem nos EUA. *E. g.*, Darryl Brown, Does Plea Bargaining Add to Criminal Court Caseloads?, CASETEXT (Aug. 10, 2015), https://casetext.com/analysis/does-plea-bargaining add-tocriminal-court-caseloads .

845. Ventura Leite, *nota supra* 15, p. 273–276.

846. Andrade, *nota supra* 712.

um Juiz ignorar as eventuais nulidades das denúncias orais ou por escrito apresentadas pela promotoria, a defesa é obrigada a apresentar um recurso para requerer a rejeição da denúncia sob o argumento de que as acusações não cumprem os requisitos legais mínimos de admissibilidade. O problema aqui não é com o processo de justiça consensual, mas está relacionado com a assistência ineficaz da defesa, que pode ocorrer em qualquer processo criminal, não apenas em práticas de justiça consensual. Uma conclusão idêntica é alcançada depois de avaliar as críticas à suposta falta de assistência devida à vítima e ao réu sobre as consequências da transação penal e da suspensão condicional do processo.

Se há problema, não é com a justiça consensual enquanto modelo legal, mas com o modo como juízes, promotores e advogados de defesa se comportam durante o processo, juntamente com outros problemas do sistema de justiça criminal brasileiro, explicados no Capítulo 2. Além disso, entender as estruturas subjacentes ao processo é de suma importância, pois o número de casos de um advogado, como é pago e o tempo necessário para elaborar uma defesa eficaz são questões que sempre influenciarão o resultado do processo, seja em um julgamento pelo rito ordinário, seja com a aplicação do procedimento de *plea bargaining*. Seria mais útil para o sistema de justiça criminal brasileiro verificar se, na prática, os réus recebem assistência adequada de advogados de defesa para entender as circunstâncias e consequências da transação penal e da suspensão condicional do processo ao invés de somente se criticar a manifestação da autonomia do indivíduo.

Concluindo a avaliação sobre as críticas feitas por estudiosos brasileiros sobre justiça consensual, é necessário considerar a ocorrência de audiências coletivas em processos de transação penal ou de suspensão do processo. Em alguns casos, é possível que a promotoria registre a mesma acusação contra vários indivíduos. Por exemplo, se um grupo de torcedores começou a brigar entre si depois que seu time perdeu um jogo, o promotor pode acusar todos de Rixa, conforme previsto no artigo 137 do Código Penal. Como a penalidade de tal crime está dentro da faixa da Lei Federal nº 9.099/1995, é possível agendar uma audiência na qual todos os infratores têm a oportunidade de aceitar ou rejeitar uma transação penal ou a suspensão do processo, dependendo das condições pessoais de cada acusado. Essa audiência, no entanto, não é uma audiência coletiva. Por outro lado, quando um juiz tem, por exemplo, vinte casos de posse de drogas com um réu em cada caso, e decide intimar todos eles para que compareçam à mesma audiência de transação penal ou de suspensão condicional do processo, estará caracterizada uma Audiência coletiva (em sentido estrito). Audiências coletivas não são claramente definidas por qualquer procedimento criminal, mas este estudo observou tal prática em algumas jurisdições.[847]

Embora não haja dados confiáveis que indiquem o procedimento nessas audiências, em 2005, um promotor de justiça defendeu um projeto piloto de audiência coletiva, adotado em comarca do Estado de Pernambuco, como uma prática inovadora em julgamentos criminais.[848] No entanto, os papéis dos promotores, juízes, réus, vítimas e advogados de defesa nessas audiências coletivas não eram claros. Em suma, se na audiência coletiva a promotoria propuser as mesmas condições para a transação penal ou suspensão do processo para todos os indivíduos sem levar em consideração as peculiaridades de cada caso, os acordos não serão válidos. Aqui, vale trazer à baila a ponderação de Ventura Leite de que tais práticas são ilegais. No entanto, somente analisando uma situação real de audiências coletivas é possível ponderar acerca da eventual validade ou não dos procedimentos encetados à luz da Constituição e da Lei dos Juizados Especiais.

C. *Delação Premiada*: barganha especial ou apenas uma recompensa por colaboração?

Além da transação penal e da suspensão condicional do julgamento, alguns estudiosos observam que a Lei Federal nº 12.850/2013 também fornece um modelo de justiça consensual chamado *delação*

847. Por exemplo, em 2015, o Juizado de Pequenas Causas de Cuiabá, no estado do Mato Grosso, organizou uma audiência coletiva de suspensão de processo com cinquenta réus acusados de posse ilegal de drogas, crime descrito no artigo 28 da Lei Federal n. 11343/2006. *Veja: 120 Usuarios de Drogas Vão à Audiência Coletiva*, Tribunal de Justiça de Mato Grosso (15 de abril de 2015, 10h41), http: //www.tjmt.jus.br /noticias/38995#. W2pTEy2ZNmA (última visita em 6 de agosto de 2018).

848. Teodomiro Noronha Cardozo, *Audiência Preliminar Coletiva*, Inst. Innovare (2005) http:// www.premioinnovare.com.br/praticas/l/audiencia-preliminar-coletiva-18 (última visita em 6 de agosto de 2018).

premiada ou colaboração premiada ou sanção premial, já que os réus podem obter algum benefício em troca da confissão do colaborador.[849] Em suma, no Brasil, o réu pode testemunhar sobre os crimes de outra pessoa durante o seu *próprio* julgamento. Então, no caso de uma eventual condenação pelos seus próprios crimes, o Juiz aplicará uma sentença beneficiada, devido ao testemunho do réu sobre os crimes dos corréus.

A colaboração premiada é outra forma de justiça consensual nos julgamentos criminais brasileiros porque se baseia na ideia de acordo mútuo entre os acusados e o Ministério Público com o intuito de evitar os efeitos de uma condenação criminal regular ou parte dos efeitos.[850] Embora a delação premiada tenha a mesma ideia que o *plea bargaining* – a presença de um acordo mútuo em troca de algum benefício para o acusado – as práticas são diferentes: o *plea bargaining* é um procedimento pré-processual, enquanto a delação premiada é parte do processo criminal ou considerado como "meio de obtenção de provas".[851] Nos Estados Unidos, depois de selar o acordo com a acusação e se declarar culpado em Juízo, os réus são efetivamente condenados. No Brasil, ao invés disso, após a verificação do testemunho do réu e garantia de que o acordo com a acusação preenche os pré-requisitos legais, o juiz homologa o acordo e o documento se torna parte do arcabouço probatório, o qual o Juiz considera ao sentenciar o caso após a instrução da ação penal.[852]

De acordo com a Lei Federal nº 12.850/2013, o magistrado pode reduzir em até dois terços a punição ou pode substituir a

---

849. A Lei n. 13.964/2019 define a colaboração premiada como um negócio jurídico processual e meio de obtenção de prova, que pressupõe utilidade e interesses públicos.

850. Andrade, *nota supra* 712, p. 126. *Neste sentido,* Cezar Roberto Bitencourt e Paulo Cézar Busato, Comentários à Lei de Organizações Criminosas 119 (2014).

851. Lei nº 12.850, de 2 de agosto de 2013 [Lei do Crime Organizado], Diário Oficial da União [DOU] de 05.08.2013, art. 9 (2013), http://www.planalto.gov.br/ccivil_03/_ato2011-2014/2013/lei/l12850.htm (Braz.). Estatuto Federal n º 12850/2013 colocou o depoimento no capítulo II sobre as investigações e meios para obter provas.

852. Bitencourt & Busato, *nota supra* 857, p. 133 (explicando que o acordo não tem autonomia e só pode produzir efeitos em uma sentença de condenação após o julgamento completo em que o réu exerce o direito de defesa total). Note-se que tal prática é semelhante às Diretrizes de Condenação Federal dos EUA na parte de avaliação da cooperação dos réus, mas ainda é diferente do Brasil, pois não há julgamento.

pena de prisão por uma pena alternativa ou por uma restritiva de direitos, caso o réu efetivamente colabore com a investigação e com o julgamento.[853] No entanto, para obter os benefícios, a colaboração do réu deve produzir pelo menos um dos seguintes resultados: a) identificação de outros corréus e participantes da organização criminosa, bem como dos crimes cometidos por eles; b) divulgação da estrutura hierárquica e divisão de tarefas da organização criminosa; c) efetivamente auxiliar na prevenção de infrações decorrentes de atividades de organização criminosa; d) recuperação total ou parcial do produto dos delitos cometidos pela organização criminosa; e) localização de uma vítima com sua integridade física preservada.[854]

É importante ressaltar que no Brasil, o juiz não pode condenar réus com base apenas na colaboração premiada, outra diferença vital em relação ao modelo norte-americano de *plea-bargaining*.[855] Além disso, o *plea bargaining* baseia-se em uma confissão ou na autoincriminação como uma medida necessária para interromper o início do julgamento. Não há a produção de novas provas, interrogatório de testemunhas ou veredicto condenatório proferido pelo Tribunal do Júri. No Brasil, no entanto, a delação premiada só resulta em algum benefício para o réu se, após a instrução do processo, o juiz entender que o acordo foi usado como prova para condenar outros membros da organização criminosa.[856]

Flavio Andrade pondera que a delação premiada não é o mesmo que *plea bargaining*. No entanto, afirma a prática dos EUA contém a ideia de testemunho recompensado em troca de um benefício para o réu, como o não oferecimento de acusações ou a redução do tempo de prisão.[857] A noção de barganha processual baseia-se

853. Este Estatuto foi criado para tratar do procedimento criminal no caso de crimes cometidos por membros de organizações criminosas. No entanto, uma vez que esta disposição constitui um benefício para os réus, alguns autores no Brasil argumentaram que ela pode ser estendida a todos os crimes, sejam ou não cometidos por membros de organizações criminosas.

854. Bitencourt & Busato, *nota supra* 857, p. 112–113.

855. Idem, p. 136.

856. Andrade, *nota supra* 712, p. 127. Salvo se houver no acordo a cláusula de não oferecimento de denúncia e o juiz a aceite.

857. Idem.

na autoincriminação, enquanto o testemunho recompensado está mais ligado à "traição" cometida pelo acusado em relação aos outros membros de sua organização criminosa.[858] Sob a ótica da "traição", alguns estudiosos afirmaram que a delação premiada no Brasil consagra a incapacidade do Estado de combater efetivamente o crime organizado, usando réus como "parceiros" na luta contra o crime organizado, oferecendo-lhes a contrapartida de algum benefício no resultado de seu próprio caso.[859]

Passada a necessária explicação sobre a diferença entre o *plea bargaining* e a delação premiada, o próximo tópico aborda o uso controvertido da nova Resolução CNMP n° 181/2017 como modelo alternativo de barganha processual no Brasil e sua convalidação pela introdução no art. 28-A do CPP do chamado acordo de não persecução penal.

D. Resolução CNMP n ° 181/2017: Pode um Conselho Administrativo sobrepor-se à Constituição Brasileira?[860]

Quando da primeira edição deste livro, não vigia a atual redação do art. 28-A do CPP, que assim dispõe:

> Art. 28-A. Não sendo caso de arquivamento e tendo o investigado confessado formal e circunstancialmente a prática de infração penal sem violência ou grave ameaça e com pena mínima inferior a 4 (quatro) anos, o Ministério Público poderá propor acordo de não persecução penal, desde que necessário e suficiente para

858. STJ, Habeas Corpus HC 2007 / 0307265-6, Minas Gerais, Quinta Turma, Relator: Mín. Arnaldo Esteves Lima, 15.06.2010, Diário da Justiça Eletrônico [DJe], 02.08.2010, 1. Na decisão, o Superior Tribunal de Justiça brasileiro afirmou que "uma vez que o testemunho premiado implica a traição dos perpetradores do crime, ele não pode servir como instrumento único em favor da acusação, que tem o dever de produzir provas suficientes para justificar a convicção ". *Neste sentido,* Flavio Antônio da Cruz, *Plea Bargaining e Delação Premiada: Algumas Perplexidades*, 1 Rev. Jur. ESA OAB-PR 145, 160 (2016) (explicando que a *delação premiada* é diferente da barganha norte-americana porque exige que um réu divulgue provas contra outros membros de um grupo do crime organizado).

859. Bitencourt & Busato, *nota supra* 857, p. 116.

860. A redação atual da Resolução CNMP n.181 / 2017 foi dada pela Resolução CNMP No. 183/2018. A avaliação considerou o novo conteúdo da Resolução CNMP n° 181/2017, com as alterações introduzidas pela Resolução CNMP N.183 / 2018.

reprovação e prevenção do crime, mediante as seguintes condições ajustadas cumulativa e alternativamente: (Incluído pela Lei nº 13.964, de 2019)

I - reparar o dano ou restituir a coisa à vítima, exceto na impossibilidade de fazê-lo; (Incluído pela Lei nº 13.964, de 2019)

II - renunciar voluntariamente a bens e direitos indicados pelo Ministério Público como instrumentos, produto ou proveito do crime; (Incluído pela Lei nº 13.964, de 2019)

III - prestar serviço à comunidade ou a entidades públicas por período correspondente à pena mínima cominada ao delito diminuída de um a dois terços, em local a ser indicado pelo juízo da execução, na forma do art. 46 do Decreto-Lei nº 2.848, de 7 de dezembro de 1940 (Código Penal); (Incluído pela Lei nº 13.964, de 2019)

IV - pagar prestação pecuniária, a ser estipulada nos termos do art. 45 do Decreto-Lei nº 2.848, de 7 de dezembro de 1940 (Código Penal), a entidade pública ou de interesse social, a ser indicada pelo juízo da execução, que tenha, preferencialmente, como função proteger bens jurídicos iguais ou semelhantes aos aparentemente lesados pelo delito; ou (Incluído pela Lei nº 13.964, de 2019)

V - cumprir, por prazo determinado, outra condição indicada pelo Ministério Público, desde que proporcional e compatível com a infração penal imputada. (Incluído pela Lei nº 13.964, de 2019)

§ 1º Para aferição da pena mínima cominada ao delito a que se refere o caput deste artigo, serão consideradas as causas de aumento e diminuição aplicáveis ao caso concreto. (Incluído pela Lei nº 13.964, de 2019)

§ 2º O disposto no caput deste artigo não se aplica nas seguintes hipóteses: (Incluído pela Lei nº 13.964, de 2019)

I - se for cabível transação penal de competência dos Juizados Especiais Criminais, nos termos da lei; (Incluído pela Lei nº 13.964, de 2019)

II - se o investigado for reincidente ou se houver elementos probatórios que indiquem conduta criminal habitual, reiterada ou profissional, exceto se insignificantes as infrações penais pretéritas; (Incluído pela Lei nº 13.964, de 2019)

III - ter sido o agente beneficiado nos 5 (cinco) anos anteriores ao cometimento da infração, em acordo de não persecução penal, transação penal ou suspensão condicional do processo; e (Incluído pela Lei nº 13.964, de 2019)

IV - nos crimes praticados no âmbito de violência doméstica ou familiar, ou praticados contra a mulher por razões da condição de sexo feminino, em favor do agressor. (Incluído pela Lei nº 13.964, de 2019)

§ 3º O acordo de não persecução penal será formalizado por escrito e será firmado pelo membro do Ministério Público, pelo investigado e por seu defensor. (Incluído pela Lei nº 13.964, de 2019)

§ 4º Para a homologação do acordo de não persecução penal, será realizada audiência na qual o juiz deverá verificar a sua voluntariedade, por meio da oitiva do investigado na presença do seu defensor, e sua legalidade. (Incluído pela Lei nº 13.964, de 2019)

§ 5º Se o juiz considerar inadequadas, insuficientes ou abusivas as condições dispostas no acordo de não persecução penal, devolverá os autos ao Ministério Público para que seja reformulada a proposta de acordo, com concordância do investigado e seu defensor. (Incluído pela Lei nº 13.964, de 2019)

§ 6º Homologado judicialmente o acordo de não persecução penal, o juiz devolverá os autos ao Ministério Público para que inicie sua execução perante o juízo de execução penal. (Incluído pela Lei nº 13.964, de 2019)

§ 7º O juiz poderá recusar homologação à proposta que não atender aos requisitos legais ou quando não for realizada a adequação a que se refere o § 5º deste artigo. (Incluído pela Lei nº 13.964, de 2019)

§ 8º Recusada a homologação, o juiz devolverá os autos ao Ministério Público para a análise da necessidade de complementação das investigações ou o oferecimento da denúncia. (Incluído pela Lei nº 13.964, de 2019)

§ 9º A vítima será intimada da homologação do acordo de não persecução penal e de seu descumprimento. (Incluído pela Lei nº 13.964, de 2019)

§ 10. Descumpridas quaisquer das condições estipuladas no acordo de não persecução penal, o Ministério Público deverá

> comunicar ao juízo, para fins de sua rescisão e posterior oferecimento de denúncia. (Incluído pela Lei nº 13.964, de 2019)
> § 11. O descumprimento do acordo de não persecução penal pelo investigado também poderá ser utilizado pelo Ministério Público como justificativa para o eventual não oferecimento de suspensão condicional do processo. (Incluído pela Lei nº 13.964, de 2019)
> § 12. A celebração e o cumprimento do acordo de não persecução penal não constarão de certidão de antecedentes criminais, exceto para os fins previstos no inciso III do § 2º deste artigo. (Incluído pela Lei nº 13.964, de 2019)
> § 13. Cumprido integralmente o acordo de não persecução penal, o juízo competente decretará a extinção de punibilidade. (Incluído pela Lei nº 13.964, de 2019)
> § 14. No caso de recusa, por parte do Ministério Público, em propor o acordo de não persecução penal, o investigado poderá requerer a remessa dos autos a órgão superior, na forma do art. 28 deste Código. (Incluído pela Lei nº 13.964, de 2019)

Considerando a lacuna normativa do CPP, o CNMP tinha editado a Resolução n. 181/2017. Sobre o tema, assim era a posição desta obra:

> O Conselho Nacional do *Ministério Público* (CNMP) é um órgão com poderes administrativo e correicionais criado pela Emenda Constitucional nº 45/2004. É composto por catorze membros: o Procurador Geral da República, oito membros do MP (estaduais e federais), dois juízes, dois advogados e dois cidadãos. A Constituição estabelece, dentre outras atribuições, que o CNMP assegure a autonomia funcional e administrativa do Ministério Público, emita atos normativos no âmbito de sua competência e recomende medidas para melhorar a eficácia da atuação do Ministério Público em todo o país.[861]
> A Resolução CNMP n. 181 em 2 de agosto de 2017, com a intenção, pelo menos em teoria, de regulamentar a instauração e os procedimentos das investigações realizadas diretamente pelos promotores (PICs). Embora houvesse alguma preocupação com

---

861. Constituição Federal, art. 130-A, par. 2, I – IV.

os poderes dos promotores de conduzir investigações, o STF já definiu que, como o *dominum litis*, o MP tem o poder de presidir investigações independentemente da atuação da polícia judiciária (Civis e Federal) terem inquéritos instaurados no mesmo sentido.[862] Não obstante a posição do STF sobre o poder de promotoria de investigar, entender a Resolução CNMP n. 181/2017 devido a uma norma muito peculiar delineada no artigo 18.

Surpreendentemente, o artigo 18 da Res. CNMP 181/2017 afirma que os promotores podem oferecer aos réus um Acordo de Não-Persecução Penal (algo similar ao NPA norte-americano) quando a pena cominada ao crime for inferior a quatro anos, desde que o delito não tenha sido cometido com violência ou grave ameaça à vítima. O infrator deve formalmente confessar e cumprir certas condições como: a) reparar o dano ou restaurar a propriedade ou bem (s) à vítima, a menos que seja impossível fazê-lo; b) renúncia voluntária de bens e direitos indicados pelo Ministério Público como instrumentos, proventos ou lucros do crime; c) prestar serviço à comunidade ou à entidades públicas pelo período da pena mínima correlata ao crime por definido pelo Ministério Público.[863] O artigo 18 continua a regulamentar o "NPA" brasileiro em seus treze parágrafos seguintes, criando no sistema jurídico brasileiro uma nova oportunidade para interromper as investigações **sem o endosso de qualquer Lei Federal**.

Em primeiro lugar, somente o Congresso pode promulgar Estatutos em matéria de Direito e Processo Penal no Brasil.[864] Se uma norma federal, editada pelo Congresso Nacional já previsse a existência de Acordos de Não-Persecução Penal no Brasil, o CNMP poderia legalmente aprovar um ato regulador sobre as funções internas de cada um dos Órgãos que compõem o Ministério Público, visando homogeneizar as práticas no Brasil. No entanto, o Artigo 18 simplesmente usurpou o papel exclusivo do Congresso para criar legislação sobre matéria Penal.

---

862. STF, Ag. Reg. no Recurso Ordinário em Habeas Corpus 113.680 / DF – Distrito Federal, Primeira Turma Relator: Min. Luiz Fux, 02.06.2017, 130, Diário da Justiça Eletrônico [DJe], 19.06.2017, 1 (2017).

863. Resolução CNMP Nº 181 de 7 de Agosto de 2017, art. 18 (2017), http://www.cnmp.mp.br/portal/images/Resolucoes/Resolu%C3%A7%C3%A3º-181.pdf.

864. *Ver supra* seção 3.2.

Não há lei no Brasil que aborde a possibilidade de decisão pelo *Parquet* de não apresentar uma acusação formal no caso de o tempo máximo da pena cominada ao crime ser inferior a quatro anos. Como este estudo já explicou, somente em transações penais, onde as infrações podem resultar em até dois anos de prisão, a Lei Federal nº 9.099/1995 permite que os Promotores não apresentem uma acusação formal ao infrator. Em segundo lugar, não há um Estatuto Federal que permita que a acusação exerça tamanha discrição e não apresente acusações no caso de o indivíduo confessar o delito. A Resolução nº 181/2017, no entanto, criou uma previsão extrajudicial de autoincriminação com consequências não legalmente previstas para os autores de delitos. Além disso, os treze parágrafos do Artigo 18 esboçam uma espécie de procedimento criminal, estabelecendo deveres até mesmo para o Juiz, sem qualquer amparo legal.

Ao invés de proteger os direitos fundamentais dos réus, o CNMP extrapolou seu papel constitucional como conselho administrativo, concedeu-se poder para promulgar editar norma de conteúdo penal e processual penal, e aprovou uma resolução que permite aplicação de penas diversas da prisão para delitos sem qualquer julgamento.

As citadas excentricidades da Resolução CNMP nº 181/2017 foram imediatamente identificadas e atacadas pela Ordem dos Advogados do Brasil (OAB) e pela Associação dos Magistrados Brasileiros (AMB), com as duas entidades movendo Ações Diretas de Inconstitucionalidade (ADIs)[865] no STF, argumentando a incompatibilidade da norma citada com a Constituição brasileira.

Não era de se esperar que a referida resolução ficasse sem receber sérias críticas. Pierre Souto Maior afirmou que o artigo 18 é formalmente inconstitucional porque tenta regulamentar um assunto relacionado ao campo do processo penal, essencialmente revogando o artigo 24 do atual código penal brasileiro.[866] A Re-

865. Ação Declaratória de Inconstitucionalidade. Essa expressão é utilizada na Constituição brasileira para designar uma ação judicial que visa questionar a constitucionalidade de uma norma, estatuto, ato normativo, etc. *Sobre:* Constituição Federal, art. 102) (a), par. 2.

866. Pierre Souto Maior, Observações sobre a resolução n. 181 / CNMP – Escola Superior de Direito Público (2017), http://esdp.net.br/observacoes-sobre-a-resolucao-n-181cnmp/ (última visita em 23 de fevereiro de 2018).

solução nº 181/2017 também seria substantivamente inconstitucional, pois permite que a promotoria aplique pena sem o devido processo legal.[867] Henrique da Rosa Zisemer[868] e Jadel da Silva Júnior[869] argumentaram que a Resolução nº. 181/2017 viola o princípio da legalidade e a Constituição brasileira, pois criou um procedimento penal (o Acordo de Não-Persecução), ao mesmo tempo em que impõe atribuições ao Procurador Geral, Juízes e ao Promotor que preside a investigação sem apoio em qualquer lei federal previamente editada pelo Congresso.[870] Mesmo entre os Ministérios Públicos Estaduais e Federais brasileiros, não há acordo sobre a Resolução nº 181/2017. Segundo relatório do Centro Operacional do Ministério Público do Estado do Paraná, em setembro de 2017, os Ministérios Públicos de Minas Gerais[871] e o Rio de Janeiro, dois dos mais importantes órgãos do Ministério Público brasileiro, aprovaram atos normativos recusando a aplicação do Acordo de Não-Acusação nesses estados sem o endosso de uma lei federal. Por outro lado, o Ministério Público Estadual de Pernambuco, Rondônia, Paraíba e Espírito Santo, começaram imediatamente a utilizar o procedimento.

Apesar da controvérsia causada por essa nova modalidade de justiça consensual no ordenamento jurídico brasileiro, o STF ainda não se pronunciou nas ações movidas pela *Associação dos Magistrados Brasileiros* (AMB) e pela OAB nas quais se solicitou que a Resolução nº 181/2017 fosse declarada inconstitucional.

867. Idem.

868. Procurador da República e professor de Direito.

869. Promotor de Justiça e Professor de Direito.

870. Henrique da Rosa Zisemer e Jade da Silva Júnior, *Resolução 181 do CNMP: Inconstitucionalidades Persistem,* 23 Rev. Jus Navig. (2018), https://jus.com.br/artigos/64178/as-persistentes-inconstitucionalidades-da-resolucao-181-e-183-do-cnmp. Zisemer e da Silva são promotores em Santa Catarina e professores de faculdades de Direito.

871. Apesar disso, o site da Procuradoria Geral do Estado de Minas Gerais informou que a Resolução CNMP No. 181/2017 serviu como base para um Acordo de Não-Persecução selado entre um procurador local e uma pessoa não-oficial. *Veja MPMG Firma Primeiro Acordo de Não-Persecução Penal no Estado* [*MPMG Sela o Primeiro NPA em Minas Gerais*], Ministério Público de Minas Gerais (2018), https://www.mpmg.mp.br/comunicacao/noticias/mpmg -firma-primeiro-acordo-de-nao-persecucao-penal-no-estado.htm # .WqbOD2bVT-Y (última visita em 12 de março de 2018).

Todavia, com a inserção do art. 28-A no CPP pela Lei n. 13.964/2019, a discussão acima perdeu a razão de ser, posto que obedecido o devido processo legislativo para a incorporação do Acordo de Não Persecução Penal no processo penal brasileiro.

Feitas estas considerações, é inegável que existe alguma semelhança entre o Acordo de Não-Persecução Penal brasileiro e o NPA delineado no sistema legal dos EUA, especificamente em assuntos relacionados à acusação por corrupção.[872] Comparando os acordos americano e brasileiro, a principal diferença reside no fato de que, no Brasil, o acordo estaria está limitado a crimes de com pena mínima inferior de quatro anos, enquanto o NPA norte-americano tem um alcance mais amplo.

A introdução do ANPP no processo penal brasileiro tem o louvável esforço de tornar as investigações mais rápidas, mais eficientes, não burocráticas, pautadas pelo princípio acusatório e respeitosas aos direitos fundamentais do acusado, bem como da vítima e das prerrogativas dos advogados.

A introdução do Acordo de Não Persecução Penal no art. 28-A do CPP, operada pela Lei n. 13.964/2019 pode ser classificado procedimento de barganha em sentido amplo, porque contêm os dois elementos necessários da definição de barganha posta no capítulo 4 desta obra. Isso porque a autoincriminação e a confissão detalhada são fornecidas pelo Infrator em troca da aplicação imediata de uma punição (que não seja a prisão), hipótese que se encaixa perfeitamente na definição de barganha processual. Por fim, cumpre ressaltar, que a Lei Federal nº. 12.850/2013 permite essencialmente que a acusação ofereça um Acordo de Não-Persecução Penal se o colaborador ou denunciante não for o líder da organização criminosa, embora haja a ressalva do acusado ser o primeiro a colaborar efetivamente com o Ministério Público para que seja apto a receber o benefício.[873]

---

872. *Ver supra* secção 5.3 (B) sobre justiça consensual na Lei Federal nº 9099/1995.

873. Lei nº 12.850 [Lei do Crime Organizado], art. 4, parágrafos 3 e 4. Este estudo defende que tal ANPP seria válido apenas para crimes que envolvam ações de organizações criminosas.

Ainda, defende-se aqui a convalidação dos acordos de não persecução penal firmados entre o Ministério Público e a defesa anteriormente à vigência do art. 28-A do CPP. Isso porque, embora não houvesse lei em sentido estrito que amparasse os acordos firmados sob o respaldo da Res. N. 181/2017 do CNMP, a posterior introdução do instituto no CPP, com dispositivos praticamente idênticos aos da resolução, permitem a aplicação da analogia para a ratificação e validade dos acordos já firmados pelas partes.

Como última observação, no mês de agosto de 2020, a I Jornada de Direito e Processo Penal do Conselho da Justiça Federal[874] aprovou dois[875] importantes enunciados tratando a aplicação do ANPP. No primeiro deles, veda-se a interpretação contra o investigado em caso de ausência de confissão durante a fase de investigações policiais para fins de propositura do ANPP. De acordo com o regramento do art. 28-A, a confissão, infelizmente, passou a ser elemento essencial do ANPP. Ora, se na transação penal e na suspensão condicional do processo não se exige a confissão, qual o motivo de o legislador a colocá-la como requisito do ANPP? A nosso sentir, a resposta não pode ser outra que a vontade do legislador dar conforto moral ao membro do Ministério Público, o juiz e o advogado defesa, pois a confissão é absolutamente inócua no ANPP por não se falar em condenação.

Pois bem, passada a crítica, e rumando para o que interessa, a razão de ser do Enunciado de n. 03 da I Jornada de Direito e Processo Penal do CJF reside no fato de que membros do Ministério Público estavam se recusando a propor o ANPP ao fundamento de ausência de confissão na investigação policial. Não poderia ser mais absurda tal recusa. A uma, por a lei não dizer que o investigado é obrigado a confessar durante a fase de investigação policial, mas somente prever que a confissão é necessária ao ANPP, sem estabelecer forma. Assim, não poderia o promotor dizer que a não confissão

---

874. Composta por advogados, membros do ministério público dos estados, do MPF, da magistratura federal, da magistratura estadual, das defensorias pública estadual e federal e renomados acadêmicos da área dos Direito Penal e do Processo Penal.

875. Um terceiro enunciado, de número 28 sobre o assunto foi aprovado, sugerindo a opção por práticas restaurativas ao se entabular o ANPP.

na fase policial obstaria o ANPP, salvo se dessa possibilidade fosse o autor do fato alertado e negasse a confissão. Em segundo lugar, na grande maioria dos casos que estão chegando ao juízo, a confissão sequer foi possível porque os autores do fato não foram ouvidos na fase policial, não podendo ser esta condição interpretada em seu prejuízo. Portanto, somente pode-se falar em ausência de confissão se o investigado é alertado sobre a possibilidade de propositura do ANPP e recusa-se a confessar. Caso contrário, deverá o magistrado converter o feito em diligência e devolver os autos ao Ministério Público para que comprove que tentou entabular o acordo e a recusa em confessar os fatos foi expressa por parte do investigado.

Por fim, um rápido comentário sobre o Enunciado n. 32 da I Jornada de Direito e Processo Penal do CJF. Pela proposta aprovada em plenário do referido evento, a titularidade em propor o ANPP é exclusiva do membro do Ministério Público, devendo o juiz exigir apenas o dever de fundamentação adequada por parte do promotor em caso de recusa, a fim de que seja possível o eventual controle do ato, conforme preceitua o art. 28-A, parágrafo 14, do CPP. O teor do enunciado é digno de aplausos e confirma o que se defende nesta obra, no sentido de que a barganha não é direito subjetivo do acusado. Da mesma forma o ANPP, pois ao investigado há o direito de saber o motivo da recusa para, eventualmente, contestar a recusa perante o órgão de revisão, dentro da estrutura do respectivo Ministério Público.

Capítulo 6

BUSCANDO UM MODELO CONSTITUCIONAL DE BARGANHA BRASILEIRA

Depois de identificar os principais problemas em julgamentos criminais brasileiros, apresentar uma visão geral do processo criminal, encontrar as raízes e o núcleo do *plea bargaining* norte-americano, avaliar o modelo de barganha processual delineada no projeto de novo do CPP e avaliar a justiça consensual através da Lei Federal nº 9.099/1995, esta obra chega à sua seção final, sugerindo um modelo diferente e mais efetivo de barganha, com a missão de efetivamente colaborar para o incremento da eficácia e legitimidade de julgamentos no Brasil. Este capítulo resume os componentes que um modelo efetivo de barganha deve incorporar, com base na análise apresentada ao longo deste estudo. Em seguida, sugerem-se algumas mudanças colaterais no sistema legal brasileiro que, juntamente com a introdução da barganha processual, contribuiriam para melhorar a eficiência dos julgamentos criminais. O capítulo termina com uma proposta de projeto de lei para incorporar o procedimento de barganha processual no ordenamento brasileiro.

6.1. O equilíbrio entre o utilitarismo processual e os direitos fundamentais do réu

A. Parâmetros para a barganha no processo penal brasileiro

A barganha como mero instrumento de aumento da eficácia dos julgamentos criminais, visando apenas diminuir a pressão sobre o número de casos e a aplicação mais célere de uma punição, não se ajustará às necessidades do sistema legal brasileiro. Um modelo ideal de barganha processual para o Brasil deve evitar consequências não intencionais que são frequentemente verificadas no modelo dos Estados Unidos de *plea bargaining* – por exemplo, violações dos direitos dos réus, uso de medidas coercitivas para obter confissões e discrição quase ilimitada do Ministério Público.[876] O modelo brasileiro também deve aderir aos princípios constitucionais e legais relacionados ao processo penal, os quais são vinculantes ao legislador pátrio.

Ao contrário do parâmetro norte-americano do *plea bargaining*, a barganha no Brasil seria parte de um processo criminal e não de uma fase pré-processual. Também exigiria que os advogados de defesa aconselhassem efetivamente seus clientes sobre os direitos aos quais devem renunciar, bem como sobre as consequências diretas de se declararem culpados. O modelo brasileiro deve explicitamente abordar o papel do juiz durante o processo, para assegurar que: a) os direitos fundamentais dos réus sejam respeitados desde a prisão ou o início da investigação; b) o acordo não tenha disposição contrária à Constituição ou às leis; c) os réus foram devidamente orientados e aconselhados por um advogado; e, d) os réus exerceram o seu direito autônomo de livre escolha, tomando uma decisão consciente e bem informada de se declararem culpados ou de irem para um julgamento completo.

Além disso, na barganha processual brasileira, o juiz deve verificar a presença da base fática ao mesmo tempo em que decide se aceita ou rejeita a denúncia. O magistrado deve verificar se as acusações apresentadas estão corretas após avaliar as evidências e revisar a confissão do réu. Só então o juiz endossará uma confissão de culpa e homologará o acordo apresentado pelas partes. É importante ressaltar que a confissão deve ser uma etapa necessária do procedimento, e a *Alford Plea* ou *nolo contendere*[877] no Brasil não deverão ser tolerados.

876. Alkon, *nota supra* 342, p. 406–411.

877. De acordo com o Instituto de Informação Jurídica da Universidade de Cornell, Alford Plea, também conhecido como "confissão de maior interesse", registra uma reivindicação formal de culpa ou inocência das acusações apresentadas contra um réu em um Juízo Criminal. Como uma confissão *nolo contendere*, um Alford Plea interrompe o procedimento completo de um processo criminal porque o réu – normalmente,

O procedimento das negociações entre a acusação e a defesa também devem ser abordadas num modelo legal de barganha processual porque os modelos estudados são falhos em tal ponto.[878] Além disso, a legislação sobre a barganha deve permitir que as partes comecem a negociar a qualquer momento durante a investigação, mas somente deve permitir a aceitação ou rejeição de um acordo em uma audiência pública na qual o juiz avaliará os termos do acordo. Cada etapa das negociações deve ser gravada (áudio ou vídeo) e apresentada para a avaliação do juízo na audiência. Exceto em casos classificados como restritos às partes,[879] cada etapa da negociação registrada deve ser pública após a aprovação do Juiz, o que contribuiria para a legitimidade do processo. No mínimo, as negociações devem contar com um gravador de áudio ou vídeo como uma ferramenta essencial para garantir que os promotores ajam legalmente durante o procedimento de barganha e evitem comportamentos arbitrários para suprimir os direitos dos réus. Os pontos acima mencionados são limites aceitáveis e necessários para promulgar um modelo preciso de barganha no Brasil considerando os resultados advindos da pesquisa que antecedeu à elaboração da presente obra e que foram apresentadas durante a presente exposição.

Cumpre ainda dizer que este estudo observou que a maioria das justificativas alegadas a consideração do *plea bargaining* como uma prática essencial nos Estados Unidos está estreitamente relacionada à teoria jurídica do utilitarismo e a sua visão processual. Este estudo também mostrou que é possível criar novo procedimento criminal

---

apenas com a permissão do tribunal – aceita todas as consequências de um veredicto de culpado (isto é, punição) sem primeiro atestar ter cometido o crime. O termo Alford Plea vem do caso *North Carolina v. Alford*, 400 U.S. 25 (1971). *Sobre: CRS Annotated Constitution*, Legal Information Institute, https://www.law.cornell.edu/wex/alford_plea (última visita em 9 de agosto de 2018).

878. A negociação nas barganhas brasileiras provavelmente terá um alcance limitado quando comparada com a barganha norte-americana porque a discrição da promotoria estará limitada a oferecer somente a penalidade no tempo mínimo delineado no estatuto para respectiva ocorrência do crime. No entanto, considerando que o Código Penal Brasileiro, nos artigos 43 e 44, permite a substituição da prisão por penas alternativas em todas as situações em que a pena mínima é de quatro anos ou menos, as partes terão maior liberdade para negociar nesses casos.

879. Por exemplo, casos envolvendo informações pessoais, propriedade intelectual, abuso infantil, etc.

baseado em confissões voluntárias dos réus em troca de sentenças mais brandas, sem prejudicar os direitos fundamentais. Equilibrar o utilitarismo processual e os direitos fundamentais não é uma tarefa fácil, mas é essencial e pode ser fomentada pela criação de um novo procedimento criminal para endossar a barganha no Brasil.[880]

Como dito anteriormente, a barganha como mero instrumento de aumento da eficácia dos julgamentos criminais, visando apenas a diminuição da pressão advinda do número de casos e a aplicação da punição mais rapidamente, não se ajustará às necessidades do sistema legal brasileiro. No entanto, uma perspectiva positiva do utilitarismo processual pode ser aplicada – não apenas a conotação negativa muitas vezes expressa pelos estudiosos brasileiros – para construir um modelo de barganha que incorpore a urgência da eficácia do julgamento criminal com o devido respeito aos direitos fundamentais. Um procedimento criminal abreviado baseado na confissão de um réu pode ser compatível com as garantias constitucionais do acusado, sem violar a cláusula do devido processo legal e seus corolários lógicos.[881] A solução começa com a construção de um modelo de justiça consensual que avalie as críticas ao modelo de *plea bargaining* norte-americano, adaptando o núcleo de negociação judicial americano às particularidades do processo penal brasileiro. Finalmente, um modelo efetivo de barganha judicial também deve se basear no efeito vinculante que os direitos fundamentais dos réus têm no Brasil.

B. Mudanças colaterais e a barganha processual

Algumas mudanças colaterais no Código Penal, nos programas das faculdades de Direito, nas escolas judiciais e nas escolas do Ministério Público também serão essenciais para harmonizar a aplicação da barganha processual em julgamentos criminais brasileiros. Contudo, para explicar as mudanças propostas, é preciso tecer algumas considerações. Em primeiro lugar, a Lei Complementar nº

880. Alkon, *nota supra* 342, p. 406 (afirmando que a barganha processual "pode ser feita de maneira que respeite plenamente os direitos fundamentais").

881. Andrade, *nota supra* 712, p. 169.

95/1998[882] orientou os legisladores brasileiros a estabelecer regras para a criação de estatutos inteligíveis e coerentes, estabelecendo parâmetros específicos.[883] Entre outros requisitos, a Lei Federal nº. 95/1998 proíbe a edição de duas leis sobre o mesmo assunto, exceto quando a norma subsequente pretende completar o significado de uma lei ou regra anterior – essencialmente, uma remissão ao seu conteúdo. A Lei também estabelece que as disposições de um projeto de lei devem estar relacionadas ao mesmo assunto ou assuntos relacionados entre si. Aplicando tais premissas a um novo modelo de barganha no Brasil, somente as questões relacionadas ao processo penal poderiam ser tratadas na lista do rito sumário. Disposições adicionais relacionadas à definição de crimes e causas ou consequências de barganhas são questões de direito penal e devem ser discutidas no Código Penal, seguindo os parâmetros de um corpo coeso de normas.

Conforme declarado no Capítulo 5, as regras relacionadas à maneira pela qual o Juiz pode substituir a privação de liberdade, reduzir a punição e limitar a aplicação de multas em casos de barganha são todas relacionadas à lei penal e não a um procedimento de julgamento sumário ou ao processo criminal. Seguindo estes parâmetros e analisando o Artigo 283, parágrafos 2-5 do projeto de Novo CPP, é fácil identificar que os assuntos abordados não estão relacionados ao procedimento de julgamento sumário e deveriam estar somente no Código Penal.[884]

Outra mudança para garantir a eficácia depois de se adotar a barganha e que não dependerá apenas de sua edição por uma lei federal está relacionada a forma pela qual membros do Ministério Público, Defensores e Juízes serão treinados e adaptados à sua prática. Os resultados da pesquisa no capítulo anterior[885] mostram que o sistema de justiça criminal brasileiro precisará gastar recursos

---

882. Lei Complementar nº 95, de 25 de fevereiro de 1998, Diário Oficial da União de 27.02.1998.

883. O Estatuto define as normas gerais que devem ser respeitadas para a elaboração da legislação no Brasil.

884. Sobre: *supra* Seção 5.2 sobre as normas de barganha no Novo Projeto do CPP.

885. *Ver supra* secção 5.2 (B) sobre o endossamento da barganha entre Juízes, Procuradores e Defensores Públicos.

consideráveis e tempo treinando advogados e Juízes para exercer devidamente seus respectivos papéis em processos de barganha, devido à falta de familiaridade com o assunto. Assim, a compreensão efetiva das normas da barganha, aliada a um treinamento bem desenvolvido e supervisionado, será vital para sua consolidação como uma prática útil no processo penal brasileiro.

Roberts[886] e Wright[887] afirmaram que, nos Estados Unidos, embora o *plea bargaining* dominem o processo pena há mais de um século, os advogados ainda são treinados nas faculdades de direito para lidar com casos baseados em processos criminais pautados pelo julgamento do júri ou pelo juiz, ficando para segundo plano o desenvolvimento de habilidades específicas de negociação.[888] Os autores ainda apontaram que o treinamento básico para Defensores Públicos é centrado em habilidades de julgamento e quase nenhuma atenção é direcionada para as habilidades de barganha, apesar de sua importância para o sistema de justiça criminal dos EUA.[889] Para eles, o cenário nas faculdades de Direito não é diferente, considerando que a maioria oferece apenas um seminário ou alguns cursos que abordam o tópico.[890] Defendem ainda que, no contexto norte-americano, diversos são os fatores que influenciam o treinamento para um processo penal baseado no *plea bargaining,* tais como: a cultura universal, a lei e a política de sentenciamento do estado, políticas dos escritórios, etc.[891]

Não há dúvida de que a adoção da barganha processual como parte do processo penal brasileiro terá um impacto imenso na preparação para a profissão jurídica no Brasil. As faculdades de Direito precisarão se adaptar à nova prática. O Ministério da Educação (MEC) e as universidades precisarão desenhar uma nova

886. Professor de Direito e Decano Associado de Bolsas de Estudo na American University Washington College of Law.

887. Professor de Direito Penal na Wake Forest University School of Law.

888. Jenny Roberts & Ronald F. Wright, *Training for Bargaining*, 57 Wm. & Mary Rev. 1445, 1449 (2016).

889. *Idem, p.* 1449.

890. Idem, p. 1496-1497.

891. Idem, p. 1472.

política educacional e definir novas regulamentações, encontrando conteúdo comum para ensinar as práticas de barganha em faculdades de Direito, fornecendo o mínimo de treinamento para estudantes.

Atualmente, os alunos passam cinco anos em faculdades de Direito no Brasil antes de se formarem bacharéis. Ao contrário dos Estados Unidos, os estudantes brasileiros devem escolher a profissão que desejam antes de enviar sua inscrição para universidades. Os estudantes têm grade curricular composta por núcleo obrigatório e podem optar por fazer disciplinas eletivas, de acordo com a aptidão pessoal. Como regra geral, as faculdades de Direito brasileiras exigem entre dois a quatro semestres de cursos de processo penal, um semestre adicional de prática penal e determinado período de estágio como requisitos obrigatórios para obtenção do grau de bacharel em Direito. As principais faculdades de Direito ensinam processo penal somente depois que os cursos de direito penal são concluídos.

Considerando a intenção de promulgar a barganha processual como um procedimento criminal, e reconhecendo que a matéria de processo penal e prática processual penal são disciplinas obrigatórias nas faculdades de Direito brasileiras, os novos alunos devem receber treinamento adequado em barganha antes de obter seu diploma. No entanto, o treinamento da faculdade de Direito não é suficiente para transformar um aluno em um advogado qualificado em barganhar. Tornar-se um advogado de sucesso requer não apenas um esforço notável durante o período universitário, mas também o trabalho duro e anos de experiência prática. Os cursos de barganha nas faculdades de direito brasileiras podem ajudar novos profissionais da área jurídica em seu caminho, mas não serão um fator decisivo para consolidar a prática no processo penal.

A situação é semelhante para preparar novos juízes, promotores e defensores públicos. Cada um desses atores no processo criminal brasileiro passa por diferentes treinamentos de acordo com as habilidades exigidas em sua área de atuação. Por exemplo, os Juízes devem seguir o treinamento definido pela Escola Nacional de Treinamento e Aperfeiçoamento de Magistrados – ENFAM.[892] A Resolução 2 da

892. Resolução CNJ nº 159/2012 (2012), http://www.cnj.jus.br///images/atos_normativos/resolucao/resolucao_159_17102012_19112012145120.pdf.

ENFAM, de 8 de junho de 2016, definiu o programa e os critérios para a formação inicial de magistrados no Brasil, obrigando um Juiz a participar de 480 horas de cursos durante um período de quatro meses antes de iniciar a judicatura. O Anexo I da Resolução define, entre outros regulamentos, que os novos juízes devem receber treinamento sobre ações judiciais relacionadas a processos e audiências. Durante o treinamento, os novos juízes participam de seminários e palestras de Magistrados experientes, aprendendo como proceder em audiências e outros assuntos relacionados ao funcionamento diário de um tribunal. Os juízes também são divididos em grupos, presidindo audiências cíveis e criminais sob a supervisão de um juiz sênior, para avaliação das habilidades necessárias para conduzir um julgamento, seja ele cível ou criminal.

Uma vez que a barganha entre em vigor no Brasil, ela será incluída nos programas das escolas judiciais, dando aos novos Juízes a necessária formação para atuar no procedimento a ser criado.[893] A ENFAM também promove cursos regulares sobre nova legislação para atualizar juízes veteranos que enfrentam desafios com a aplicação dos novos Estatutos. Infelizmente, esses cursos são obrigatórios apenas se os Juízes pretenderem progredir na carreira e promoções, o que pode resultar em alguns Juízes sem treinamento adequado.

As escolas dos Ministérios Públicos (estaduais e federal) e Defensores Públicos geralmente seguem o mesmo padrão estabelecido pela ENFAM, mas a duração de seus cursos é consideravelmente menor em comparação com o treinamento judicial.[894] Notadamente, o Conselho Nacional do Ministério Público, após a entrada em vigor das disposições legais de barganha processual, deve aprovar um regulamento a ser seguido por todos os membros da carreira que

893. Resolução ENFAM nº 2, de 8 de junho de 2016 (2016), https://bdjur.stj.jus.br/jspui/bitstream/2011/102269/Res_2_2016_enfam_Atualizado.pdf.

894. Por exemplo, não há formação padrão para os promotores no Brasil. As Procuradorias Gerais do Estado e a Procuradoria Geral da República têm seus próprios modelos de cursos iniciais para novos promotores. O CNMP formou uma comissão para avaliar a criação de um programa nacional comum para educar os procuradores. Sobre: Felipe Luchete, *Ministério Público Quer Padronizar Cursos de Formação e Concursos cabelo País* [*O CNMP pretende introduzir uma formação padrão do curso para promotores no Brasil*], CONSULTOR JURÍDICO (18 de setembro, 2016), http://www.conjur.com .br / 2016-set-18 / ministerio-publico-padronizar-cursos-concursos-pais.

defina um protocolo padrão durante os procedimentos de barganha, o que contribuiria para uma prática clara no país, evitando-se interpretações errôneas e más práticas.

Quando a barganha processual entrar em vigor no Brasil, escolas da Magistratura do Ministério Público, da Defensoria e faculdades de Direito em geral precisarão alterar imediatamente seus programas para incluir o treinamento em barganha como um componente obrigatório de seus currículos, a fim de preparar os atores legais para os novos desafios que serão enfrentados com essa inovação. A história recente indica que, após mudanças drásticas na legislação brasileira, os profissionais da área jurídica normalmente têm um período razoável para se adaptar a qualquer nova prática antes que uma lei realmente entre em vigor.[895] Esse "período sabático", de *vacatio legis,* é interpretado de forma positiva, permitindo que os profissionais da área jurídica passem um tempo considerável em preparação para compreender plenamente o novo instituto antes que ele se aplique a processos cíveis e criminais.[896]

6.2. Um Modelo Aceitável de Barganha: Incrementando a Eficiência dos Julgamentos Criminais Brasileiros

Com base nas avaliações realizadas ao longo desta obra, sugere-se um modelo diferente e mais efetivo de barganha processual para

---

895. *Por exemplo*, o Novo Código Processual Civil brasileiro entrou em vigor um ano após sua aprovação como um estatuto. *Sobre:* Livia Scocuglia, *STJ Define que Data de Entrada em Vigor do Novo CPC Será 18 de Março*, JOTA.INFO (2 de março de 2016), https: // www.jota.info/justica/plenario-do-stj-define-que-o-novo-cpc-entra-em-vigor-no-dia--18-de-marco-02032016.

896. *Por exemplo*, a Escola Nacional de Formação e Aperfeiçoamento de Magistrados (ENFAM) promoveu um importante seminário em agosto de 2015, no qual 500 juízes federais e estaduais de todo o país se reuniram em Brasília (DF), no auditório do Superior. Tribunal de Justiça (STJ). O tema do seminário foi o papel do Poder Judiciário e do novo Código de Processo Civil. Ao longo de três dias, foram discutidos os desafios e inovações trazidos pelo novo Código (que entraria em vigor em março de 2016), preparando os juízes para a nova legislação. *Sobre: Começa nesta quarta-feira o seminário Poder Judiciário e o novo CPC*, ENFAM (2015), https://www.enfam.jus.br/2015/08/comeca-nesta-quarta-feira-o-seminario-poder-judiciario -eo-novo-cpc / (última visita em 10 de agosto de 2018).

o Brasil, como um novo procedimento a ser inserido no Código de Processo Penal Brasileiro, conforme abaixo posto:

> Introduz no Código de Processo Penal o modelo consensual de justiça penal negociada, denominado barganha processual e dá outras providências.
>
> Art. 1º. O Decreto-lei 3.689, de 3 de outubro de 1941, passa a vigorar acrescido das seguintes alterações:
>
> (...)
>
> Capítulos, Seções, Artigos e Dispositivos ao Livro II:
>
> LIVRO II
> DOS PROCESSOS EM ESPÉCIE
> TÍTULO I
> DO PROCESSO COMUM
> CAPÍTULO I
> DISPOSIÇÕES GERAIS
> (...)
> DO RITO SUMÁRIO
>
> Seção I – Das Definições e Normas Gerais Reguladoras da Barganha Processual
>
> Art.396-A. Esta seção regulamenta o procedimento sumário em julgamentos criminais, doravante denominado barganha processual.
>
> Parágrafo Único: São objetivos do procedimento de barganha processual:
>
> I – Respeitar os direitos do acusado, que somente poderá cumprir pena após a homologação do acordo de barganha que atenda a todos os requisitos previstos nesta lei, bem como aos pressupostos constitucionais do devido processo legal e ampla defesa e do julgamento justo;
>
> II - Estimular e disseminar o uso da negociação e do consenso como medida de solução de processos criminais;
>
> III – Dar maior celeridade ao julgamento de ações penais, a fim de propiciar a efetividade do princípio constitucional a razoável duração do processo;
>
> IV – Conferir efetiva publicidade aos acordos de aplicação de pena firmados entre acusação e réudefesa, após a devida ho-

mologação judicial, sendo reafirmando-se ao poder judiciário o detentor autoridade a função privativa para a de aplicação de penas no ordenamento jurídico brasileiro mediante o devido processo legal.

Art.396-B. Barganha processual é o procedimento pelo qual o denunciado, de forma voluntária e com conhecimento do inteiro teor das provas à disposição da acusação, confessa a autoria dos crimes descritos na denúncia, recebendo em contrapartida a concessão de benefício descrito no instrumento do acordo.

Parágrafo único O procedimento de barganha processual é não um direito subjetivo do acusado quando atendidos os requisitos legais.

Art.396-C. O benefício a ser concedido ao denunciado no acordo de barganha processual em troca de sua confissão somente poderá versar sobre a diminuição do tempo de cumprimento da pena privativa de liberdade, a alteração do regime inicial de cumprimento de pena, a redução do pagamento de multas ou condenação por apenas parte dos fatos descritos na denúncia.

Art.396-D. A Barganha Processual é composta pela etapa de negociação entre a acusação e a defesa, seguindo-se para a fase da confissão de culpa.

Art.396-E A fase da confissão de culpa ocorrerá em Audiência Pública designada para este fim.

Seção II – Do Procedimento de Barganha Processual

Subseção I - Dos Crimes que Comportam a Aplicação da Barganha Processual

Art.396-F. O procedimento de barganha processual tem cabimento em relação a crimes ou contravenções penais qualquer tipo de crime ou contravenção, seja cujo julgamento seja de competência de juiz singular ou de competência originária nos tribunais.

§ 1º O procedimento de barganha somente terá cabimento em crimes de competência do tribunal do júri se o acordo for homologado judicialmente antes do trânsito em julgado da sentença que pronunciar o acusado.

§ 2º O procedimento é admissível nos casos que se amoldem às infrações de menor potencial ofensivo, previstas na Lei n. 9099/1995, desde que frustrada a suspensão condicional do processo.

§ 3º A revogação do acordo de não persecução penal, previsto no art. 28-A, por inadimplemento de alguma cláusula por parte do beneficiado, não impedirá a propositura do procedimento de barganha processual previsto nesta lei.

Subseção II – Da Legitimidade

Art.396-G. O Ministério Público é o órgão detentor de legitimidade privativa para requerer a instauração do procedimento de barganha processual ao juiz da causa.

§ 1º Sem prejuízo de outras disposições previstas em lei ou recomendações expedidas pelo Conselho Nacional do Ministério Público, de caráter nacional, o membro do Ministério Público deverá pautar sua autuação durante o procedimento de barganha nos seguintes parâmetros:

I – natureza e consequências do crime;

II – primariedade do acusado;

III – necessidade de resposta célere e adequada ao comportamento criminoso;

IV – possibilidade de reparação do dano ou ressarcimento do prejuízo causado pela prática do crime;

§ 2º O membro do Ministério Público pode negar propositura ou a celebração de acordo de barganha processual, apresentando os motivos da recusa, por escrito, em cota de encaminhamento anexada à denúncia.

§ 3º Será também admitido o requerimento verbal, feito pelo Ministério Público em audiência, desde que não iniciada a fase de oitiva das testemunhas.

§ 4º Se houver requerimento verbal do Ministério Público em audiência para a aplicação da barganha ao caso em instrução, o juiz determinará o registro do pedido em ata, ouvirá a defesa e decidirá a seguir.

§ 5º As partes também poderão solicitar verbalmente a aplicação do procedimento de barganha processual em audiência em casos que envolvam infrações de menor potencial ofensivo, previstas na Lei n. 9099/1995, desde que frustrada a suspensão condicional do processo.

§ 6º Ocorrendo a situação prevista no parágrafo anterior, o juiz determinará o registro em ata de audiência, ordenará a manifestação da parte contrária e decidirá prontamente o requerimento de aplicação da barganha processual, sendo tudo registrado no termo ou gravação da audiência.

Art.396-H O membro do Ministério Público e o Acusado, através do advogado de defesa constituído ou representado pela Defensoria Pública de carreira, federal ou estadual, podem solicitar ao Juiz a aplicação imediata da pena no tempo mínimo previsto para a infração descrita no acordo.

§1º Em locais onde não haja Defensoria Pública instalada, somente será admitida a instauração do procedimento de barganha processual se o réu se fizer acompanhar por advogado constituído, não se admitindo a nomeação de defensor dativo pelo magistrado para esse fim.

§ 2º O réu somente poderá entabular negociações com o Ministério Público se acompanhado por advogado constituído ou por defensor público de carreira.

§3º O réu pode participar ativamente das tratativas que antecedem à elaboração do acordo, sugerindo condições diretamente ao membro do Ministério Público, desde que na presença de um defensor constituído previamente ou se representado pela defensoria pública organizada em carreira.

§4º. A desobediência às determinações dos parágrafos anteriores implicará na nulidade absoluta do acordo, dele não surtindo qualquer efeito.

§ 5º O advogado constituído pelo acusado ou o defensor público de carreira nomeado pelo magistrado, tem o dever de assessorar efetivamente o réu e sugerir alterações na proposta do Ministério Público, sempre em atenção aos melhores interesses do réu.

Art.396-I. A vítima somente poderá participar do procedimento de barganha processual em casos relacionados a crimes contra o patrimônio, nos quais seja possível chegar a uma reparação civil de danos em seu favor.

§ 1º A vítima deve estar sempre acompanhada de advogado ou defensor público nos procedimentos de barganha processual.

§ 2º Se a vítima não puder arcar com os custos da contratação de um advogado, o Juiz encaminhará os autos à Defensoria Pública de carreira.

§ 3º Se o réu coabitar ou trabalhar com a vítima, o Juiz poderá implementar, a pedido de qualquer das partes, as medidas de proteção previstas na Lei Federal n. 11.340/2005 para assegurar a conclusão das negociações e a proteção da vítima.

§ 4º A vítima tem o direito de estar presente na audiência de confissão e homologação de acordo de barganha processual, sem direito de voz e não pode de impugnar as condições do acordo, salvo se lesarem seu direito à reparação do dano causado pela ação do réu.

Art.396-J. Oferecida a denúncia pelo Ministério Público desacompanhada de requerimento para a aplicação do procedimento de barganha processual, a defesa poderá requerer ao Juiz a manifestação expressa da acusação, devendo arguir a omissão como questão preliminar na resposta à acusação.

§ 1º Ocorrida a situação descrita no caput, o juiz abrirá vista ao Ministério Público no prazo de três dias para sanar a omissão.

§ 2º A hipótese descrita no caput deste artigo não terá cabimento em caso de expressa manifestação do Ministério Público quanto ao não cabimento do procedimento de barganha processual ao caso em julgamento.

Art.396-K. Não caberá ao juiz a iniciativa supletiva para a instauração do procedimento de barganha.

Subseção III – Das Negociações e do Acordo de Barganha Processual

Art.396-L. As negociações entre as partes poderão ter início somente após a conclusão do Procedimento Investigatório Criminal (PIC) ou do Inquérito Policial (IPL).

1º Todas as reuniões deverão ocorrer na respectiva unidade do Ministério Público, em ambiente no qual sejam assegurados os direitos fundamentais do acusado e da vítima.

2º É obrigatório o registro em meio audiovisual de todas as reuniões que antecedem à elaboração do acordo, devendo ainda o acordo ser reduzido a termo na presença do acusado, acompanhado por advogado constituído ou por defensor público de carreira.

Art.396-M. O acordo de barganha processual deverá ainda obedecer às seguintes disposições:

I - As partes poderão solicitar suspensão da ação penal para entabular negociações preparatórias para a assinatura do acordo de barganha processual desde que protocolem o requerimento até 30 dias após a citação do réu, ou até 48 horas antes da

Audiência de Instrução e Julgamento, se o prazo entre a citação e a audiência for inferior a 30 dias.

II – No caso de crimes de competência do tribunal do júri, a suspensão poderá ser solicitada até a conclusão dos autos para a prolação de sentença de pronúncia;

III – A acusação deve divulgar imediatamente à defesa todas as provas reunidas contra ou a favor do réu, sendo causa de nulidade absoluta do acordo a omissão do Ministério Público em apresentar provas de que tenha a posse durante a fase de negociações;

IV – A acusação e a defesa, acompanhado de advogado constituído ou defensor público de carreira, renunciarão expressamente ao direito de produzir novas provas, devendo constar do acordo cláusula específica com tal conteúdo;

V - O réu deve confessar o crime em Audiência Pública na qual o magistrado lerá a integralidade do acordo ao réu, estando presentes a defesa técnica e o ministério público;

VI – Após a leitura do acordo, o juiz indagará ao réu se a confissão é feita de maneira voluntária e consciente, bem como se o réu aceita o acordo proposto por livre e espontânea vontade;

VII – Constará expressamente na ata de audiência e no registro audiovisual que o réu mostrou entendimento e compreensão deliberada acerca dos termos e consequências de aceitar o acordo, constando ainda do termo que o acusado tenha consentido para o encerramento imediato da ação penal com a homologação do acordo e imposição das penas nele previstas.

§ 1.º O Juiz poderá restringir a presença na audiência pública, de que trata o inciso V, somente às partes e vítima em caso de crimes relacionados à pornografia infantil, contra a dignidade sexual e outros que demandem a preservação da intimidade da vítima.

§2º O procedimento descrito no parágrafo também será seguido nas ações penais classificadas como sigilosas ou que tramitem em segredo de justiça.

§3º Quando o réu não residir na sede do juízo, admitir-se-á o uso do sistema de videoconferência, a fim de que a audiência de confissão e homologação do acordo seja presidida diretamente ao pelo juiz da causa.

§4º Caso não seja possível a realização de audiência nos moldes descritos no parágrafo anterior, será deprecada a realização da audiência de confissão, ficando a homologação do acordo postergada para após o retorno da missiva carta devidamente cumprida.

§ 5º O Juiz não homologará acordo cujas cláusulas contenham a imposição de pena vedada pelo ordenamento jurídico;

§ 6º O Juiz homologará o acordo somente após verificar a presença dos requisitos previstos nesta lei.

§ 6º Não será homologado acordo:

I – no qual o cumprimento de algum dos requisitos de validade estabelecidos neste artigo ainda esteja pendente;

II – com previsão a aplicação de pena por crime diverso daquele descrito na denúncia;

II – que estabelecer a aplicação de pena vedada pelo ordenamento jurídico;

IV – que tiver cláusula autorizando o cumprimento de pena ou obrigação por terceira pessoa que não seja o réu;

V – que contenha clausula autorizando o réu a ser beneficiado com o produto do crime;

§ 7º Verificada qualquer das situações descritas no parágrafo anterior ou outra hipótese impeditiva da homologação do acordo, o magistrado alertará as partes sobre as pendências e designará audiência de continuação, em período não superior a quinze dias, quando as partes apresentarão a proposta de acordo devidamente regularizada.

§ 8º Se o réu for denunciado por vários crimes nos termos dos artigos 69 a 71 do Código Penal, as partes poderão negociar a extinção de uma ou mais acusações, cujo acordo deve prever cláusula solicitando ao juiz a aplicação de pena privativa de liberdade por pelo menos um dos crimes.

§ 9º - Havendo a cominação legal de aplicação de pena privativa de liberdade e de multa, esta também será aplicada no mínimo legal.

§ 10º No caso de crime na modalidade tentada ou havendo a incidência de qualquer causa geral ou especial de diminuição de pena, o acordo deverá prever cláusula no qual a fração de diminuição de pena incida no grau máximo.

§ 11º Ocorrendo a situação prevista no parágrafo anterior, o juiz poderá recusar a homologação do acordo, aplicando-se as disposições do § 7º deste artigo.

Subseção IV – Dos Efeitos e Consequências do Acordo de Barganha Processual

Art.396-N. O ato judicial que homologa o acordo de barganha processual entre as partes tem natureza jurídica equivalente à sentença penal condenatória.

Art.396-O. Da decisão do juiz que negar a homologação do acordo cabe apelação.

Art.396-P. Não cabe recurso do ato judicial de homologação do acordo de barganha processual, cujos efeitos são os mesmos de uma sentença penal condenatória com trânsito em julgado.

Art.396-Q. A execução dos termos do acordo de barganha processual homologado judicialmente será imediata.

Parágrafo único. Somente não se realizará a audiência admonitória na sequência da homologação judicial do acordo de barganha processual se o condenado alegar e provar motivo imperioso, que poderá ser acolhido pelo magistrado, após manifestação do membro do ministério publico presente na audiência.

Art.396-R. A defesa pode interpor pedido de revisão criminal contra a decisão que homologa o acordo de barganha processual desde que preenchidos os requisitos descritos nos artigos 621 a 625 do Código de Processo Penal.

Parágrafo Único. O ajuizamento de revisão criminal contra a sentença homologatória do acordo não possui efeito suspensivo.

Art.396-S. Se, por qualquer motivo, o acordo não for homologado, as gravações com as negociações serão entregues em juízo, determinando-se a destruição imediata, ficando as partes proibidas de fazer qualquer referência aos termos e condições do acordo frustrado.

Art.396-T Qualquer discussão, confissão ou parte das negociações não poderá ser usada como prova pela acusação no processo que se seguir à tentativa de acordo.

§1º Se a Acusação apresentar como prova a confissão do réu realizada durante as negociações do acordo frustrado, o Juiz deve rejeita-la, ordenar sua extração do caso e aplicar multa ao Ministério Público por litigância de má-fé.

2º Não se incluem nas vedações do parágrafo anterior a menção por parte da acusação a confissões voluntariamente no âmbito de procedimentos administrativos disciplinares, procedimentos investigatórios criminais, inquéritos policiais e inquéritos civis públicos, que serão admitidas e avaliadas pelo magistrado segundo dos parâmetros do Código de Processo Penal

Art.396-U. Todas as negociações serão gravadas por meio audiovisual que será tornado público após o Juízo aprovar o acordo.

Parágrafo Único. Excetuam-se das disposições referidas no caput casos classificados como sigilosos ou segredo de justiça, definidos pelo juiz.

Art.396-V O acusado estará isento de despesas e custas do processo no caso de homologação do acordo.

Art.396-W. O procedimento regulado nesta lei é aplicável aos réus que divulguem provas que envolvam a participação de outras pessoas na prática dos crimes imputados na denúncia.

Parágrafo único Se o réu for integrante de organização criminosa, o disposto nesta Seção deverá ser aplicado em conjunto com os artigos 4º a 7º da Lei nº 12.850/2013, considerando as peculiaridades do caso.

Art.396-X O processo continuará sob o procedimento ordinário se o juiz se negar a homologar o acordo por não atendimento aos requisitos previstos nesta lei, bem como se não as partes não chegarem a um consenso sobre os termos e condições do acordo.

§ 1º Frustrada a barganha processual, prosseguirá no processo magistrado diverso daquele que tenha presidido a audiência de confissão.

§ 2º Nos casos de comarca de vara única, caberá ao respectivo tribunal a designação de novo magistrado para atuar no feito, respeitando-se as normas de organização judiciária e critérios de antiguidade e substituição.

§ 3º Se o Juiz não se declarar impedido no caso do caput desde artigo, as partes poderão recorrer, requerendo a imediata substituição do Juiz.

§ 4º O Tribunal, dando provimento ao recurso das partes, determinará a imediata redistribuição do caso para um novo Juiz, depois de aceitar os argumentos do recorrente.

Art.396-Y. A contagem do prazo prescricional descrito no art. 109 e seguintes do Código Penal ficará suspensa entre a data pedido de aplicação do procedimento de barganha processual e o ato judicial que homologa o acordo ou determina o prosseguimento do feito pela frustração das negociações entre acusação e defesa.

Parágrafo Único. No caso de acusações que envolvam concurso de crimes, o prazo de prescrição levará em consideração o tempo máximo de punição previsto para cada delito.

Art.396-Z. A sentença homologatória do acordo de barganha processual constitui causa interruptiva da prescrição penal, cujo prazo somente terá novo início a partir do primeiro dia de cumprimento da pena imposta.

Art.396-AA. O Juiz, ao homologar o acordo, poderá substituir a privação de liberdade, observado o disposto no art. 44 deste Código, bem como aplicar a suspensão condicional da pena prevista no art. 77.

Art.396-BB. O não cumprimento injustificado de pena restritiva de direito no acordo de barganha processual homologado judicialmente importará conversão em conversão de pena privativa de liberdade.

Art. 397. Na resposta, o acusado poderá arguir preliminares e alegar tudo o que interesse à sua defesa, oferecer documentos e justificações, especificar as provas pretendidas e arrolar testemunhas, qualificando-as e requerendo sua intimação, quando necessário. (renumerado).

§ 1º A exceção será processada em apartado, nos termos dos arts. 95 a 112 deste Código. (renumerado).

§ 2º Não apresentada a resposta no prazo legal, ou se o acusado, citado, não constituir defensor, o juiz nomeará defensor para oferecê-la, concedendo-lhe vista dos autos por 10 (dez) dias. (renumerado).

Art. 397-A. Após o cumprimento do disposto no art. 397, e parágrafos, deste Código, o juiz deverá absolver sumariamente o acusado quando verificar:

I - a existência manifesta de causa excludente da ilicitude do fato; (renumerado).

II - a existência manifesta de causa excludente da culpabilidade do agente, salvo inimputabilidade; (renumerado).

III - que o fato narrado evidentemente não constitui crime; ou (renumerado).

IV - extinta a punibilidade do agente. (renumerado).

(...)

Art. 2º. A Escola Nacional de Formação e Aperfeiçoamento de Magistrados deverá incluir no programa de formação inicial

> de continuada de magistrados cursos sobre o procedimento de barganha processual, sendo obrigatória a participação do magistrado com rendimento satisfatório como requisito para vitaliciamento, remoção e promoção na carreira.
>
> § 1º O Conselho Nacional do Ministério Público adota medidas similares às previstas no artigo anterior para os membros da carreira em âmbito estadual e federal.
>
> § 2º As Defensorias Públicas organizadas em carreira, naquilo que lhe couberem, adotaram medidas de treinamento de seus membros, sendo obrigatório o aproveitamento para fins de aferição de aproveitamento em estágio probatório e promoção na respectiva carreira.
>
> Art. 3º. Esta lei entrara em vigor no prazo de 120 dias a contar da data de sua publicação.

Adicionalmente, por uma questão de boa técnica legislativa, as seguintes sugestões devem ser incluídas no Projeto de Novo Código Penal, tornando a regulação da barganha um sistema harmônico no Brasil:

> Artigo 105. A barganha é o procedimento pelo qual o réu confessa voluntariamente a autoria dos crimes praticados, na expectativa de receber algum benefício do Ministério Público, do juiz ou de ambas as autoridades.
>
> § 1º O processo de barganha processual é regulado pelo Código de Processo Penal e tem como escopo acelerar o de julgamento da ação.
>
> § 2º. As Partes só poderão requerer a aplicação da pena privativa de liberdade pelo tempo mínimo previsto em lei para o crime descrito na denúncia e confessado pelo réu.
>
> § 3º Se o réu for acusado por múltiplos crimes, as Partes poderão negociar a extinção de uma ou mais acusações. O acordo deve solicitar a aplicação de pelo menos uma punição em caso de concurso de crimes.
>
> § 4º O Juiz poderá substituir a privação de liberdade, observado o disposto no art. 44 deste Código, bem como a suspensão condicional prevista no art. 77.
>
> § 5º A pedido das Partes, o Juiz poderá reduzir a pena mínima prevista no respectivo estatuto em até 1/3 (um terço) se as

condições pessoais do réu e as consequências menos graves do crime indicarem ser a medida apropriada e indicada ao caso.

§ 6º O disposto no § 5º deste artigo somente poderá ser acumulado com a redução decorrente do crime em sua modalidade tentada.

§ 7º No caso de acusações que envolvam concurso de crimes, o prazo de prescrição levará em consideração o tempo máximo de punição previsto para cada delito.[897]

§ 8º – No caso de previsão no tipo penal de pena cumulativa de multa, esta também será aplicada no mínimo legal, devendo o montante ser incluído no acordo.

897. Este parágrafo introduz um método claro para avaliar se o Estado ainda pode aplicar punições a indivíduos. A prescrição no Brasil tem um duplo papel. Por um lado, estabelece um período de tempo limitado em que os casos podem ser levados aos Juízos Criminais, limitando o poder da Acusação. Por outro lado, também define o limite de tempo no qual os Juízos devem julgar o caso, sendo um direito poderoso do réu para garantir um julgamento justo com base em sua duração razoável. Além disso, representa a única hipótese de negociação de acusação no sistema legal brasileiro. Código Penal, Dec. Lei 2048, Arts. 109 a 115 (1940), http://legislacao.planalto.gov.br/legisla/legislacao.nsf/Viw_Identificacao/DEL%202.848-1940?OpenDocument.

Capítulo 7

CONCLUSÃO

Esta obra examinou a crise mais grave que o sistema de justiça criminal brasileiro vem enfrentando desde a redemocratização do país em 1988. Este estudo focou explicitamente na ineficácia dos julgamentos criminais em um esforço para propor um modelo alternativo de procedimento penal a fim de incrementar a legitimidade e a resposta da justiça criminal no Brasil. Com mais de 8 milhões de casos criminais pendentes, a morosidade do julgamento criminal é um problema sério e requer solução imediata. Devido aos recursos limitados e à crise econômica que assola o país nos últimos anos, a criação de cargos de mais juízes, promotores e defensores públicos não é uma solução potencial para melhorar a legitimidade do processo penal, sendo necessária a proposição de medidas que consideram tais particularidades.

Tendo o legislador brasileiro mostrado constância em copiar ou importar algumas práticas e teorias do sistema de justiça criminal dos EUA, este estudo explorou o *plea bargaining* como uma resposta interessante ao problema da ineficácia dos julgamentos criminais brasileiros, utilizando o sistema legal dos EUA como modelo de comparação. A obra trouxe à baila como o histórico uso generalizado das barganhas processuais nos Estados Unidos tem demonstrado que, naquele país, promotores, juízes e tribunais tratam os réus como um mero objeto do caso, ao invés de um merecedor do devido respeito aos seus Direitos Humanos.

Ao avaliar as justificativas para a crescente presença da barganha no sistema de justiça criminal dos Estados Unidos e ao comparar tais justificativas com o princípio da utilidade de Bentham, este estudo comprovou a alegação de que a barganha norte-americana está intimamente ligada à teoria legal do utilitarismo. Desde suas origens no século XIX, o *plea-bargaining* norte-americano adotou, veladamente, o utilitarismo processual como pano de fundo filosófico subjacente. De fato, o *plea bargaining* visa, em último caso, a uma resolução mais rápida de casos criminais para economizar tempo e recursos, enviando uma mensagem à sociedade de que a celeridade na aplicação de punições reforça a credibilidade da justiça criminal.[898] Com base nesses fundamentos, o sistema legal dos EUA tornou-se deliberadamente dependente do *plea bargaining*, sendo os réus são tratados apenas como um instrumento para confirmar a funcionalidade e a eficiência da Justiça Criminal, em detrimento de sua consideração como indivíduos com direitos fundamentais.[899]

Avaliando o *plea bargaining* norte-americano e seus principais traços, esta obra mostrou que, embora pensamentos comuns no sistema legal dos EUA possam discordar, a barganha não é inevitável. Na realidade, cuida-se de uma escolha racional feita pela maioria juízes, promotores e advogados, sendo uma prática jurídica que a Suprema Corte dos EUA decidiu não apenas tolerar, mas também encorajar.[900]

Pensando no modelo brasileiro de justiça consensual, definiu-se a barganha processual como a negociação entabulada entre acusação e defesa dentro de um procedimento processual penal em que o réu voluntária e conscientemente confessa um ou mais crimes, aceitando sua culpa e esperando alguns benefícios em troca de sua confissão. Os réus negociam com a acusação para chegar a um acordo dentro de rito abreviado, resultando na aplicação imediata de uma punição, ocasionalmente emparelhada com a reparação de danos pelo crime.

Este estudo também mostrou como a justiça consensual no Brasil se tornou uma alternativa interessante para lidar com delitos de menor potencial ofensivo, mas que é insuficiente para solucionar problemas relacionados à eficácia de julgamentos criminais, principalmente aqueles relacionados a infrações de maior potencial ofensivo, como crimes contra a Administração Pública e de "colari-

---

898. Fisher, *nota supra* 423, p. 953. *Neste sentido,* Hessick & Saujani, *nota supra* 423, p. 192 (afirmando que a negociação da confissão é alcançada através da máxima condenação dos culpados e da não apresentação das acusações contra os inocentes.").

899. Hall, *nota supra* 381, p. 216.

900. Stephen J., *Is Plea Bargaining Inevitable?,* 97 HARV. L. REV. 1037, 1107 (1984).

nho branco". Além disso, esta obra mostrou que a crítica ao modelo brasileiro de barganha processual é quase idêntica às críticas ao *plea bargaining* nos Estados Unidos, sugerindo que esses comentários são uma mera repetição de argumentos usados para atacar o modelo de barganha norte-americano, e não argumentos desenvolvidos e fundamentados que considerem as particularidades e necessidades do sistema jurídico pátrio.

A avaliação da crítica à adoção da barganha processual no Brasil destacou que sua implantação no processo penal não ampliará o raio de ação do Direito Penal nem afetará o devido processo legal. Na verdade, este estudo mostrou que não há relação entre o número de condenações por procedimento de barganha e uma suposta expansão de lei penal. A barganha processual não é uma violação automática do devido processo; mas sim dependerá de como o procedimento será previsto em lei e de como será implementado na prática. Além disso, a barganha não atacará o princípio da ampla defesa.

É hora de pôr fim ao comportamento paternalista de tratar os réus como indivíduos sem capacidade de tomar decisões autônomas, seja para confessar ou para negar um crime. Os réus devem ser tratados como seres humanos dotados de, permitindo a tomada de decisões que estejam de acordo com seus interesses. Se os réus em processos penais, depois de devidamente orientados e aconselhados por um advogado, quiserem evitar o julgamento e fazer um acordo com a acusação, não há que se falar em inconstitucionalidade procedimental. Os direitos humanos são inalienáveis, mas podem ser renunciados em algumas situações.[901] Quando os réus decidem parar ou evitar o julgamento por meio de acordos de barganha, eles estão exercendo outro direito constitucional, que é a liberdade de expressar sua vontade e pensamentos.[902] Participar de procedimentos de barganha não exclui o direito a um julgamento justo, e tampouco o direito de defesa, uma vez que os acordos só são aceitos depois

901. Ramos, *nota supra* 113, p. 88.

902. Andrade, *nota supra* 712, p. 160 (defendendo a ideia de que a negação de uma solução consensual para casos criminais sob o argumento de violar os direitos dos réus de produzir provas corresponderia ao entendimento de que eles têm a obrigação de se opor sempre à alegação de acusação, sem o direito de analisar a acusação e buscar a solução processual que melhor se adapte aos interesses do réu).

que os réus discutem as provas e o processo com seu advogado, identificando se a barganha processual é a melhor opção.

A avaliação do núcleo do *plea bargaining* norte-americano e suas críticas, juntamente com a identificação das falhas no projeto do Novo CPP, podem ser usadas para criar um modelo efetivo de barganha para o Brasil, respeitando as fronteiras constitucionais e os direitos fundamentais dos réus. Obviamente, a barganha processual não resolverá todos os problemas da justiça criminal no Brasil, e seus resultados tampouco aparecerão instantaneamente. A barganha será uma opção alternativa que visa melhorar a eficácia e resgatar a legitimidade da justiça criminal no Brasil. O número de presos sem condenação irá certamente diminuir, resultando na aplicação mais rápida da punição para aqueles que serão condenados. A redução do volume processual resultará em uma redução no tempo de julgamento, um reflexo do número total de casos aguardando sentenciamento, induzindo na conclusão de que a justiça criminal ainda é um recurso social confiável após o abalo causado pela prática de uma infração penal.

Todavia, para alcançar o cenário acima relatado, não basta a mera alteração legislativa. São também necessárias algumas mudanças colaterais para adaptar todo o sistema aos processos de barganha, como modificações no Código Penal, foco no treinamento de advogados e revisão de programas de Faculdades de Direito para introduzir a barganha processual em cursos obrigatórios. O resultado da pesquisa de opinião levado a cabo por este estudo junto a promotores, juízes e defensores ajudou a provar que o treinamento de profissionais da área jurídica é uma medida essencial para garantir a eficácia e o correto desenvolvimento da barganha no Brasil. Além disso, um modelo preciso de barganha deve estabelecer limites para as ofertas do Ministério Público, bem como para sua discricionariedade; punições com base no mínimo legal sempre devem ser aplicadas, evitando pressões indevidas para aceitar acordos, de forma a assegurar o devido respeito aos direitos fundamentais dos réus e a sua autonomia para decidir se uma confissão é de seu interesse. Tratar a barganha como outra modalidade de procedimento criminal no Brasil também cumprirá o princípio constitucional do direito ao devido processo legal. Desta forma, caso os réus decidam aceitar ou não o procedimento de barganha, estarão exercendo outro direito constitucional: a liberdade de expressar livremente sua vontade e pensamento.[903]

Qualquer mudança na Legislação Penal brasileira para adotar a barganha como um procedimento de julgamento sumário deve respeitar os direitos fundamentais dos réus, como o princípio orientador de um processo penal constitucional e democrático. Outro fator que uma norma processual penal deve ter como espírito é o compromisso com a proteção dos Direitos Humanos assumido pelo Brasil quando ratificou o Pacto de San José. Se os legisladores brasileiros não seguirem esses parâmetros obrigatórios, qualquer modelo de barganha processual será apenas um instrumento para pressionar os acusados a confessarem com a desculpa da segurança pública e da justiça célere.

Considerando as peculiaridades do sistema jurídico brasileiro, o modelo de barganha proposto nesta obra, efetivamente resgataria a eficácia e legitimidade dos julgamentos criminais no Brasil, respeitando os direitos dos réus, levando a um sistema de justiça criminal no qual não só eles, mas também a sociedade como um todo é devidamente protegida. É claro que não existe uma solução milagrosa para melhorar o sistema de justiça criminal, e as consequências positivas da introdução da barganha processual podem levar anos para aparecer. Os resultados esperados diante dessa introdução não só no ordenamento jurídico brasileiro, mas também na rotina dos Tribunais, exigirão treinamento efetivo de juízes, promotores e defensores públicos, bem como garantias de que o STF e o STJ receberão e interpretarão as provisões legais de forma eficaz.

903. *Idem*, p. 160.

APÊNDICE I

TABELA 1 - ESTATÍSTICAS DE PROCESSOS NO TRIBUNAL REGIONAL FEDERAL DA 1ª REGIÃO (01/2016-11/2016)[904]

Cidade da Seção Judiciária	Especialidade	Situação Inicial	Novos Casos	Casos Sentenciados	Decisões Incidentais	Audiências Realizadas	Testemunhas	Casos conclusos para sentença	Situação Final
4ª Macapá	Criminal	1149	396	347	380	12126	406	56	1090
2ª Manaus	Criminal	1711	1306	363	1252	248	741	57	1844
4ª Manaus	Criminal	1795	987	278	702	232	626	72	1778
2ª Salvador	Criminal	1943	884	607	595	332	966	121	1914
17ª Salvador	Criminal	1177	867	675	437	224	841	30	1187
10ª Brasília	Criminal	2480	1632	1194	677	365	1113	208	2445
12ª Brasília	Criminal	1664	1738	1150	722	368	1061	232	1583
5ª Goiânia	Criminal	1067	1775	1139	838	158	494	0	1088
11ª Goiânia	Criminal	1312	1725	485	1136	261	687	55	1218
5ª Cuiabá	Criminal	1000	612	453	1266	194	665	75	987
7ª Cuiabá	Criminal	1274	647	522	550	184	724	73	1264
1st São Luis	Criminal	2470	1078	344	839	152	436	108	2557
2ª São Luis	Criminal	2550	1055	718	671	166	627	161	2538

904. Divisão de Estatística TRF1, Estatística Geral por Varas – Criminais – 2016 ate 30_novembro.

Cidade da Seção Judiciária	Especialidade	Situação Inicial	Novos Casos	Casos Sentenciados	Decisões Incidentais	Audiências Realizadas	Testemunhas	Casos conclusos para sentença	Situação Final
4ª Belo Horizonte	Criminal	1337	913	471	603	167	515	113	1369
9ª Belo Horizonte	Criminal	1959	1117	658	658	210	571	181	1938
11ª Belo Horizonte	Criminal	962	838	591	392	153	408	5	946
35ª Belo Horizonte	Criminal	1348	1167	537	892	284	778	168	1297
3ª Belém	Criminal	2250	742	498	255	290	816	222	2246
4ª Belém	Criminal	1688	735	202	593	146	394	28	1708
1ª Teresina	Criminal	1805	626	477	553	200	622	82	1797
3ª Teresina	Criminal	1746	697	540	648	350	1046	82	1749
3ª Porto Velho	Criminal	2401	1234	273	2159	265	770	130	2272
4ª Palmas	Criminal	1830	915	385	1378	198	555	26	1780
Total		38918	23686	12907	25307	5273	15865	2285	38393

TABELA 2 – VARAS FEDERAIS COM JURISDIÇÃO CRIMINAL[905]

Tribunal Regional Federal	Estados	Total	Cortes com Jurisdição Criminal			
			Criminal	Somente Lavagem de Dinheiro e Crimes Contra o Sistema Financeiro Nacional	Jurisdição Mista[906]	Total
	Distrito Federal	Subtotal	1	1	-	2
	Acre	Subtotal	-	-	3	3
	Amapá	Subtotal	0	0	4	4
	Amazonas	Subtotal	2	0	2	4
	Bahia	Subtotal	1	1	16	18
	Goiás	Subtotal	1	1	8	10
	Maranhão	Subtotal	1	1	4	6
1ª Região	Minas Gerais	Subtotal	2	1	33	36
	Mato Grosso	Subtotal	2	0	7	9
	Pará	Subtotal	1	1	9	11

905. Fonte: CAJU e TRFs.

906. No Brasil, alguns Tribunais Federais acumularam jurisdição para casos civis e criminais, resultando em uma jurisdição mista. Geralmente, isso ocorre em Tribunais Federais, onde o baixo número de casos criminais ou civis indica que a especialização da jurisdição em qualquer dos campos seria custosa e indesejável.

Tribunal Regional Federal	Estados	Total	Cortes com Jurisdição Criminal			
			Criminal	**Somente Lavagem de Dinheiro e Crimes Contra o Sistema Financeiro Nacional**	**Jurisdição Mista[906]**	**Total**
	Piauí	Subtotal	0	0	7	7
	Rondônia	Subtotal	1	0	3	4
	Roraima	Subtotal	-	-	2	2
	Tocantins	Subtotal	0	0	4	4
Total 1ª Região			**12**	**6**	**102**	**120**
2ªRegião	Rio de Janeiro	Subtotal	6	4	32	42
	Espírito Santo	Subtotal	1	1	2	4
Total 2ª Região			**7**	**5**	**34**	**46**
3ª Região	São Paulo	Subtotal	12	4	43	59
	Mato Grosso do Sul	Subtotal	1	1	7	9
Total 3ª Região			**13**	**5**	**50**	**68**
4ªRegião	Rio Grande do Sul	Subtotal	7	1	19	27
	Paraná	Subtotal	7	2	16	25
	Santa Catarina	Subtotal	4	1	15	20

Tribunal Regional Federal	Estados	Total	Cortes com Jurisdição Criminal			
			Criminal	Somente Lavagem de Dinheiro e Crimes Contra o Sistema Financeiro Nacional	Jurisdição Mista[906]	Total
Total 4ª Região			**18**	**4**	**50**	**72**
5ªRegião	Pernambuco	Subtotal	1	1	11	13
	Alagoas	Subtotal	0	0	7	7
	Ceará	Subtotal	1	1	7	9
	Paraíba	Subtotal	0	0	9	9
	R. G. do Norte	Subtotal	2	0	5	7
	Sergipe	Subtotal	0	0	5	5
Total 5ª Região			**4**	**2**	**44**	**50**
Total de todas as Regiões			**54**	**22**	**280**	**356**

TABELA 3 – *PLEA BARGAINING NOS EUA*

Estado	Fonte
Regra Federal	FED. R. CRIM. P. 11
Alabama	ALA. R. CRIM. P. 11 (2016)
Alaska	ALASKAR. CRIM. P. 11.2 (2016)
Arizona	ARIZ. R. CRIM. P. 17
Arkansas	ARK. R. CRIM. P. 25. 26.
Califórnia	WEST'S ANN. CAL. PENAL CODE PT. 2 T. 6 CH. 4
Colorado	COLO. REV. STAT. T.16, Art. 7 &COLO. R. CRIM. P. 11
Connecticut	CONN. R. SUPER. CT. CR. § 37-1, 37-12, § 39-1, 39-10
Delaware	DEL. R. SUPER. CT.CRIM. P. 11
DC	D.C. R. CRIM. P. 11
Florida	FLA. R. CRIM. P. 3.170, 3.171, 3.172
Georgia	GA. R. UNIF. CT. 33;GA. CODE ANN. § 17-7-94
Hawaii	HAW. R. PENAL P. 11
Idaho	IDAHO R.CRIM. P. 11
Illinois	725 ILL. COMP. STAT.ANN. 5/113-4 &ILL. R. S.CT. 402
Indiana	IND. R.CRIM. P. 10.
Iowa	IOWA CODE ANN. 2.10
Kansas	KAN.STAT.ANN. 22-3210
Kentucky	KY. R. CRIM. P. 8.08, 8.09, 8.10
Louisiana	LA. CODE. CRIM. PROC. ANN. 556 – 561
Maine	ME. REV. STAT. ANN. CRIM. P. 11, 11A, 11B

Estado	Fonte
Maryland	MD. R. CRIM. P. 4-242, 4-243, 4-244
Massachusetts	MASS. R. CRIM. P. 12
Michigan	MICH. COMP. LAWS ANN. 768.35, 768.36, 767.37 (West 2016)
Minnesota	49 MINN. STAT. ANN. R. CRIM. P. 15.04 – 15.09
Mississippi	MISS. R. UNIF. CIR &CTY CT. 8.03-8.04
Missouri	MO. R. CRIM. P. 24.02, 24.03, 24.035, 24.036
Montana	MONT. CODE. ANN. 46-12-204 – 46-12-213 (West 2016)
Nebraska	NEB. REV. STAT. ANN.§ 29-1817 – § 29-1821 (West 2016)
Nevada	NEV. REV. STAT. T. 14, Ch. 174 (West 2016).
New Hampshire	N.H. R. CRIM. P. 10. 11.
New Jersey	N.J. R. CRIM. P. 3;9-2
New Mexico	N.M. R. DIST. CT. R. CRIM. P. 5-304
New York	N.Y. CRIM. P. § 220.10 – § 220.60
North Carolina	N.C.GEN.STAT.ANN. Ch. 15A, Subch. X, Art. 57, REFS & ANN.
North Dakota	N.D. R. CRIM. P. 11
Ohio	OHIO R. CRIM. P. 11; OHIO REV. CODE ANN. § 2943.03
Oklahoma	OKLA. STAT. ANN. TIT. 22 § 513 – § 523 (2016)
Oregon	OR. REV. STAT. § 135.40 (West 2017)
Pennsylvania	PA. STAT. R. CRIM. P. 590, 591.
Rhode Island	R.I. GEN. LAWS ANN. § 12-12-22, § 12-17-2 (West 2016)
South Carolina	S.C. CODE ANN. § 17-23-10
South Dakota	S.D. CODIFIED LAWS§ 23A-7-1 – § 23A-7-16

Estado	**Fonte**
Tennessee	TENN. R. CRIM. P. 11
Texas	TEX. C.C.P. CODE ANN. 27.13 – 27.19 (West 2015)
Utah	UTAH CODE ANN. T. 77, Ch. 13, § 77-13-2 – § 77-13-6
Vermont	VT. R. CRIM. P. 11
Virginia	VA. CODE ANN. TIT. 19.2, Ch. 15, Art. 3, § 19.2-254
Washington	WA. REV. CODE ANN. 10.40.170 – 10.40.200 WA. CRRLJ 4.2
West Virginia	W.VA. R. CRIM. P. 11
Wisconsin	WIS. STAT.ANN. 971.06 – 971.095
Wyoming	WYO. R. CRIM. P. 11

TABELA 4 – *PLEA BARGAINING NOS EUA* – CARACTERÍSTICAS DO PROCEDIMENTO ENCONTRADAS EM MENOS DE 20 REGRAS FEDERAIS OU ESTADUAIS SOBRE BARGANHA

Estado	Fonte	Tempo para finalizar acordo	Ausência de réu	Acordos Condicionais	Erro inofensivo	Papel da Acusação	Papel do Promotor	Acordo por email/telefone
Regra Federal	FED. R. CRIM. P. 11	nenhuma regra sobre o caso	nenhuma regra sobre o caso	11 (a)(2)	11 h	11 c 1	11 c 1	nenhuma regra sobre o caso
Alabama	ALA. R. CRIM. P. 11 (2016)	nenhuma regra sobre o caso	14.2 e	nenhuma regra sobre o caso	nenhuma regra sobre o caso	nenhuma regra sobre o caso	Nenhuma regra	nenhuma regra sobre o caso
Alaska	ALASKA R. CRIM. P. 11.2 (2016)	11 b	nenhuma regra sobre o caso	nenhuma regra sobre o caso	nenhuma regra sobre o caso	nenhuma regra sobre o caso	Nenhuma regra	nenhuma regra sobre o caso
Arizona	ARIZ. R. CRIM. P. 17		nenhuma regra sobre o caso	nenhuma regra sobre o caso	nenhuma regra sobre o caso	nenhuma regra sobre o caso	não	17.1 a 4
Arkansas	ARK. R. CRIM. P. 25. 26.	nenhuma regra sobre o caso	nenhuma regra sobre o caso	nenhuma regra sobre o caso	nenhuma regra sobre o caso	nenhuma regra sobre o caso	25.1, 25.2	nenhuma regra sobre o caso

Estado	Fonte	Tempo para finalizar acordo	Ausência de réu	Acordos Condicionais	Erro inofensivo	Papel da Acusação	Papel do Promotor	Acordo por email/telefone
California	WEST'S ANN. CAL. PENAL CODE PT. 2, T. 6, CH. 4	nenhuma regra sobre o caso	nenhuma regra sobre o caso	nenhuma regra sobre o caso	nenhuma regra sobre o caso	nenhuma regra sobre o caso	1016.3	nenhuma regra sobre o caso
Colorado	COLO. REV. STAT. T.16, ART. 7;COLO. R. CRIM. P. 11	nenhuma regra sobre o caso	nenhuma regra sobre o caso	nenhuma regra sobre o caso	nenhuma regra sobre o caso	nenhuma regra sobre o caso	nenhuma regra sobre o caso	nenhuma regra sobre o caso
Connecticut	CONN. R. SUPER. CT. CR. § 37-1, 37-12, § 39-1, 39-10	antes ou depois da acusação	nenhuma regra sobre o caso	nenhuma regra sobre o caso	nenhuma regra sobre o caso	nenhuma regra sobre o caso	39-3	nenhuma regra sobre o caso
Delaware	DEL. R. SUPER. CT. CRIM. P. 11	11e 3	nenhuma regra sobre o caso	nenhuma regra sobre o caso	11 h	11 DEL. C. 5106	não	nenhuma regra sobre o caso
DC	D.C. R. CRIM. P. 11	não especificado	nenhuma regra sobre o caso	11 (a)(2)	11 g	não	não	nenhuma regra sobre o caso
Florida	FLA. R. CRIM. P. 3.170, 3.171, 3.172	3.170 j	nenhuma regra sobre o caso	Nenhuma regra	3.172 j	3.171 b	3.171 c	nenhuma regra sobre o caso

Estado	Fonte	Tempo para finalizar acordo	Ausência de réu	Acordos Condicionais	Erro inofensivo	Papel da Acusação	Papel do Promotor	Acordo por email/telefone
Georgia	GA. R. UNIF. CT. 33;GA. CODE ANN. § 17-7-94	não especificado	nenhuma regra sobre o caso	Nenhuma regra	Nenhuma regra	Nenhuma regra	Nenhuma regra	nenhuma regra sobre o caso
Hawaii	HAW. R. PENAL P.11	não especificado	nenhuma regra sobre o caso	11 (a)(2)	não	não	Nenhuma regra	nenhuma regra sobre o caso
Idaho	IDAHO R. CRIM. P. 11	não especificado	nenhuma regra sobre o caso	11 (a)(2)	não	não	não	nenhuma regra sobre o caso
Illinois	725 ILL. COMP. STAT. ANN. 5/113-4;ILL. R. S.CT. 402	na acusação	nenhuma regra sobre o caso	Nenhuma regra	não	não	Nenhuma regra	nenhuma regra sobre o caso
Indiana	IND. R. CRIM. P. 10.	não especificado	nenhuma regra sobre o caso	Nenhuma regra	não	10.1	não	nenhuma regra sobre o caso
Iowa	IOWA CODE ANN. 2.10	não especificado	nenhuma regra sobre o caso	2.10 3	Nenhuma regra	Nenhuma regra	Nenhuma regra	nenhuma regra sobre o caso

Estado	Fonte	Tempo para finalizar acordo	Ausência de réu	Acordos Condicionais	Erro inofensivo	Papel da Acusação	Papel do Promotor	Acordo por email/telefone
Kansas	KAN. STAT. ANN. 22-3210	22-310 a	nenhuma regra sobre o caso	Nenhuma regra	Nenhuma regra	não	22-310 c	nenhuma regra sobre o caso
Kentucky	KY. R. CRIM. P. 8.08, 8.09, 8.10	não especificado	nenhuma regra sobre o caso	8.09	Nenhuma regra	Nenhuma regra	Nenhuma regra	nenhuma regra sobre o caso
Louisiana	LA. CODE. CRIM. PROC. ANN. 556 – 561	não especificado	nenhuma regra sobre o caso	Nenhuma regra	556 D	não	Nenhuma regra	nenhuma regra sobre o caso
Maine	ME. REV. STAT. ANN. CRIM. P. 11, 11A, 11B	não especificado	nenhuma regra sobre o caso	11 (a)(2)	Nenhuma regra	11b	11b	nenhuma regra sobre o caso
Maryland	MD. R. CRIM. P. 4-242, 4-243, 4-244	4-242 b 2 3	nenhuma regra sobre o caso	4-242 d	Nenhuma regra	4-243 a	4-242 b	nenhuma regra sobre o caso
Massachusetts	MASS. R. CRIM. P. 12	não especificado	12 a 1	12 (5)	Nenhuma regra	não	Nenhuma regra	nenhuma regra sobre o caso

Estado	Fonte	Tempo para finalizar acordo	Ausência de réu	Acordos Condicionais	Erro inofensivo	Papel da Acusação	Papel do Promotor	Acordo por email/telefone
Michigan	MICH. COMP. LAWS ANN. 768.35, 768.36, 767.37, (West 2016)	NENHUMA REGRA SOBRE O CASO	Nenhuma regra	Nenhuma regra	não	não	não	nenhuma regra sobre o caso
Minnesota	49 MINN. STAT. ANN. R. CRIM. P. 15.04 – 15.09	não especificado	nenhuma regra sobre o caso	Nenhuma regra	Nenhuma regra	não	não	nenhuma regra sobre o caso
Mississippi	MISS. R. UNIF. CIR. & CTY CT. 8.03 – 8.04	não especificado	nenhuma regra sobre o caso	Nenhuma regra	não	não	não	nenhuma regra sobre o caso
Missouri	MO. R. CRIM. P. 24.02, 24.03, 24.035, 24.036	não especificado	nenhuma regra sobre o caso	Nenhuma regra	Nenhuma regra		não	nenhuma regra sobre o caso
Montana	MONT. CODE. ANN. 46-12-204 – 46-12-213 (West 2016)	não especificado	nenhuma regra sobre o caso	46-12-204 (3)	46-12-213	Nenhuma regra	Nenhuma regra	nenhuma regra sobre o caso
Nebraska	NEB. REV. STAT. ANN. § 29-1817 – § 29-1821 (WEST 2016)	não especificado	nenhuma regra sobre o caso	Nenhuma regra	Nenhuma regra	29-120	Nenhuma regra	nenhuma regra sobre o caso

Estado	Fonte	Tempo para finalizar acordo	Ausência de réu	Acordos Condicionais	Erro inofensivo	Papel da Acusação	Papel do Promotor	Acordo por email/telefone
Nevada	NEV. REV. STAT. T. 14, Ch. 174, (West 2016).	não especificado	nenhuma regra sobre o caso	174.035 3	Nenhuma regra	Nenhuma regra	174.063	nenhuma regra sobre o caso
New Hampshire	N.H. R. CRIM. P. 10. 11.	não especificado	nenhuma regra sobre o caso	Nenhuma regra	Nenhuma regra	Nenhuma regra	Nenhuma regra	11 a 2
New Jersey	N.J. R. CRIM. P. 3;9-2	3;9-3 g	nenhuma regra sobre o caso	3;9-3 f	Nenhuma regra	Nenhuma regra	Nenhuma regra	nenhuma regra sobre o caso
New Mexico	N.M. R. DIST. CT. R. CRIM. P. 5-304	5-304 e	nenhuma regra sobre o caso	5-304 A 2	Nenhuma regra	Nenhuma regra	Nenhuma regra	nenhuma regra sobre o caso
New York	N.Y. CRIM. P. § 220.10 – § 220.60	Nenhuma regra	nenhuma regra sobre o caso	Nenhuma regra	Nenhuma regra	Nenhuma regra	Nenhuma regra	nenhuma regra sobre o caso
North Carolina	N.C. GEN. STAT. ANN. § Ch. 15A, Subch. X, Art. 57, Refs & Annos	N.C. Gen. Stat. Ann. § 15A-1012	Em algumas situações N.C. Gen. Stat. Ann. § 15A-1011, (d)	Nenhuma regra	Nenhuma regra	Nenhuma regra	Nenhuma regra	nenhuma regra sobre o caso

Estado	Fonte	Tempo para finalizar acordo	Ausência de réu	Acordos Condicionais	Erro inofensivo	Papel da Acusação	Papel do Promotor	Acordo por email/telefone
North Dakota	N.D. R. CRIM. P. 11	11 c 6	nenhuma regra sobre o caso	11 (a)(2)	Nenhuma regra	few 11 c 1	11 c 1	11 g
Ohio	OHIO R. CRIM. P. 11; OHIO REV. CODE ANN. § 2943.03	não especificado	nenhuma regra sobre o caso	não	Nenhuma regra	Nenhuma regra	Nenhuma regra	§ 2943.04
Oklahoma	OKLA. STAT. ANN. TIT. 22 § 513 – § 523 (2016)	Nenhuma regra	nenhuma regra sobre o caso	Nenhuma regra	Nenhuma regra	Nenhuma regra	Nenhuma regra	513, 516
Oregon	OR. REV. STAT. § 135.40 (WEST 2017)	135.405 6 b	nenhuma regra sobre o caso	não	Nenhuma regra	134.415	135.425	135.355
Pennsylvania	PA. STAT. R. CRIM. P. 590, 591.	Nenhuma regra	nenhuma regra sobre o caso	Nenhuma regra	Nenhuma regra	Nenhuma regra	Nenhuma regra	nenhuma regra sobre o caso
Rhode Island	R.I. GEN. LAWS ANN. § 12-12-22, § 12-17-2 (West 2016)		Nenhuma regra	Nenhuma regra	Nenhuma regra	Nenhuma regra	Nenhuma regra	nenhuma regra sobre o caso

Estado	Fonte	Tempo para finalizar acordo	Ausência de réu	Acordos Condicionais	Erro inofensivo	Papel da Acusação	Papel do Promotor	Acordo por email/telefone
South Carolina	S.C. CODE ANN. § 17-23-10 and more	incerto	incerto	incerto	incerto	incerto	incerto	nenhuma regra sobre o caso
South Dakota	S.D. CODIFIED LAWS§ 23A-7-1 – § 23A-7-16		nenhuma regra sobre o caso	nenhuma regra sobre o caso	nenhuma regra sobre o caso	23A 7-8	nenhuma regra sobre o caso	23 A 7-5
Tennessee	TENN. R. CR. P. 11	nenhuma regra sobre o caso	nenhuma regra sobre o caso	11 (a)(3)	nenhuma regra sobre o caso	nenhuma regra sobre o caso	nenhuma regra sobre o caso	nenhuma regra sobre o caso
Texas	TEX. C.C.P. CODE ANN. ART. 27.13 – 27.19 (WEST2015)	nenhuma regra sobre o caso	nenhuma regra sobre o caso	nenhuma regra sobre o caso	nenhuma regra sobre o caso	nenhuma regra sobre o caso	nenhuma regra sobre o caso	27.18
Utah	UTAH CODE ANN. T. 77, Ch. 13, § 77-13-2 – 77-13-6	nenhuma regra sobre o caso	11j	nenhuma regra sobre o caso	nenhuma regra sobre o caso	nenhuma regra sobre o caso	nenhuma regra sobre o caso	nenhuma regra sobre o caso
Vermont	VT. R. CRIM. P. 11	não especificado	nenhuma regra sobre o caso	11 (a)(2)	Nenhuma regra	few 11 c 1	11 c 1	nenhuma regra sobre o caso

Estado	Fonte	Tempo para finalizar acordo	Ausência de réu	Acordos Condicionais	Erro inofensivo	Papel da Acusação	Papel do Promotor	Acordo por email/telefone
Virginia	Va. Code Ann. Tit. 19.2, Ch. 15, Art. 3, § 19.2-254	Nenhuma regra	Nenhuma regra	19.2-254	nenhuma regra sobre o caso	nenhuma regra sobre o caso	nenhuma regra sobre o caso	Casos pequenos, sim
Washington	Wa. CrRLJ 4.2; Wa. Rev. Code Ann. 10.40.170 – 10.40.200	nenhuma regra sobre o caso	nenhuma regra sobre o caso	nenhuma regra sobre o caso	nenhuma regra sobre o caso	nenhuma regra sobre o caso	nenhuma regra sobre o caso	nenhuma regra sobre o caso
West Virginia	W. Va. R. Crim. P. 11	11, (e), 5	Nenhuma regra	11, (c)	11, (g)	nenhuma regra sobre o caso	nenhuma regra sobre o caso	nenhuma regra sobre o caso
Wisconsin	Wis. Stat. Ann. 971.06 – 971.095	nenhuma regra sobre o caso	nenhuma regra sobre o caso	nenhuma regra sobre o caso	nenhuma regra sobre o caso	nenhuma regra sobre o caso	nenhuma regra sobre o caso	nenhuma regra sobre o caso
Wyoming	Wyo. R. Crim. P. 11	nenhuma regra sobre o caso	nenhuma regra sobre o caso	11 (a)(2)	11 h	nenhuma regra sobre o caso	nenhuma regra sobre o caso	nenhuma regra sobre o caso

TABELA 5 – *PLEA BARGAINING NOS EUA* – CARACTERÍSTICAS IMPORTANTES, MAS NÃO ESSENCIAIS

Estado	Fonte	Falha ao entrar	Procedimento Detalhado	Desistência	*Status* de Imigração
Federal Rules	Fed. R. Crim. P. 11	11 (a) (4)	11 (c)	11 (d)	11 b 1 O
Alabama	Ala. R. Crim. P. 11, 2016	14. 2 d	14.4 e	14.4 e	no
Alaska	Alaska R. Crim. P. 11.2 2016	não	11 e	11 h	Nenhuma regra
Arizona	Ariz. R. Crim. P. 17	17.5	17.1, 17,2	17.5	17.2 f
Arkansas	Ark. R. Crim. P. 25. 26.	não	não	26.1	não
California	West's Ann. Cal. Penal Code Pt. 2, T. 6,Ch. 4	1024	não	não	1016.1
Colorado	Colo. Rev. Stat. T.16, Art. 7;Colo. R. Crim. P. 11	11 d	não	não	não
Connecticut	Conn. R. Super. Ct. Cr. § 37-1, 37-12, § 39-1, 39-10	39-10	39-5	não	Nenhuma regra
Delaware	Del. R. Super. Ct. Crim. P. 11	Nenhuma regra	11 e	não	Nenhuma regra
DC	D.C. R. Crim. P. 11	11 (a) (4)	11 c	11 (d)	11 b 1 k
Florida	Fla. R. Crim. P. 3.170, 3.171, 3.172	3.170 c, d,e	3.171 and 3.172	3.170 f 3.172 g, h	3.172, c, 8
Georgia	Ga. R. Unif. Ct. 33; GA. Code Ann. § 17-7-94	17 7 94	no	17 7 93 b	Nenhuma regra

Estado	FONTE	Falha ao entrar	Procedimento Detalhado	Desistência	*Status* de Imigração
Hawaii	HAW. R PENAL P. 11	não	11 f	não	11 d
Idaho	IDAHO R. CRIM. P. 11	não	11 f	não	11 d 1
Illinois	725 ILL. COMP. STAT. ANN. 5/113-4;ILL. R. S.CT. 402	113-4 b and d	402 d	não	não
Indiana	IND. R. CRIM. P. 10.	não	não	Nenhuma regra	não
Iowa	IOWA CODE ANN. 2.10	não	não	Nenhuma regra	Nenhuma regra
Kansas	KAN. STAT. ANN. 22-3210	22-309 4	22-310	22-310 d 1 2	Nenhuma regra
Kentucky	KY. R. CRIM. P. 8.08, 8.09, 8.10	não	não	8.1	Nenhuma regra
Louisiana	LA. CODE. CRIM. PROC. ANN. 556 – 561	556.1 A 3	não	559	Nenhuma regra
Maine	ME. REV. STAT. ANN. CRIM. P. 11, 11A, 11B	não	11A	11A e	11 h
Maryland	MD. R. CRIM. P. 4-242, 4-243, 4-244	não	sim	4-242 h	4-242 f
Massachusetts	MASS. R. CRIM. P. 12	não	12 c d		12 c iii 12 d iii
Michigan	MICH. COMP. LAWS. ANN. 768.35, 768.36, 767.37, (West 2016)	não	não	não	Nenhuma regra

Estado	Fonte	Falha ao entrar	Procedimento Detalhado	Desistência	*Status* de Imigração
Minnesota	49 Minn. Stat. Ann. R. Crim. P. 15.04 – 15.09	não	não	15.05	Nenhuma regra
Mississippi	Miss. R. Unif. Cir. & Cty Ct. 8.03 – 8.04	não	não	8.04 5	Nenhuma regra
Missouri	Mo. R. Crim. P. 24.02, 24.03, 24.035, 24.036	não	24.02 d	24.035 counsel	Nenhuma regra
Montana	Mont. Code. Ann. 46-12-204 – 46-12-213 (West 2016)	não	não	não	46-12-210 1 f
Nebraska	Neb. Rev. Stat. Ann.§ 29-1817 – § 29-1821 (West 2016)	29-1821	não	Nenhuma regra	29-1819.02 1
Nevada	Nev. Rev. Stat. T. 14, Ch. 174 (West 2016).	não	não	não	Nenhuma regra
New Hampshire	N.H. R. Crim. P. 10. 11.	Nenhuma regra	não	Nenhuma regra	Nenhuma regra
New Jersey	N.J. R. Crim. P. 3;9-2	3;9-2	não	3;9-3 e	Nenhuma regra
New Mexico	N.M. R. Dist. Ct. R. Crim. P. 5-304	Nenhuma regra	não	no	Nenhuma regra
New York	N.Y. Crim. P. § 220.10 – § 220.60	§ 220.50 4	não	§ 220.60	§ 220.50 7

Estado	FONTE	Falha ao entrar	Procedimento Detalhado	Desistência	*Status* de Imigração
North Carolina	N.C. GEN. STAT. ANN. Ch. 15A, Subch. X, Art. 57, Refs & Annos	Nenhuma regra	Nenhuma regra	Nenhuma regra	Nenhuma regra
North Dakota	N.D. R. CRIM. P. 11	11 (a) (3)	11 c	11 (d)	11 b 1 j
Ohio	OHIO R. CRIM. P. 11; OHIO REV. CODE ANN. § 2943.03	11 (a) (4)	não	não	Nenhuma regra
Oklahoma	OKLA. STAT. ANN. TIT. 22 § 513 – § 523 (2016)	523	Nenhuma regra	Nenhuma regra	Nenhuma regra
Oregon	OR. REV. STAT. § 135.40 (West 2017)	135.307	não	135.365	135.385 2 e
Pennsylvania	PA. STAT. R. CRIM. P. 590, 591.	Nenhuma regra	não	591 A	Nenhuma regra
Rhode Island	R.I. GEN. LAWS ANN. § 12-12-22, § 12-17-2 (West 2016)	Nenhuma regra	Nenhuma regra	Nenhuma regra	12-12-22 (a)
South Carolina	S.C. CODE ANN. § 17-23-10 and more	Nenhuma regra	Nenhuma regra	Nenhuma regra	Nenhuma regra
South Dakota	S.D. CODIFIED LAWS§ 23A-7-1 – § 23A-7-16	Nenhuma regra	não	não	Nenhuma regra
Tennessee	TENN. R. CRIM. P. 11	Nenhuma regra	11(c)	no specific rule	11 b 1 O

Estado	FONTE	Falha ao entrar	Procedimento Detalhado	Desistência	*Status* de Imigração
Texas	TEX. C.C.P. CODE ANN. Art. 27.13 -- 27.19 (West 2015)	27.17	Nenhuma regra	Nenhuma regra	26.13 a 4
Utah	UTAH CODE ANN T. 77, Ch. 13, § 77-13-2 – 77-13-6	77-13-5	Nenhuma regra	77-13-6	Nenhuma regra
Vermont	VT. R. CRIM. P.11	Nenhuma regra	11 e	11 (d)	11 c 7
Virginia	VA. CODE ANN. TIT. 19.2, Ch. 15, Art. 3, § 19.2-254	19.2-254	Nenhuma regra	Nenhuma regra	Nenhuma regra
Washington	WA. CRRLJ 4.2 WA. REV. CODE ANN. 10.40.170 – 10.40.200	Nenhuma regra	4.2 (g)	4.2 (f)	10.40.200
West Virginia	W. VA. R. CRIM. P. 11	11 a 2	11 f	Nenhuma regra	11h
Wisconsin	WIS. STAT. ANN. 971.06 – 971.095	971.06 2	Nenhuma regra	971.08 3	971.08 c
Wyoming	WY. R. CRIM. P. 11	Nenhuma regra	11 e	no specific rule	11 b 1 O

TABELA 6 – *PLEA BARGAINING NOS EUA* – CARACTERÍSTICAS NUCLEARES MORTE

Estado	Procedimento de pré-processual	Tipos de confissão: Culpado, não culpado, nolo contendere	Assessoria de Réu	Voluntá-riedade e consciência da confissão	Verifi-cação de Base Fática	Considera-ções Judi-ciais	Inadmissão de uso das trata-tivas do acordo.	Registro do acordo
Federal Rules	Fed. R. Crim. P. 11	11 (a) (1)	11 (a) (4) (b) (1)	11 (b) (2)	11 (b) (3)	11. c 3	11 (f)	11 g
ALABAMA	Ala. R. Crim. P. 11 (2016)	14.2 c mais detalhado do que federal – no nolo con-tendere	14.4	14.3 c and 14.4 d	14.4 b	14.3 f	14.3 d	14.4 c
ALASKA	Alaska R. Crim. P. 11.2 (2016)	11 c	11 c	11 d	não	11 e 3 11 f	Nenhuma regra	11 g
ARIZONA	Ariz. R. Crim. P. 17	17.1 a	17.2	17.1 b 17.3	17.3	17.4 c, d, e	17.4 f	17.1 d
ARKANSAS	Ark. R. Crim. P. 25. 26.	25.1	25.1, 25.2, 25.3	não	não	25.3	25.4	não
CALIFORNIA	West's Ann. Cal. Penal Code Pt. 2, T. 6, Ch. 4	parágrafo 1016	1016.3	não	não	não	Nenhuma regra	não
COLORADO	Colo. Rev. Stat. T.16, Art. 7; Colo. R. Crim. P. 11	11 a b	11 b	não	não	11f 5	11 f 6	
Connecticut	CONN. R. SUPER. CT. CR. § 37-1, 37-12, § 39-1, 39-10	37-7	não	não	não	39-7	Nenhuma regra	não

Estado	Procedimento de pré-processual	Tipos de confissão: Culpado, não culpado, nolo contendere	Assessoria de Réu	Voluntá-riedade e consciência da confissão	Verifi-cação de Base Fática	Considera-ções Judi-ciais	Inadmissão de uso das trata-tivas do acordo.	Registro do acordo
Delaware	DEL. R. SUPER. CT. CRIM. P. 11	11 a 1	11 c	11 d	11f	11 f	11 e 4	11 g
D.C.	D.C. R. CRIM. P. 11	11 (a) (1)	11 (a) (4) (b) (1)	11 (b) (2)	11 (b) (3)	11. c 3	11 e	11 f
Florida	FLA. R. CRIM. P. 3.170, 3.171, 3.172	3.170 a	3.172 c	3.172 c	3.172 a	3.170 f	3.172 i	3.172 f
Georgia	GA. R. UNIF. CT. 33; GA. CODE ANN. § 17-7-94	17 7 93 a	não	não	não	17 7 95	Nenhuma regra	17 7 97
Hawaii	HAW. R. PENAL P.11	11 (a) (1)	11 c	11 e	11 g	11 f 3	11 (f) 4	não
Idaho	IDAHO R. CRIM. P. 11	11 (a) (1)	11 e	11 c 1	11 d	11 d 11 f4	11 b	não
Illinois	725 ILL. COMP. STAT. ANN. 5/113-4; ILL. R. S.CT. 402	113-4 a	113-4 c		402 c	402d	402 f	402 e
Indiana	IND. R. CRIM. P. 10.	não	Nenhuma regra	Nenhuma regra	Nenhuma regra	Sim	Nenhuma regra	sim
Iowa	IOWA CODE ANN. 2.10	não	não	Nenhuma regra	Nenhuma regra	2.10 3 4	2.10 5	não
Kansas	KAN. STAT. ANN. 22-3210	22-309	Nenhuma regra	22-310 a 3	22-310 a 4	22-310 a 2	Nenhuma regra	22-310 b
Kentucky	KY. R. CRIM. P. 8.08, 8.09, 8.10	8.08		8.08	8.08	8.1	Nenhuma regra	Nenhuma regra

Estado	Procedimento de pré-processual	Tipos de confissão: Culpado, não culpado, nolo contendere	Assessoria de Réu	Voluntá-riedade e consciência da confissão	Verifi-cação de Base Fática	Considera-ções Judi-ciais	Inadmissão de uso das trata-tivas do acordo.	Registro do acordo
Louisiana	LA. CODE. CRIM. PROC. ANN. 556 – 561	556	556 B	556 A 556.1 B	556.1 C	556.1	559 C	556 C
Maine	ME. REV. STAT. ANN. CRIM. P. 11, 11A, 11B	11 a 1	11 c	11 c d	11 e	11 A d	11 A g	não
Maryland	MD. R. CRIM. P. 4-242, 4-243, 4-244	4-242 a		4-242 c	4-242 c		4-243 c	4-243 d
Massachusetts	MASS. R. CRIM. P. 12	12 a 1	12 c		12 a 2	12 c 5 12 d 5	12 f	12 a 1
Michigan	MICH. COMP. LAWS ANN. 768.35, 768.36, 767.37, (West 2016)	768.35	não	767.35	não	não	Nenhuma regra	Nenhuma regra
Minnesota	49 MINN. STAT. ANN. R. CRIM. P. 15.04 – 15.09	15.04	App.A	App. A	15.04 subd 3	15.04 subd 3	15.06	15.09
Mississippi	MISS. R. UNIF. CIR. & CTY CT. 8.03 – 8.04	8.04 A 1	8.04 4	8.04 3		não	Nenhuma regra	Nenhuma regra
Missouri	MO. R. CRIM. P. 24.02, 24.03, 24.035, 24.036	24.02	24.02 b	24.02 c	24.02 e	24.02 d D 2, 3, 4, e	24.02 d 5	24.03

Estado	Procedimento de pré-processual	Tipos de confissão: Culpado, não culpado, nolo contendere	Assessoria de Réu	Voluntá-riedade e consciência da confissão	Verifi-cação de Base Fática	Considera-ções Judi-ciais	Inadmissão de uso das trata-tivas do acordo.	Registro do acordo
Montana	MONT. CODE. ANN. 46-12-204 – 46-12-213 (West 2016)	46-12-204 (1)	46-12-210	Nenhuma regra, mas 46-12-210 1	46-12-212	46-12-212	Nenhuma regra	46-12-205
Nebraska	NEB. REV. STAT. ANN. § 29-1817 – § 29-1821 (West 2016)	28-1819	29-1819.02	29-1819.01	não	não	Nenhuma regra	29-1820
Nevada	NEV. REV. STAT. T. 14, Ch. 174, (West 2016).	174.035 1	174.063	174.063	não	não	Nenhuma regra	Nenhuma regra
New Hamp-shire	N.H. R. CRIM. P. 10. 11.	11 a 1	11 a 3 11 b 11 c	11 a 3 C, 11 b 2 C	11 a 3 A 11 b 2 A	11 a 3, 11 b 2	Nenhuma regra	Nenhuma regra
New Jersey	N.J. R. CRIM. P. 3;9-2	3;9-2	Nenhuma regra	3;9-2	não se pena de morte 3;9-2	não	Nenhuma regra	Nenhuma regra
New Mexico	N.M. R. DIST. CT. R. CRIM. P. 5-304	5-304 A 1	Nenhuma regra	Nenhuma regra	5-304 g	5-304 c, d, g	5-304 f	Nenhuma regra
New York	N.Y. CRIM. P. § 220.10 – § 220.60	§ 220.10	Nenhuma regra	§ 220.50	§ 220.15	alguns	Nenhuma regra	Nenhuma regra
North Carolina	N.C. GEN. STAT. ANN. § Ch. 15A, Subch. X, Art. 57, Refs & Annos	N.C.G.S.A. § 15A-1011, NC ST § 15A-1011	Nenhuma regra	Nenhuma regra	Nenhuma regra	Nenhuma regra	Nenhuma regra	Nenhuma regra

Estado	Procedimento de pré-processual	Tipos de confissão: Culpado, não culpado, nolo contendere	Assessoria de Réu	Voluntá-riedade e consciência da confissão	Verifi-cação de Base Fática	Considera-ções Judi-ciais	Inadmissão de uso das trata-tivas do acordo.	Registro do acordo
North Dakota	N.D. R. CRIM. P. 11	11 (a) (1)	11 (b) (1)	11 (b) (2)	11 (b) (3)	11. c 3	11 e	11 f
Ohio	OHIO R. CRIM. P. 11; OHIO REV. CODE ANN. § 2943.03	11 (a) b	Nenhuma regra	11 C 2 a	Nenhuma regra	11 g	11 g	Nenhuma regra
Oklahoma	OKLA. STAT. ANN. TIT. 22 § 513 – § 523 (2016)	513	Nenhuma regra	Nenhuma regra	Nenhuma regra	517	Nenhuma regra	Nenhuma regra
Oregon	OR. REV. STAT. § 135.40 (West 2017)	135.335	135.385	135.39	135.395	135.142	135.435	Nenhuma regra
Pennsylvania	PA. STAT. R. CRIM. P. 590, 591.	590 A 1	590 B 2	590 B 2	Nenhuma regra	Nenhuma regra	Nenhuma regra	590 B 1
Rhode Island	R.I. GEN. LAWS ANN. § 12-12-22, § 12-17-2 (West 2016)	não	Nenhuma regra	Nenhuma regra	Nenhuma regra	Nenhuma regra	Nenhuma regra	Nenhuma regra
South Carolina	S.C. CODE ANN. § 17-23-10 and more	Nenhuma regra	Nenhuma regra	Nenhuma regra	Nenhuma regra	Nenhuma regra	Nenhuma regra	Nenhuma regra
South Dakota	S.D. CODIFIED LAWS § 23A-7-1 – § 23A-7-16	23A 7-2	23A 7-4	23A 7-5	23A 7-14	23A 7-14	23A 7-13	23A7-15
Tennessee	TENN. R. CR. P. 11	11 (a) (1)	11 (b) (1)	11 (b) (2)	11 (b) (3)	11. c 3	11 (f)	11 e

Estado	Procedimento de pré-processual	Tipos de confissão: Culpado, não culpado, nolo contendere	Assessoria de Réu	Voluntáriedade e consciência da confissão	Verificação de Base Fática	Considerações Judiciais	Inadmissão de uso das tratativas do acordo.	Registro do acordo
Texas	TEX. C.C.P. CODE ANN. Art. 27.13 – 27.19 (West 2015)	27.13	26.13	26.13 b	Nenhuma regra	Nenhuma regra	Nenhuma regra	27.18 c
Utah	UTAH CODE ANN. T. 77, Ch. 13, § 77-13-2 – 77-13-6	77-13-1	11 e	11 e 2	11 e 4 B	11 e 4 B	Nenhuma regra	77-13-2
Vermont	VT. R. CRIM. P. 11	11 (a) (1)	11d	11 (b) (2)	11 (b) (3)	11 f	11 e 5	11 g
Virginia	VA. CODE ANN. TIT. 19.2, Ch. 15, Art. 3, § 19.2-254	19.2-254	Nenhuma regra	Nenhuma regra	Nenhuma regra	Nenhuma regra	Nenhuma regra	Nenhuma regra
Washington	WA. CRRLJ 4.2; WA. REV. CODE ANN. 10.40.170 – 10.40.200	10.40.180 e 10.40.180 4.2 (a)	4.2 (g)	4.2 (c)	4.2 (g)	4.2 (g).	Inadmissibilidade. Discussão do acordo	Relatórios
West Virginia	W. VA. R. CRIM. P. 11	11 a 1	11 d	11 f	11 e	Nenhuma regra	não 11 e 1	não
Wisconsin	WIS. STAT. ANN. 971.06 – 971.095	7971.06	971.08	971.08 a	Nenhuma regra	Nenhuma regra	971.08 3	971.09 5
Wyoming	WYO. R. CRIM. P. 11	11 (a) (1)	11 (a) (4) (b) (1)	11 (d)	11 f	11. c 3	11 (e) 6	11 g

APÊNDICE II

Pesquisa de guiada – Plea Bargaining no Brasil

Público-alvo: Profissionais de Direito atuantes no Processo Penal

Esta pesquisa tem como objetivo avaliar o nível de conhecimento e aceitação do modelo de barganha proposto pelo Projeto do Novo Código de Processo Penal, em tramitação no Congresso Nacional. O alvo da pesquisa são juízes federais, juízes estaduais, promotores federais, promotores estaduais, defensores públicos e privados.

A transcrição abaixo é o texto atual dos artigos n. 283 e 284 do PL 8045 (Projeto do Novo CPP), no qual são estabelecidas as diretrizes do *plea bargaining* no Brasil.

Art. 283. Até o início da instrução e da audiência a que se refere o art. 276, cumpridas as disposições do rito ordinário, o Ministério Público e o acusado, por seu defensor, poderão requerer a aplicação imediata de pena nos crimes cuja sanção máxima cominada não ultrapasse 8 (oito) anos.

§ 1º São requisitos do acordo de que trata o caput deste artigo:

I – a confissão, total ou parcial, em relação aos fatos imputados na peça acusatória;

II – o requerimento de que a pena privativa de liberdade seja aplicada no mínimo previsto na cominação legal, independentemente da eventual incidência de circunstâncias agravantes ou causas de aumento da pena, e sem prejuízo do disposto nos §§ 2º e 3º deste artigo;

III – a expressa manifestação das partes no sentido de dispensar a produção das provas por elas indicadas.

§ 2º Aplicar-se-á, quando couber, a substituição da pena privativa de liberdade, nos termos do disposto no art. 44 do Código Penal, bem como a suspensão condicional prevista no art. 77 do mesmo Código.

§ 3º Mediante requerimento das partes, a pena aplicada conforme o procedimento sumário poderá ser, ainda, diminuída em até 113 (um terço) do mínimo previsto na cominação legal, se as condições pessoais do agente e a menor gravidade das consequências do crime o indicarem.

§ 4º Não se aplica o disposto no § 3º deste artigo se incidir no caso concreto, ressalvada a hipótese de crime tentado, outra causa de diminuição da pena, que será expressamente indicada no acordo.

§ 5º Se houver cominação cumulativa de pena de multa, esta também será aplicada no mínimo legal, devendo o valor constar do acordo.

§ 6º O acusado ficará isento das despesas e custas processuais.

§ 7º Na homologação do acordo e para fins de aplicação da pena na forma do procedimento sumário, o juiz observará o cumprimento formal dos requisitos previstos neste artigo.

§ 8º Para todos os efeitos, a homologação do acordo é considerada sentença condenatória.

§ 9º Se, por qualquer motivo, o acordo não for homologado, será ele desentranhado dos autos, ficando as partes proibidas de fazer quaisquer referências aos termos e condições então pactuados, tampouco o juiz em qualquer ato decisório.

Art. 284. Não havendo acordo entre acusação e defesa, o processo prosseguirá na forma do rito ordinário.

01. Profissão (occupation)

303 responses

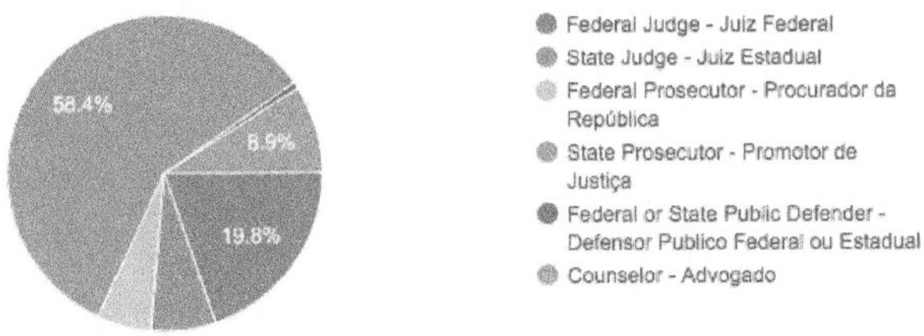

02. Você considera que a justiça criminal no Brasil enfrenta forte crise? Do you agree that criminal justice system i...razil faces a serious period of crisis?

303 responses

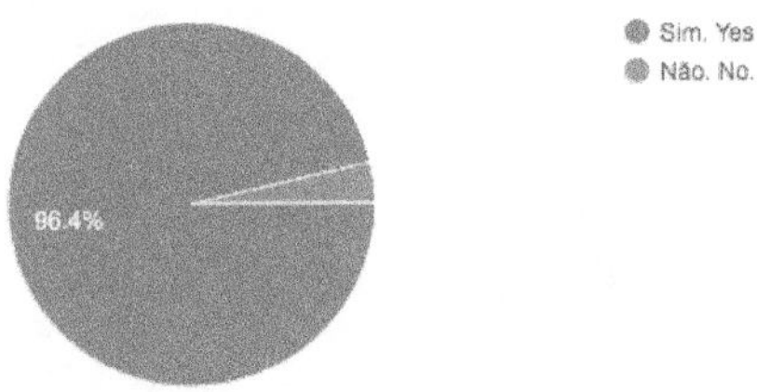

03. Se você respondeu "Sim" na questão anterior, assinale até dois fatores que justificariam sua resposta. If you a...actors that could justify your answer.

303 responses

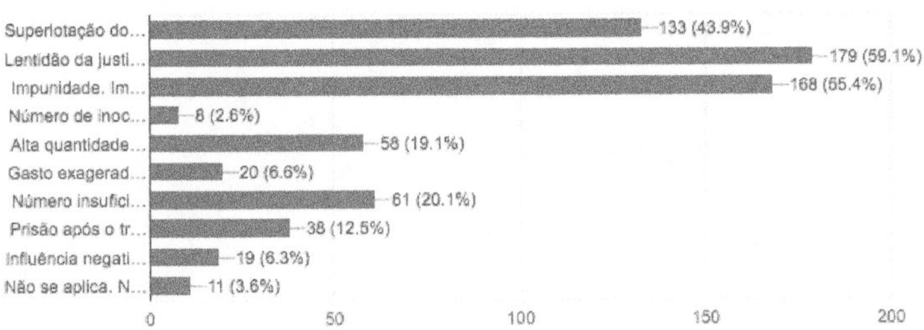

04. Você considera que as disposições sobre a transação penal e suspensão condicional do processo, prev...atible with the Brazil's Constitution?

303 responses

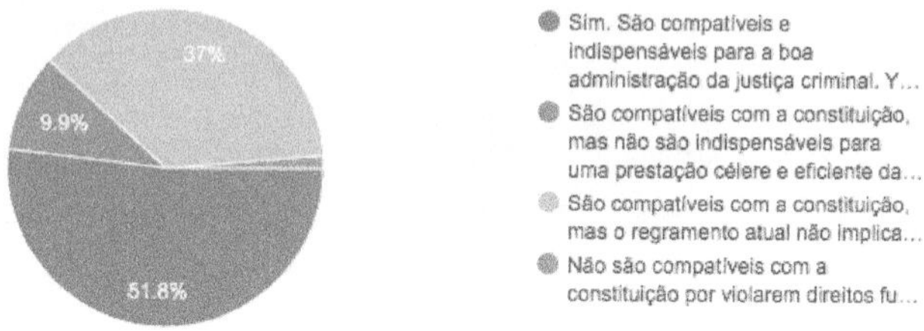

05. Você acredita que a justiça penal pode ser célere e eficiente ao mesmo tempo? Do you believe criminal justice ...e fast and efficient at the same time?

302 responses

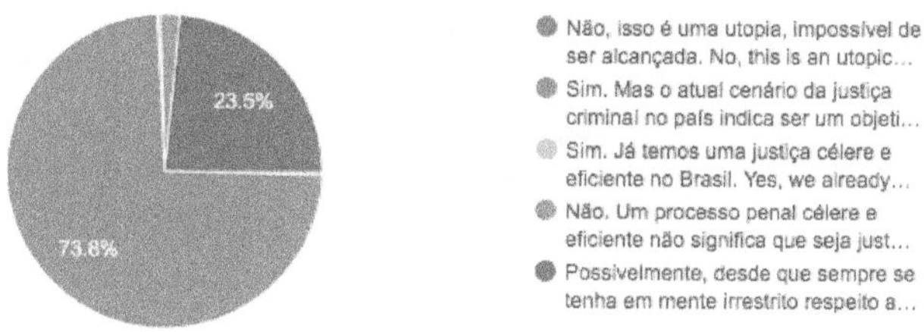

06. Você conhece ou conhecia o conteúdo do Projeto de Novo CPP acerca da introdução da barganha no processo p...aining in Brazilian Criminal Trials?)

303 responses

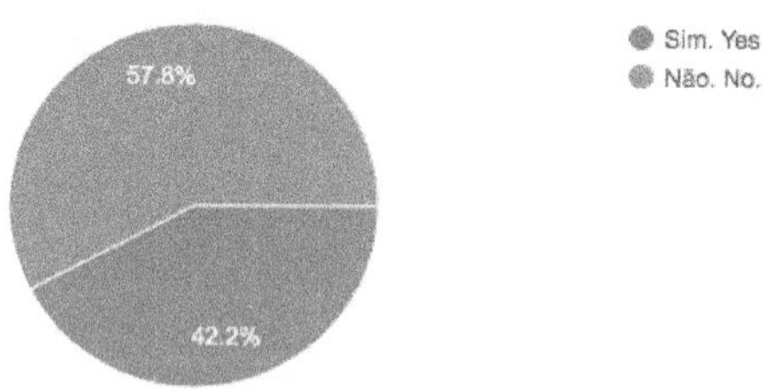

07. Você entende que a barganha no processo penal brasileiro é compatível com o ordenamento jurídico brasileiro? ...tible with the Brazilian legal system?

303 responses

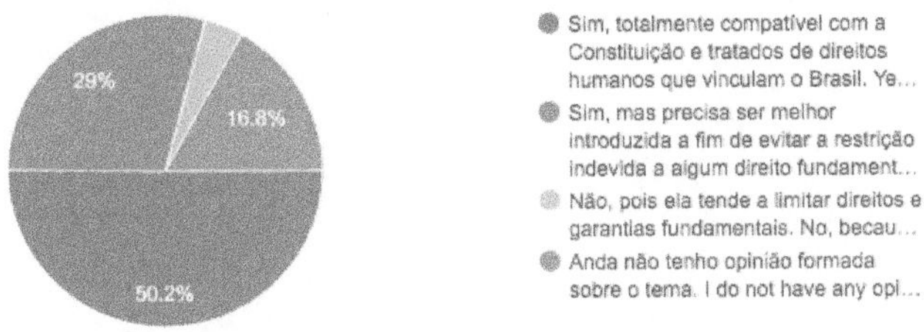

08. Considere que a barganha foi introduzida no CPP e não há nenhum questionamento sobre a constitucionalid...he length of criminal trials in Brazil?

303 responses

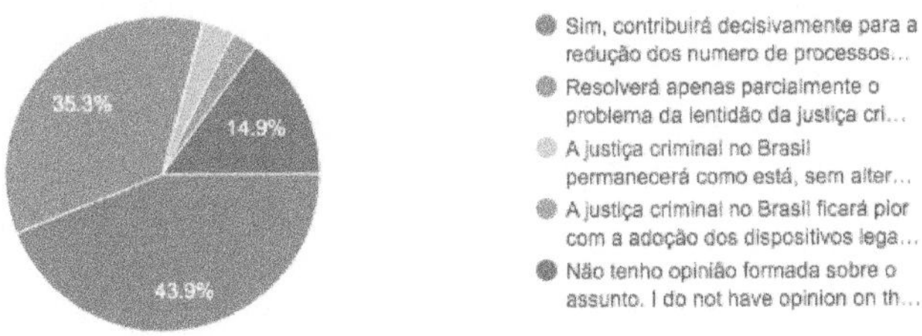

BIBLIOGRAFIA

LIVROS

ADAIR, David N., The Bail Reform Act of 1984 (2006).

ADELEYE, Gabriel & Kofi Acquah-Dadzie, World Dictionary of Foreign Expressions: A Resource for Readers and Writers (1999).

BARROSO, Luís Roberto, Curso de Direito Constitucional Contemporâneo – Os Conceitos Fundamentais e a Construção de Um Novo Modelo (2d ed. 2010).

BARROSO, Luís Roberto, O Controle de Constitutionalidade no Direito Brasileiro (7th ed. 2016).

BENTHAM, Jeremy, Theory of Legislation (R. Hildreth trans., 1864).

BITENCOURT, Cezar Roberto, 1 Tratado de Direito Penal – Parte Geral (17th ed. 2014).

BITENCOURT, Cezar Roberto & Paulo Cézar Busato, Comentários à Lei de Organizações Criminosas (2014).

BRASILEIRO, Renato, Manual de Competência Criminal (2d ed. 2014).

CAMMACK, Mark E. & Normal M. Garland, Advanced Criminal Procedure – In a Nutshell (2d ed. 2006).

CANÇADO TRINDADE, Antônio Augusto, 3 Tratado de Direito Internacional dos Direitos Humanos (2003).

CASARA, Rubens R. R., Mitologia Processual Penal (2015).

COMPARATO, Fábio Konder, A Afirmação Histórica dos Direitos Humanos (2d ed. 2001).

DA CUNHA JÚNIOR, Dirley, Curso de Direito Constitucional (4th ed. 2010).

DAVIS, Angela J., Arbitrary Justice: The Power of the American Prosecutor (2007).

FAZZALARI, Elio., Instituições de Direito Processual Tradução De Elaine Nassif. (2006).

FEELEY, Malcolm M., The Process is the Punishment: Handling Cases in a Lower Criminal Court (1992).

FISHER, George, Plea Bargaining's Triumph (2003).

FRAGOSO, Christiano Falk, Autoritarismo e Sistema Penal (2015).

FUCK, Luciano Felicio, Supremo Tribunal Federal e a Concretização dos Direitos Fundamentais no Sistema Tributário Brasileiro (2014).

GIACOMOLLI, Nereu José, Legalidade, Oportunidade e Consenso no Processo Penal: Na Perspectiva das Garantias Constitucionais: Alemanha, Espanha, Itália, Portugal, Brasil (2006).

GRECO, Rogério, Direito Penal do Equilíbrio (4 ed. 2009).

HALL, Richard A. Spurgeon, The Ethical Foundations of Criminal Justice (1999).

HENNING, Peter J., et al., 1 Mastering Criminal Procedure: Volume 1, The Investigative Stage (2d ed. 2014).

HEUMANN, Milton, Plea Bargaining: The Experience of Prosecutor, Judges and Defense Attorneys (1981).

ISRAEL, Jerold H. & Wayne R. Lafave, Criminal Procedure – Constitutional Limitations (7th ed. 2006).

JATAHY, Carlos Roberto de Castro, Curso de Princípios Institucionais do Ministério Público (3 ed. 2008).

JUIZADOS ESPECIAIS CRIMINAIS: Comentários à Lei 9.099, de 26.09.1995 (Ada Pellegrini Grinover et al. eds., 2005).

LOPES JR., Aury, Direito Processual Penal (9ª ed. 2012).

———, Fundamentos do Processo Penal: Introducão Crítica [Criminal Procedure's Grounds: Critical Introduction] (3d ed. 2017).

———, Introdução Crítica ao Processo Penal – Fundamentos da Instrumentalidade Garantista (4ª ed. 2006).

LUHMANN, Niklas, Law as a Social System (Klaus A. Ziegert trans., 2004).

LYNCH, Mona, Hard Bargains – The Coercive Power of Drug Laws in Federal Courts, (2016).

MALHEIRO, Emerson, Curso de Direitos Humanos (3ª ed. 2016).

MATHER, Lynn M., Plea Bargaining or Trial? (1979).

MATINELLI, João Paulo Orsini & Leonardo Schimitt de Bem, Lições Fundamentais de Direito Penal: Parte Geral (2016).

MAZZUOLI, Valério de Oliveira, Curso de Direitos Humanos (4ª ed. 2017).

MCDONALD, William F., Plea Bargaining: Critical Issues and Common Practices (1985).

MULGAN, Tim, O Utilitarismo (Tradução de Fábio Creder, 2012).

NUCCI, Guilherme de Souza, Manual de Processo Penal e de Execução Penal (13ª ed. 2016).

———, Princípios Constitutionais Penais e Processuais Penais (2010).

O Novo CPP: Propostas para uma Efetiva Reforna no Código de Processo Penal (Gustavo Peçanha Velloso et al. eds., 1ª ed. 2016).

OLIVEIRA, Fabaiano Melo Gonçalves de, Direitos Humanos (2016).

OLIVEIRA, Rafael Serra, Consenso no Processo Penal: Uma Alternativa para a Crise do Sistema Criminal (2015).

PACELLI, Eugenio, Curso de Processo Penal (20ª ed. 2016).

PINTO, Felipe Martins, Introdução Crítica ao Processo Penal (2012).

RAMOS, André de Carvalho, Curso De Direitos Humanos (2004).

RUGGERI, Stefano, Audi Alteram Partem in Criminal Proceedings: Towards a Participatory Understanding of Criminal Justice in Europe and Latin America (2017).

SARMENTO, Daniel, et al., Igualdade, Diferenças e Direitos Humanos (2010).

SCARANCE, Antônio Fernandez, Processo Penal Constitucional (6ª ed. 2010).

SCHECK, Barry, Peter Neufeld & Jim Dwyer, Actual Innocence: When Justice Goes Wrong and How Make It Right (2003).

SILVA JÚNIOR, Walter Nunes da, Curso de Direito Processual Penal: Teoria (Constitucional) do Processo Penal (3ª ed. 2015).

SIPES, Dale A. & Mary Elsner Oram, On Trial: The Length of Civil and Criminal Trials (1988).

STEPHEN, Leslie, 1 The English Utilitarians (Jeremy Bentham) (1900).

TURNER, Jenia, Plea Bargaining Across Borders (2009).

VASCONCELLOS, Vinícius Gomes de, Barganha e Justiça Criminal Negocial: Análise das Tendências de Expansão dos Espaços de Consenso no Processo Penal Brasileiro (2015).

VENTURA Leite, Rosimeire, Justiça Consensual e Efetividade do Processo Penal (2013).

VOGEL, Mary E., Coercion to Compromise – Plea Bargaining, Courts and the Making of Political Authority (2007).

CAPÍTULOS DE LIVROS

BARROSO, Luís Roberto, *Constitutional Law*, *in* Introduction to Brazilian Law (Fabiano Deffenti & Welber Barral eds., 2d ed. 2011).

FREITAS, Jéssica Oníria Soares, *in* Processo & Efetividade, 7 (2012).

Giuliani, Emília Merlini, *Mecanismos de Consenso no Processo Penal Brasileiro e o Projeto de Código de Processo Penal*, Direito Penal, Processo Penal e Constituição 423–445 (1ª ed. 2015).

LOPES JR., Aury, *Justiça Negociada: Utilitarismo Processual e Eficiência Antigarantista*, Diálogos sobre a Justiça Dialogal: Teses e Antíteses sobre os Processos de Informalização e Privatização da Justiça Penal 99–127 (2002).

MAYERSON, Harold, *Copping Out: The Plea Bargain*, *in* A Pretrial Detainees Manual 49 (1977), *reprinted in* 9 Colum. Hum. Rts. L. Rev., n°. 1 (1977).

PITOMBO, Antonio Sergio Altieri de Moraes, *Criminal Law and Procedure*, in Introduction to Brazilian Law (Fabiano Deffenti & Welber Barral eds., 2011).

RAMIRO, Fábio Moreira, *O Procedimento Comum*, *in* O Projeto do Novo Código de Processo Penal 339 (Leonardo Barreto Moreira Alves & Fábio Araújo Roque eds., 2012).

RELATÓRIOS

AMERICAN BAR ASSOC., Perceptions of the U.S. Justice System 32 (1999), https://www.americanbar.org/content/dam/aba/publishing/abanews/1269460858_20_1_1_7_upload_file.authcheckdam.pdf.

CNJ, Diagnostico de Pessoas Presas no Brasil, 1 (2014), http://www.cnj.jus.br/images/imprensa/diagnostico_de_pessoas_presas_correcao.pdf.

———, Justica em Numeros 2016, 70 (2016), http://www.cnj.jus.br/files/conteudo/arquivo/2016/10/b8f46be3dbbff344931a933579915488.pdf.

DEPEN, Levantamento Nacional de Informações Penintenciárias, (2014), https://www.justica.gov.br/noticias/mj-divulgara-novo-relatorio-do-infopen-nesta-terca-feira/relatorio-depen-versao-web.pdf.

———, LEVANTAMENTO NACIONAL DE INFORMAÇÕES PENITENCIÁRIAS ATUALIZAÇÃO – JUNHO DE 2016, (2017), http://www.justica.gov.br/noticias/ha-726-712-pessoas-presas-no-brasil/relatorio_2016_junho.pdf.

FAIR TRIALS, The Disappearing Trial: Towards a Rights-Based Approach to Trial Waiver Systems (2016), https://www.fairtrials.org/wp-content/uploads/2017/04/Report-The-Disappearing-Trial.pdf.

———, Defending the Human Right to a Fair Trial: What is Plea Bargaining? A Simple Guide (Oct. 16, 2017 4:02 PM), https://www.fairtrials.org/what-is-plea-bargaining-a-simple-guide/.

Instituto Brasileiro de Geografia e Estatistica, Sinopse do Censo Demográfico: 2010 / Ibge., 11 (2011), http://biblioteca.ibge.gov.br/visualizacao/livros/liv49230.pdf.

Pricewaterhouse Coopers, The Long View: How Will the Global Economic Order Change by 2050? (2017), http://www.pwc.com/gx/en/world-2050/assets/pwc-the-world-in-2050-full-report-feb-2017.pdf.

U.S. District Courts – Criminal Defendants Disposed of, by Type of Disposition and Offense, During the 12-Month Period Ending June 30, 2017 (2017), http://www.uscourts.gov/sites/default/files/data_tables/stfj_d4_630.2017.pdf.

ARTIGOS

Alexy, Robert, *Colisão de Direitos Fundamentais e Realização e Direitos Fundamentais e Estado De Direito Democrático*, 217 Rev. Dir. Adm. 67 (1999) (Braz.).

Alkon, Cynthia, *Hard Bargaining in Plea Bargaining: When Do Prosecutors Cross the Line?*, 17 Nev. L.J. 401 (2017).

———, *Plea Bargain Negotiations: Defining Competence Beyond Lafler & Frye*, 53 Am. Crim. Rev. 377 (2016).

———, *The U.S. Supreme Court's Failure to Fix Plea Bargaining: The Impact of Lafler and Frye*, 41 Hastings Const. L.Q. 561 (2014).

———, *Plea Bargaining as a Legal Transplant: A Good Idea for Troubled Criminal Justice Systems?*, 19 Transnat'l Contemp. Probs. 355 (2010).

Alschuler, Albert W., *The Changing Plea Bargaining Debate*, 69 Cal. Rev. 652 (1981).

———, *Plea Bargaining and its History*, 79 Colum. L. Rev. 1 (1979).

———, *The Trial Judge's Role in Plea Bargaining, Part I*, 76 Colum. L. Rev. 1059 (1976).

———, *The Defense Attorney's Role in Plea Bargaining*, 84 Yale L.J. 1179 (1975).

———, *The Prosecutor's Role in Plea Bargaining*, 36 U. Chi. L. Rev. 50 (1968).

———, *The Right to Defense Discovery in Plea Bargaining Fifty Years After Brady V. Maryland*, 38 N.Y.U. Rev. L. & Soc. Change 407 (2014).

Benyamin, Barr, *Get Your Hands Off My DPA! The Proper Scope of the Judicial Supervisory Power in Deferred Prosecution Agreements*, 54 Am. Crim. Rev. 571 (2017).

Bianchi, A., *Human Rights and the Magic of Jus Cogens*, 19 Euro. J. Int'l L. 491 (2008).

Bibas, Stephanos, *Designing Plea Bargaining from the Ground Up: Accuracy and Fairness Without Trials as Backstops*, 57 Wm. & Mary L. Rev. 1055 (2016).

———, *Harmonizing Substantive-Criminal-Law Values and Criminal Procedure: The Case of Alford and Nolo Contendere Pleas*, 88 Cornell L. Rev. 1361 (2002).

———, *Plea Bargaining Outside the Shadow of Trial*, 117 Harv. L. Rev. 2463 (2004).

Buskey, Brandon, *When Public Defenders Strike: Exploring How Public Defenders Can Utilize the Lessons of Public Choice Theory To Become Effective Political Actors*, 1 Harv. L & Pol'y Rev. 533 (2007.

Byrne, Mari, *Baseless Pleas: A Mockery of Justice*, 78 Fordham L. Rev. 2961 (2010).

CONANT, Michael, *Federal Common-Law Crimes and Non-Statutory Crimes against the Law of Nations*, 24 ANGLO-AM. REV. 456 (1995).

COVEY, Russell D., *Plea Bargaining and Price Theory*, 84 GEO. WASH. L. REV. 920 (2016).

———, *Police Misconduct as Cause of Wrongful Convictions*, 90 WASH. U. L. REV. 1133 (2013).

CRESPO, Andrew Manuel, *The Hidden Law of Plea Bargaining*, 118 COLUM. L. REV. 1 (2018).

DA CRUZ, Flavio Antônio, *Plea Bargaining e Delação Premiada: Algumas Perplexidades*, 1 REV. JUR. E.S.A. OAB-PR 145 (2016) (Braz.).

DE RESENDE, João Paulo &Mônica Viegas Andrade, *Crime Social, Castigo Social: Desigualdade de Renda e Taxas de Criminalidade nos Grandes Municípios Brasileiros*, 41 ESTUDOS ECONÔMICOS 173 (2011) (Braz.).

DEAN, James M., *The Illegitimacy of Plea Bargaining*, 38 FED. PROBATION, no. 3, 1974, at 18.

DERVAN, Lucian E. & Vanessa A. Edkins, *The Innocent Defendant's Dilemma: An Innovative Empirical Study of Plea Bargaining's Innocence Problem*, 103 J. CRIM. L. & CRIMINOLOGY 1 (2013).

DRIPPS, Donald A., *Guilt, Innocence, and Due Process in Plea-Bargaining*, 57 WM. & MARY L. REV. 1343.

FISHER, Talia, *The Boundaries of Plea Bargaining: Negotiating the Standard of Proof*, 97 J. CRIM. L. & CRIMINOLOGY 943 (2007).

FOSCHIO, Leslie G., *A History of the Development of the Office of United States Commissioner and Magistrate Judge System*, 1 FED. CTS. REV. 607, 613 (2006).

FRIEDMAN, Lawrence M., *Plea Bargaining in Historical Perspective*, 13 L. & SOC'Y REV. 247 (1979).

GALLOWAY JR., Russell W., *Basic Substantive Due Process Analysis*, 26 U.S.F. L. REV. 625 (1991).

GARCIA, Nicolás Rodriguez, *A Justiça Penal e as Formas de Transação no Direito Norte-Americano: Repercussões*, 4 REV. BRAS. C. CRIM. 79 (1996) (Braz.).

GILCHRIST, Gregory M., *Plea Bargains, Convictions and Legitimacy*, 48 AM. CRIM. L. REV. 143 (2011).

GRAHAM, Kyle, *Overcharging*, 11 OHIO ST. J. CRIM. L. 701 (2014).

GREEN, Bruce A., *Why Should Prosecutors "Seek Justice"?*, 26 FORDHAM URB. L.J. 607 (1999).

HARVEY, Kathleen A., et al., *Disaster on the Horizon: It's Post-'Conviction' Time; Do You Know Where Your Alien Client Is?*, 73 J. KAN. B. ASS'N, Feb. 2004, at 16.

HESSICK, F. Andrew & Reshma Saujani, *Plea Bargaining and Convicting the Innocent: The Role of the Prosecutor, the Defense Counsel, and the Judge*, 16 BYU J. PUB. L. 189 (2002).

HEUMANN, Milton, *A Note on Plea Bargaining and Case Pressure*, 9 L. & SOC'Y REV. 515 (1975).

———, *Back to the Future: The Centrality of Plea Bargaining in the Criminal Justice System*, 18 CAN. J.L. & SOC'Y 133 (2003).

HOWELL, K. Babe, *Prosecutorial Discretion and the Duty to Seek Justice in an Overburdened Criminal Justice System*, 27 GEO. J. LEGAL ETHICS 285 (2014).

JOHNSON, Robert, *Reflections on the Death Penalty: Human Rights, Human Dignity, and Dehumanization in the Death House*, 13 SEATTLE J. SOC. JUST. 583 (2014).

JOY, Peter A. & Rodney J. Uphoff, *Systemic Barriers to Effective Assistance of Counsel in Plea Bargaining*, 99 IOWA L. REV. 2103 (2013).

KAHMANN, Andrea Cristiane, *O Ministério Público e seu Posicionamento em frente aos Poderes do Estado: Uma Análise sob a Ótica do Direito Constitucional Comparado*, 12 REV. FUND. ESC. SUPER. MINIST. PÚBLICO DIST. FED. TERRIT. 11 (2004) (Braz.).

KING, Nancy J. & Ronald F. Wright, *The Invisible Revolution in Plea Bargaining: Managerial Judging and Judicial Participation in Negotiations*, 95 TEX. L. REV. 325 (2016).

LANGBEIN, John H., *On the Myth of Written Constitutions: The Disappearance of Criminal Jury Trial*, 15 HARV. J.L. & PUB. POL'Y 119 (1992).

———, *Torture and Plea Bargaining*, 46 U. CHI. L. REV. 3 (1978).

———, *Understanding the Short History of Plea Bargaining*, 13 L. & SOC'Y REV. 261 (1978).

———, *Rethinking Plea Bargaining: The Practice and Reform of Prosecutorial Adjudication in American Criminal Procedure*, 33 AM. J. CRIM. L. 223 (2006).

MARQUES JR., Karlo, *A Renda, Desigualdade e Criminalidade no Brasil: Uma Análise Empírica*, 45 REV. ECON. DO NE 34 (2016) (Braz.).

MATTHEIS, Clemens, *The System Theory of Niklas Luhmann and the Constitutionalization of the World Society*, 4 GOETTINGEN J. INT'L L. 625 (2002).

MCCONVILLE, Michael & Chester Mirsky, *Lawyering for the Poor in New York City's Criminal Courts*, 12 HOLDSWORTH L. REV. 22 (1987).

MNOOKIN, Jennifer L., *Uncertain Bargains: The Raise of Plea-Bargaining in America*, 57 STAN. L. REV. 1722 (2005).

MOORE, Michael S., *Justifying Retributivism*, 27 ISR. L. REV. 15 (1993).

MOURA, Milen Castro Medeiros de & Márcio Soares Berclaz, *Para Onde Caminha o Ministério Público?*, MIGALHAS 1 (2008) (Braz.).

NATIONAL PRETRIAL INTERVENTION SERVICE CENTER, *Legal Issues and Characteristics of Pretrial Intervention Programs*, 4 CAP. U. L. REV. 37 (1974).

NEGRI, Stefania, *The Principle of Equality of Arms and the Evolving Law of International Criminal Procedure*, 5 INT'L CRIM. L. REV. 513 (2005).

NIJBOER, Johannes F., *The American Adversarial System in Criminal Cases: Between Ideology and Reality*, 5 CARDOZO J. INT'L & COMP. L. 79 (1997).

NOTE, *Pretrial Diversion from the Criminal Process*, 83 YALE L.J. 827 (1974).

O'BRIEN, Kevin J., *Plea Bargaining and the Supreme Court: The Limits of Due Process and Substantive Justice*, 9 HASTINGS CONST. L.Q. 109 (1981).

PFAFF, John F., *The Micro and Macro Causes of Prison Growth*, 28 GA. ST. U. L. REV. 1239 (2012).

RAMSEY, Carolyn B., *The Discretionary Power of "Public" Prosecutors in Historical Perspective*, 39 AM. CRIM. L. REV. 1309 (2002).

REGILIO, Carlos Eduardo, *Princípio da Presunção de Inocência e Prisão Cautelar: HC 84078-7/MG do STF*, 23 REV. TRF1 39 (2011) (Braz.).

RIGG, Robert R., *The T-Rex Without Teeth: Evolving Strickland v. Washington and the Test for Ineffective Assistance of Counsel*, 35 PEPP. L. REV. 77 (2007).

ROBERTS, Jenny & Ronald F. Wright, *Training for Bargaining*, 57 WM. & MARY L. REV. 1445 (2016).

SANBORN JR., Joseph B., *A Historical Sketch of Plea Bargaining*, 3 JUST. Q. 111 (1986).

SCHNEIDER, Andrea, *Cooperating or Caving In: Are Defense Attorneys Shrewd or Exploited in Plea Bargaining Negotiations?*, 91 MARQUETTE L. REV. 145 (2007).

———, *Shattering Negotiation Myths: Empirical Evidence on The Effectiveness of Negotiation Style*, 7 HARV. NEGOTIATION L. REV. 143 (2002).

SCHULHOFER, Stephen J., *Is Plea Bargaining Inevitable?*, 97 HARV. L. REV. 1037 (1984).

SIEHNDEL, Ray D., *Criminal Law: The Right of Self-Representation*, 12 WASHBURN L.J. 257 (1972).

SLOBOGIN, Christopher, *Plea-Bargaining and the Substantive and Procedural Goals of Criminal Justice: From Retribution and Adversarialism to Preventive Justice and Hybrid-Inquisitorialism*, 57 WM. & MARY L. REV. 1505 (2016).

STRUTIN, Ken, *Truth, Justice, and the American Style Plea Bargain*, 77 ALB. L. REV. 825 (2014).

SUTHERLAND, Edwin H., *White-Collar Criminality*, 5 AM. SOC. REV. 1 (1940).

SUXBERGER, Antonio Henrique Graciano & Dermeval Farias Gomes Filho, *Funcionalização e Expansão do Direito Penal: O Direito Penal Negocial* [*Functionalization and Expansion of the Criminal Law: The Negotiated Criminal Law*], 13 REV. DIR. INT'L 376 (2016) (Braz.).

TANNER, Lauri R., *Interview with Judge Antonio A. Cançado Trindade, Inter-American Court of Human Rights*, 31 HUM. RTS. Q. 985 (2009).

TASLITZ, Andrew E., *Prosecutorial Preconditions to Plea Negotiations-Voluntary Waivers of Constitutional Rights*, 23 CRIM. JUST., no. 3, 2008, at 14.

TRINDADE M. Costa, Arthur, *A (In)efetividade da Justiça Criminal Brasileira: Uma Análise do Fluxo de Justiça dos Homicídios no Distrito Federal*, 15 CIV. REV. CIENC. SOC. 11 (2015) (Braz.).

ULGUIM, Jivago Pizarro Schulte, et al., *O PL 8045/2010 e o Acordo em Matéria Processual Penal: Da Matricial Onto-Antropológica de Faria Costa à detração penal. Possibilidades e Reflexões*, 10 INTERFACES ACADÊMICA 110 (2015) (Braz.).

VANOVER, Joseph W., *Utilitarian Analysis of the Objectives of Criminal Plea Negotiation and Negotiation Strategy Choice*, 1998 J. DISP. RESOL. 183 (1998).

DE VASCONCELLOS, Vinicius Gomes & Mayara Cristina Navarro Lippel, *Críticas à Barganha no Processo Penal: Inconsistências do Modelo Proposto no Projeto de Código de Processo Penal (PLS 156/09)*, 9 REV. Q. IUR. 1737 (2016) (Braz.).

VOGEL, Mary E., *The Social Origins of Plea Bargaining: An Approach to the Empirical Study of Discretionary Leniency?*, 35 J. L. & SOC'Y 201 (2008).

———, *The Social Origins of Plea Bargaining: Conflict and the Law in the Process of State Formation, 1830-1860*, 33 L. & SOC'Y REV. 161 (1999).

WERTHEIMER, Alan, *Freedom, Morality, Plea Bargaining, and the Supreme Court*, 8 PHIL. & PUB. AFF. 203 (1979).

WESTERN, Bruce & Becky Pettit, *Incarceration & Social Inequality*, 139 DAEDALUS, Summer 2010, at 8.

Whitman, James Q., *Presumption of Innocence or Presumption of Mercy: Weighing Two Western Modes of Justice*, 94 Tex. L. Rev. 933 (2015).

Zacarias, Fred, *Justice in Plea Bargaining*, 39 Wm. & Mary L. Rev. 1121 (1997).

ARTIGOS E JORNAIS DIGITAIS, BLOGS

120 Usarios de Drogas Vão à Audiência Coletiva, Mato Grosso State (Apr. 15, 2015, 10:41 AM), http://www.tjmt.jus.br/noticias/38995#.W2pTEy2ZNmA (last visited Aug. 6, 2018).

Alessi, Gil, *Eduardo Azeredo, Tucano Mais Graduado já Condenado, se Entrega à Polícia*, El País (May 23, 1996, 9:29 PM), https://brasil.elpais.com/brasil/2018/05/23/politica/1527083752_882627.html.

Barbosa, Renato Kim, *A Impunidade e o Alcance do Princípio da Presunção de Inocência*, Rev. Consult. Jur. (Mar. 2, 2016, 6:58 AM), https://www.conjur.com.br/2016-mar-02/impunidade-alcance-principio-presuncao-inocencia.

Chagas, Helena, *Temer Estaria Furioso Com Raquel Dodge*, Os Divergentes (Dec. 28, 2017, 12:34 PM), https://osdivergentes.com.br/helena-chagas/planalto-furioso-com-as-flechadas-de-raquel-dodge/.

Fortin, Jacey, *Baltimore Police Officer Charged with Fabricating Evidence in Drug Case*, NY Times (Jan. 24, 2018), https://www.nytimes.com/2018/01/24/us/baltimore-officer-video-drugs.html.

Lopes Jr., Aury & Alexandre Morais da Rosa, *Novo Código de Processo Penal é Necessário, mas Não Qualquer Um*, Rev. Consult. Jur. (Jun. 24, 2016, 8:05 AM), https://www.conjur.com.br/2016-jun-24/limite-penal-codigo-processo-penal-necessario-nao-qualquer?imprimir=1.

Lopes Jr., Aury, *Fim da Presunção de Inocência pelo STF é Nosso 7 a 1 Jurídico*, Rev. Consult. Jur. (Mar. 4, 2016, 8:00 AM), https://www.conjur.com.br/2016-mar-04/limite-penal-fim-presuncao-inocencia-stf-nosso-juridico?imprimir=1.

Luchete, Felipe *Ministério Público Quer Padronizar Cursos de Formação e Concursos pelo País*, Rev. Consult. Jur. (Sept. 18, 2016, 7:52 AM), http://www.conjur.com.br/2016-set-18/ministerio-publico-padronizar-cursos-concursos-pais.

MPF Não Comenta Alto Índice De Denúncias Rejeitadas, Rev. Consult. Jur. (Apr. 3, 2006, 10:18 PM), https://www.conjur.com.br/2006-abr-03/pgr_nao_comenta_alto_indice_denuncias_rejeitadas.

MPMG Firma Primeiro Acordo de Não-Persecução Penal no Estado, Ministério Público de Minas Gerais (Feb. 26, 2018), https://www.mpmg.mp.br/comunicacao/noticias/mpmg-firma-primeiro-acordo-de-nao-persecucao-penal-no-estado.htm#.WqbOD2bVT-Y.

Parreira Costa, Rafael Paula, *Barganha no Projeto do Novo Código de Processo Penal*, 18 Rev. Jus Navigandi (Nov. 2013), https://jus.com.br/artigos/25927 (Braz.).

Rosenberg, Eli, *Judge in Houston Strikes Down Harris County's Bail System*, N.Y. Times (Dec. 22, 2017), https://www.nytimes.com/2017/04/29/us/judge-strikes--down-harris-county-bail-system.html.

Scocuglia, Livia, *STJ define que data de entrada em vigor do Novo CPC será 18 de Março*, JOTA (Mar. 2, 2016, 7:36 AM), https://www.jota.info/justica/plenario--do-stj-define-que-o-novo-cpc-entra-em-vigor-no-dia-18-de-marco-02032016.

SHEIN, Marcia, *Presumed Innocent? Not During a Federal Appeal*, FED. CRIM. L. CTR. (Mar. 5, 2012), https://federalcriminallawcenter.com/2012/03/presumed-innocent-not-during-a-federal-appeal/.

ZISEMER, Henrique da Rosa & Jadel da Silva Jr., *Resolução 181 do CNMP: Inconstitucionalidades Persistem* [*Resolution 181 of the National Council of Public Prosecution: Inconstitutionalities Remain*], 23 REV. JUS NAVIGANDI (2018), https://jus.com.br/artigos/64178/as-persistentes-inconstitucionalidades-da-resolucao-181-e-183-do--cnmp (Braz.).

DISSERTAÇOES, TESES, TRABALHOS CIENTIFICOS

ALKON, Cynthia & Ena Dion, *Introducing Plea Bargaining into Post-Conflict Legal Systems* (INPROL, Research Memoranda, 2014).

ANDRADE, Flavio da Silva, A Ampliação dos Espaços de Consenso no Processo Penal [The Expansion of the Consensus in Criminal Trials] (unpublished LL.M. dissertation, 2017) (on file with author).

DO AMARAL, Luzia Lima Loureiro, O Poder de Investigação do Ministério Público- A Atuação do Ministério Público do Trabalho no Pará [The Public Prosecution and its Power to Investigate] (Dissertação de Mestrado, Universidade da Amazônia, 2005), http://www.dominiopublico.gov.br/download/teste/arqs/cp104431.pdf.

ROCHA, Rudi & André Urani, *Distribuição de Renda no Brasil: Um Ensaio Sobre a Desigualdade Desconhecida*, 4-8 (Inst. Estud. Trab. E Soc., Paper, 2005).

DIVERSOS

A RESOURCE GUIDE TO THE U.S. FOREIGN CORRUPT PRACTICES ACT 76–77 (Criminal Division of the U.S. Department of Justice and the Enforcement Division of the U.S. Securities and Exchange Commission eds., 2012), www.justice.gov/criminal/fraud/fcpa and www.sec.gov/spotlight/fcpa.shtml.

ALEXANDER, Cindy R. & Mark A. Cohen, Trends in the Use of Non-Prosecution, Deferred Prosecution, and Plea Agreements in the Settlement of Alleged Corporate Criminal Wrongdoing (2015), http://masonlec.org/site/rte_uploads/files/Full%20Report%20-%20SCJI%20NPA-DPA%2C%20April%202015%281%29.pdf.

Análise do Projeto de Lei No. 156/2009 do Senado (PL 8045/2010 da Câmara), Que Institui o Novo Código De Processo Penal, 58 (2011), http://paginasdeprocessopenal.com.br/wp-content/uploads/2015/02/cpp-reforma-mj.pdf.

Audiência de Custódia – Dados Estatisticos, (2018), http://www.cnj.jus.br/sistema--carcerario-e-execucao-penal/audiencia-de-custodia/mapa-da-implantacao-da-audiencia-de-custodia-no-brasil (last visited Aug. 16, 2018).

BRASIL, U.N. DEV. PROGRAMME, http://www.br.undp.org/content/brazil/pt/home/ (last visited Oct. 12, 2017).

CAMBRIDGE DICTIONARY (2017), http://dictionary.cambridge.org/us/dictionary/english/legitimacy (last visited May 3, 2017).

CARDOZO, Teodomiro Noronha, *Audiência Preliminar Coletiva*, INST. INNOVARE (2005) http://www.premioinnovare.com.br/praticas/l/audiencia-preliminar-coletiva-18 (last visited Aug. 6, 2018).

Censo do Poder Judiciario 2013 – Magistrados -TRF da 1a Região, 19 (2013), http://www.cnj.jus.br/images/pesquisas-judiciarias/Censo/Relatórios_Magistrados/TRFs/Magistrados_-_TRF_da_1a_Região.pdf.

Corruption Perceptions Index 2016, Transparency Int'l, http://www.transparency.org/news/feature/corruption_perceptions_index_2016#table (last visited Oct. 12, 2017).

CRS Annotated Constitution, Legal Info. Institute, https://www.law.cornell.edu/wex/alford_plea (last visited Aug. 9, 2018).

Declaration of the Rights of Man and the Citizen, Aug. 26, 1789, http://www.refworld.org/docid/3ae6b52410.html (Fr.).

Dez Medidas Contra a Corrupção – Conheça as Medidas, Dez Medidas, http://www.dezmedidas.mpf.mp.br/apresentacao/conheca-as-medidas (last visited Aug. 13, 2018).

Dominus Litis, The Law Dictionary (2d ed.), https://thelawdictionary.org/dominus-litis/.

Federal Court Management Statistics, U.S. Courts (Dec. 31, 2016), http://www.uscourts.gov/statistics/table/na/federal-court-management-statistics/2016/12/31-1 (last visited May 30, 2017).

Federal Judicial Caseload Statistics: Criminal Defendants Commenced, by Offense and District, U.S. Courts (Mar. 31, 2016), http://www.uscourts.gov/federal-judicial-caseload-statistics-2016-tables.

Filho, Paulo Sérgio de A. Coelho, *Barganha Penal: Perigo Iminente*, O Estado de Sao Paulo (July 11, 2012), http://www.professordotti.com.br/midia/Estad%C3%A3o-Barganha-penal-perigo-iminente-7112012.pdf.

Hurd, Ian, *Legitimacy*, Encyclopedia Princetoniensis: The Princeton Encyclopedia of Self-Determination, https://pesd.princeton.edu/?q=node/255 (last visited Oct. 14, 2017).

Justiça em Números 2017 – Ano-base 2016, 189 138–139 (2017), http://www.cnj.jus.br/files/conteudo/arquivo/2017/12/b60a659e5d5cb79337945c1dd137496c.pdf (last visited Aug. 13, 2018).

Lava-Jato MPF, Lava-Jato (2017), http://lavajato.mpf.mp.br (last visited Mar. 15, 2018).

Maior, Pierre Souto, Observações sobre a Resolução n. 181/CNMPEscola Superior de Direito Público, (2017), http://esdp.net.br/observacoes-sobre-a-resolucao-n--181cnmp/ (last visited Feb. 23, 2018).

Merriam-Webster Dictionary (2017), https://www.merriam-webster.com/dictionary/legitimacy (last visited May 3, 2017).

Moreira, Rômulo de Andrade, *A "Lamúria da Pessoa Detida" e a Audiência de Custódia: Crônica de uma Morte Anunciada*, Direito UNIFACS–Debate Virtual 1 (2015), https://revistas.unifacs.br/index.php/redu/article/view/3720 (last visited Aug. 20, 2018).

Oliveira Ramos et al., Luciana de, *Relatório ICJBrasil – 1o SEM 2017*, FGV Direito 32 (2017).

Propostas de Emendas ao Projeto de Novo Código de Processo Penal, arts. 283-284 (2011), http://www.camara.leg.br/internet/comissoes/comissoes-especiais/cpp.pdf.

Rampart Scandal, Encyclopedia Britannica, https://www.britannica.com/topic/Rampart-scandal (last visited Nov. 9, 2018).

Ratifications of the American Convention on Human Rights, Pact of San José, http://www.cidh.org/Basicos/English/Basic4.Amer.Conv.Ratif.htm#4 (last visited Jan. 19, 2018).

Signatories and Ratifications on Pact of San José, O.A.S., http://www.oas.org/dil/treaties_B-32_American_Convention_on_Human_Rights_sign.htm (last visited Jan. 25, 2018).

State of the State Courts: *A 2017 NCSC Public Opinion Survey*, Nat'l Center for State Courts (2018), *https://www.ncsc.org/-/media/Files/PDF/Topics/Public%20Trust%20and%20Confidence/State*-of-the-State-Courts-2017-slides.ashx (last visited Sept. 13, 2018).

States With and Without the Death Penalty, Death Penalty Information Center, https://deathpenaltyinfo.org/states-and-without-death-penalty (last visited Jan. 26, 2018).

JULGADOS

EUA

Bordenkircher v. Hayes, 434 U.S. 357 (1978).

Brady v. United States, 397 U.S. 742 (1970).

Coker v. Georgia, 433 U.S. 584 (1977).

Corbitt v. New Jersey, 439 U.S. 212 (1978).

Faretta v. California, 422 U.S. 806 (1975).

Kirby v. Illinois, 406 U.S. 682 (1972).

Lafler v. Cooper, 566 U.S. 156 (2012).

Missouri v. Frye, 566 U.S. 134 (2012).

North Carolina v. Alford, 400 U.S. 25 (1971).

North Carolina v. Pearce, 395 U.S. 711 (1969).

Padilla v. Kentucky, 559 U.S. 356 (2010).

Puckett v. United States, 556 U.S. 129 (2009).

Santobello v. New York, 404 U.S. 257 (1971).

Strickland v. Washington, 466 U.S. 668 (1984).

United States v. Mezzanatto, 513 U.S. 196 (1995).

United States v. Ruiz, 536 U.S. 622 (2002).

United States v. Wade, 388 U.S. 218 (1967).

BRASIL

S.T.F., Ação Penal nº 470, Tribunal Pleno, Min. Joaquim, 2.8.2012, Diário do Judiciário Eletrônico [D.J.e.], 23.4.2013 (Braz.).

S.T.F., ADI 4414, Alagoas-AL, Tribunal Pleno, Relator: Min. Luiz Fux, 31.5.2015, 114, Diário do Judiciário Eletrônico [D.J.e.], 17.6.2016 (Braz.).

S.T.F., ADI 1063 MC/DF-DISTRITO FEDERAL, Tribunal Pleno, Relator: Min. Celso de Mello, 18.05.1994, 2028, Diário da Justiça [D.J.], 27.04.2001 (Braz.).

S.T.F., ADI 5240 São Paulo-SP, Plenário, Relator: Min. Luiz Fux, 20.8.2015, 18, Diário da Justiça Eletrônico [D.J.e.], 1.2.2016 (Braz.).

S.T.F., ADI 2/DF – Distrito Federal, Tribunal Pleno, Relator: Min. Paulo Brossard, 06.02.1992, 1892, Diário da Justiça [D.J.], 21.11.1997 (Braz.).

S.T.F., ADI 939-7/DF – Distrito Federal, Tribunal Pleno, Relator: Min. Sydney Sanches, 15.12.1993, 1737-02, Diário da Justiça [D.J.], 18.03.1994 (Braz.).

S.T.F., Ag. Reg. na Ação Cível Originária 1.936/DF- Distrito Federal, Primeira Turma, Relator: Min. Luiz Fux, 28.4.2015, 99, Diário da Justiça Eletrônico [D.J.e.], 27.05.2015 (Braz.).

S.T.F., Ag. Reg. no Recurso Ordinário em Habeas Corpus 113.680/DF – Distrito Federal, Primeira Turma, Relator: Min. Luiz Fux, 02.06.2017, 130, Diário da Justiça Eletrônico [D.J.e.], 19.06.2017 (Braz.).

S.T.F., Habeas Corpus 104136/DF – Distrito Federal, Primeira Turma, Relator: Min. Cármen Lúcia, 01.02.2011, 2474, Diário da Justiça Eletrônico [D.J.e.], 02.03.2011 (Braz.).

S.T.F., Habeas Corpus 84.723/SP – São Paulo, Segunda Turma, Relator: Min. Celso de Mello, 21.02.2006, 238, Diário da Justiça Eletrônico [D.J.e.], 04.12.2013 (Braz.).

S.T.F., Habeas Corpus n. 126.292/SP-São Paulo, Tribunal Pleno, Relator: Min. Teori Zavascki, 17.02.2016,100, Diário da Justiça Eletrônico [D.J.e.], 17.05.2016 (Braz.).

S.T.F., Habeas Corpus n. 84078/MG – Minas Gerais, Tribunal Pleno, Relator: Min. Eros Grau, 02.05.2009, 35, Diário da Justiça Eletrônico [D.J.e.], 16.02.2010 (Braz.).

S.T.F., HC 129346/ES – Espírito Santo, Segunda Turma, Relator: Min. Dias Toffoli, 04.05.2016, 94, Diário da Justiça Eletrônico [D.J.e.], 11.05.2016 (Braz.).

S.T.F., Inq. 2792/MG – Minas Gerais, Segunda Turma, Relator: Min. Cármen Lúcia, 19.05.2015, 204, Diário da Justiça Eletrônico [D.J.e.], 13.10.2015 (Braz.).

S.T.F., Inquérito 3.788/DF – Distrito Federal, Segunda Turma, Relator: Min. Cármen Lúcia, 01.03.2016, 122, Diário da Justiça Eletrônico [D.J.e.], 14.06.2016 (Braz.).

S.T.F., MC na ADPF 347, Distrito Federal-DF, Plenário, Relator: Min. Marco Aurelio, 9.9.2015, 031, Diário do Judiciário Eletrônico [D.J.e.], 19.2.2016 (Braz.).

S.T.F., Medida Cautelar no Habeas Corpus 139.612/MG – Minas Gerais, Primeira Turma, Relator:Min. Alexandre de Morais, 25.04. 2017, 121, Diário do Judiciário Eletrônico [D.J.e.], 09.06.2017 (Braz.).

S.T.F., Medida Cautelar no Habeas Corpus 139.612/MG – Minas Gerais, Decisão Monocrática, Relator: Min. Marco Aurélio, 24.02.2017, 38, Diário do Judiciário Eletrônico [D.J.e.], 01.03.2017 (Braz).

S.T.F., Petição 7.265/DF – Distrito Federal, Decisão Monocrática, Relator: Min. Ricardo Lewandowski, 14.11.2017, Supremo Tribunal Federal Jurisprudência [S.T.F.J.] (Braz.).

S.T.F., RE 467.658/MG – Minas Gerais, Primeira Turma, Relator: Min. Sepúlveda Pertence, 30.5.2006, Ement 2244-06, 1082, Diário da Justiça [D.J.], 25.08.2006 (Braz.).

S.T.F., RHC 133196/RJ – Recurso Ordinário em Habeas Corpus, Segunda Turma, Relator: Min. Cármen Lúcia, 28.6.2016, 242, Diário do Judiciário Eletrônico [D.J.e.], 16.11.2016 (Braz.).

S.T.F., Súmula 145, Supremo Tribunal Federal, Tribunal Pleno, 82, 13.12.1963, Súmula da Jurisprudência Predominante do Supremo Tribunal Federal – Anexo ao Regimento Interno, Imprensa Nacional [I.N.], 1964 (Braz.).

S.T.F., Súmula 723 – Supremo Tribunal Federal, Tribunal Pleno, 26.11.2003, Diário da Justiça Eletrônico [D.J.e.], 11.12.2003 (Braz.).

S.T.F., Súmula Vinculante 14, Tribunal Pleno, 2.2.2009, 26 Diário da Justiça Eletrônico [D.J.e.], 09.2.2009 (Braz.).

S.T.F., Súmula Vinculante 46, Tribunal Pleno, 09.04.2015, 72, Diário da Justiça Eletrônico [D.J.e.], 17.04.2015 (Braz.).

S.T.J., Habeas Corpus HC 2007/0307265-6, Minas Gerais, Quinta Turma, Relator: Min. Arnaldo Esteves Lima, 15.06.2010, Diário da Justiça Eletrônico [D.J.e.], 02.08.2010 (Braz.).

S.T.J., Habeas Corpus n. 47680/MS -Mato Grosso do Sul, 2005/0148714-5, Sexta Turma, Relator: Min. Nelson Naves, 03.09.2006, 203, REVISTA DE DIREITO DO SUPERIOR TRIBUNAL DE JUSTIÇA [R.S.T.J.], 512 (Braz.).

LEGISLAÇAO

BRASIL

CÓDIGO DE PROCESSO PENAL (Braz.)

CÓDIGO PENAL (Braz.)

CONSTITUIÇÃO FEDERAL (BRAZ.)

Lei Complementar N°. 95, de 25 de Fevereiro de 1998, DIÁRIO OFICIAL DA UNIÃO [D.O.U.] de 26.02.1998 (Braz.)

Lei Complementar N°. 75, de 20 de Maio de 1993, DIÁRIO OFICIAL DA UNIÃO [D.O.U.] de 21.05.1993 (Braz.)

Lei Federal N°. 11.343, de 23 de Agosto de 2006, DIÁRIO OFICIAL DA UNIÃO [D.O.U.] de 24.08.2006 (Braz.)

Lei Federal N°. 2.889, de 01 de Outubro de 1956, DIÁRIO OFICIAL DA UNIÃO [D.O.U.] de 02.10.1956 (Braz.)

Lei Federal N°. 8.625, de 20 de Fevereiro de 1993, DIÁRIO OFICIAL DA UNIÃO [D.O.U.] de 05.02.1993 (Braz.)

Lei Federal N°. 7.244/1984, de 07 de Novembro de 1984, DIÁRIO OFICIAL DA UNIÃO [D.O.U.] de 8.11.1984 (Braz.)

Lei Federal N°. 8.906, de 04 de Julho de 1994, Estatuto da OAB, DIÁRIO OFICIAL DA UNIÃO [D.O.U.] de 5.7.1994 (Braz.)

Lei Federal N°. 9.099, de 26 de Setembro de 1995, DIÁRIO OFICIAL DA UNIÃO [D.O.U.] de 27.09.1995 (Braz.)

Lei Federal N°. 12.403, de 04 de Maio de 2011, DIÁRIO OFICIAL DA UNIÃO [D.O.U.] de 05.05.2011 (Braz.)

Lei Federal N°. 12.850, de 02 de Agosto de 2013, DIÁRIO OFICIAL DA UNIÃO [D.O.U.] de 05.08.2013 (Braz.)

Lei Federal N°. 13.964, de 24 de Dezembro de 2019, DIÁRIO OFICIAL DA UNIÃO [D.O.U.] de 24.19.2019. Ed. Extra. (Braz.)

Projeto de Lei N°. 236/2012 (Novo Código Penal) (Braz.)

Projeto de Lei N°. 8.045/2010 (Projeto de Lei para o Novo Código de Processo Penal), http://www.camara.leg.br/internet/comissoes/comissoes-especiais/cpp.pdfhttp://www.camara.leg.br/internet/comissoes/comissoes-especiais/cpp.pdf (Braz.)

Resolução CNJ N°. 159/2012 (2012), http://www.cnj.jus.br///images/atos_normativos/resolucao/resolucao_159_17102012_19112012145120.pdf.

Resolução ENFAM N°. 2, de 8 de Junho de 2016 (2016), https://bdjur.stj.jus.br/jspui/bitstream/2011/102269/Res_2_2016_enfam_Atualizado.pdf.

EUA

FEDERAL

Federal Sentencing Guidelines (2016)

Federal Rules of Criminal Procedure

ESTADUAL

Alabama

Alabama Rules of Criminal Procedure

Alaska

Alaska Statutes Annotated (West 2016)

Arizona

Arizona Rules of Criminal Procedure

Arkansas

Arkansas Rules of Criminal Procedure

California

California Penal Code (West 2016)

Colorado

Colorado Revised Statutes (West 2016)

Colorado. Rules of Criminal Procedure

Connecticut

Practice Book 1998, Conn. R. Super. Ct. Code Rev. (West 2016)

Delaware

Delaware Code Annotated (West 2016)

District of Columbia

District of Columbia Rules of Criminal Procedure

Florida

Florida Rules of Criminal Procedure

Georgia

Georgia Code Annotated (West 2016)

Hawaii

Hawaii Rules of Penal Procedure

Idaho

Idaho Rules of Criminal Procedure

Illinois

Illinois Compiled Statutes Annotated (West 2016)

Indiana

Indiana Rules of Criminal Procedure

Iowa

Iowa Code Annotated

Kansas

Kansas Statutes Annotated (West 2016)

Kentucky

Kentucky Rules of Criminal Procedure

Louisiana

Louisiana Statutes Annotated (West 2016)

Maine

Maine Revised Statutes Annotated

Maryland

Maryland Code Annotated Rules (West 2016)

Massachusetts

Massachusetts Rules of Criminal Procedure

Michigan

Michigan Compiled Laws Annotated (West 2016)

Minnesota

Minnesota Statutes Annotated (West 2006)

Mississippi

Annotated Mississippi Code (West 2017)

Missouri

Missouri Rules of Criminal Procedure (West 2016)

Montana

Montana Code Annotated (West 2016)

Nebraska

Revised Statutes of Nebraska Annotated (West 2016)

Nevada

Revised Statutes of Nevada (West 2016)

New Hampshire

Revised Statutes of New Hampshire Annotated (West 2016)
New Hampshire Rules of Criminal Procedure

New Jersey

New Jersey Rules of Criminal Procedure

New Mexico

New Mexico Statutes Annotated (West 2016)

New York

Compilation Of Codes, Rules And Regulations Of The State Of New York
New York Criminal Procedure Law (McKinney 2004)

North Carolina

North Carolina General Statutes Annotated (2016)

North Dakota

North Dakota Century Code Annotated (West 2017)

Ohio

Ohio Revised Code Annotated (West 2016)
Ohio Rules of Criminal Procedure

Oklahoma

Oklahoma Statutes Annotated (2016)

Oregon

Oregon Revised Statutes Annotated (West 2017)

Pennsylvania

Pennsylvania Rules of Criminal Procedure

Rode Island

Rhode Island General Laws Annotated (West 2016)
Rhode Island Superior Court Rules of Criminal Procedure

South Carolina

Code of Laws of South Carolina 1976 Annotated

South Dakota

South Dakota Codified Laws (2016)

Tennessee

Tennessee Code Annotated (West 2016)

Texas

Vernon's Texas Statutes and Codes Annotated (West 2017)

Utah

Utah Code Annotated (West 1953)

Vermont

Vermont Statutes Annotated (West 2016)
Vermont Rules of Criminal Procedure

Virginia

Virginia Code Annotated (West 2016)

Washington

Washington Revised Code Annotated (West 2016)
Washington State Civil Rules of Limited Jurisdiction (West 2016)

West Virginia

WEST VIRGINIA CODE (2016)

WEST VIRGINIA RULES OF CRIMINAL PROCEDURE

Wisconsin

WISCONSIN STATUTES ANNOTATED (WEST 2016)

Wyoming

WYOMING RULES OF CRIMINAL PROCEDURE

TRATADOS INTERNACIONAIS E CASOS

MAGNA CARTA (1215).

G.A. Res. 217 (III) A, Universal Declaration of Human Rights, Dec. 10, 1948.

G.A. Res. 25, annex 1, United Nations Convention Against Transnational Organized Crime, Nov. 15, 2000, 2225 U.N.T.S. 209.

Nova Brasília v. Brazil, Merit, Reparations and Costs, Judgment, Inter-Am. Ct. H. R. (ser. C) N°. 333, at 1 (Feb. 17, 2017).

Organization of American States, American Convention on Human Rights, Nov. 22, 1969, O.A.S.T.S. No. 36, 1144 U.N.T.S. 123.

Provisional Measures Regarding Brazil Matter of the Penitentiary Complex of Curado 2, (2014), Inter-Am. Ct. H. R. Order Provisional Measures Curado 2, 2014.

Restrictions to the Death Penalty (Arts. 4(2) and 4(4) American Convention on Human Rights), Advisory Opinion OC-3/83, Inter-Am. Ct. H. R. (ser. A) N°. 3 (Sept. 8, 1983).

Vienna Convention on the Law of Treaties, May 23, 1969, 1155 U.N.T.S. 331.

EDITORA *Jus*PODIVM

www.editorajuspodivm.com.br